教师教育系列教材

教师专业发展实践教程

王 芳 王 静 黄 靖 主 编

国云玲 徐巧玲 副主编

清华大学出版社

北 京

内 容 简 介

本书的内容与教育部颁布的《教师教育课程标准(试行)》《中学教师专业标准(试行)》和《小学教师专业标准(试行)》等文件精神相契合，着力推进教师教育人才培养模式的改革，构建教师教育人才培养质量保障体系。本书涵盖教师专业发展理论、教师专业品德、教师专业知识、教师专业能力、教师专业素养、教师专业心理、教师专业成长和教师专业发展机制八个方面的内容，既满足培养高素质教师队伍，提高教师教育专业人才培养质量的需求，又贴近学生学习需求。既注重教师教育专业发展理论体系的完整性，又强调理论与实践相结合的重要性，在确保科学性的前提下，突出教材内容的时代性、基础性和实践性。

本书可作为教师教育课程的教学用书，也可作为职业教师培训用书，更可以是中小学一线教师及相关从业人员的参考用书。

图书在版编目(CIP)数据

教师专业发展实践教程/王芳，王静，黄靖主编. —北京：清华大学出版社，2022.9（2025.2重印）
教师教育系列教材
ISBN 978-7-302-61698-6

Ⅰ. ①教… Ⅱ. ①王… ②王… ③黄… Ⅲ. ①师资培养—教材 Ⅳ. ①G451.2

中国版本图书馆 CIP 数据核字(2022)第 155852 号

责任编辑：陈冬梅
装帧设计：刘孝琼
责任校对：徐彩虹
责任印制：宋　林
出版发行：清华大学出版社
　　　　　网　　　址：https://www.tup.com.cn，https://www.wqxuetang.com
　　　　　地　　　址：北京清华大学学研大厦 A 座　　　邮　　编：100084
　　　　　社 总 机：010-83470000　　　　　　　　邮　　购：010-62786544
　　　　　投稿与读者服务：010-62776969，c-service@tup.tsinghua.edu.cn
　　　　　质量反馈：010-62772015，zhiliang@tup.tsinghua.edu.cn
　　　　　课件下载：http://www.tup.com.cn，010-62791865
印 装 者：北京鑫海金澳胶印有限公司
经　　销：全国新华书店
开　　本：185mm×260mm　　　印　张：14.5　　　字　数：356 千字
版　　次：2022 年 9 月第 1 版　　　　　　印　次：2025 年 2 月第 3 次印刷
定　　价：49.80 元

产品编号：095048-01

前　言

各国的教师教育队伍日益关注教师教育质量和教学效能，从而提升教师教育人才整体素质。科教兴国、教育优先是我国的基本国策之一，我国先后出台了《教师教育振兴行动计划(2018—2022)》《教育现代化 2035》《深化新时代教育评价改革总体方案》，以促进高质量、专业化、创新型的教师队伍建设，多角度进行课堂教学的深刻变革，教师教育类课程与教学亟待改革，以适应社会发展和时代对教师教育人才培养的要求，这既是机遇也是挑战。本书是 2021 年度辽宁省普通高等教育本科教学改革研究项目——《基于师范类专业认证的教师教育课程体系改革研究与实践》的成果。

依据教育部颁布的《教师教育课程标准(试行)》《小学教师专业标准(试行)》和《中学教师专业标准(试行)》等文件，要加强教师培养的专业指导和质量评估，依据教师教育课程标准和师范类专业认证等文件开设"教师专业发展"课程，作为教师教育课程之一。因此，编写《教师专业发展实践教程》教材，力求师范生在职前教育中更好地掌握教师专业发展的相关理论与实践知识，为师范生可持续发展奠定坚实的基础。本教材以阐述教师专业发展的基础知识和基本理论为主，注重实践应用。"理论与实践并重""知识、能力与素养并行"是本书的编写原则，教材以案例导入激发学生的学习兴趣，理论知识深入浅出，可读性强，不失为一本严谨的教师专业成长教材。

本书共分 8 章，大部分执笔人都为沈阳大学教师，其他执笔人已在分工中备注。具体各章执笔人如下：第一章、第二章，王芳；第三章、第四章，王静(辽宁师范大学)、李晓丹、王芳、谈桂秀(佳木斯大学)；第五章，李潇潇、王芳；第六章，国云玲；第七章，黄靖；第八章，王静(辽宁师范大学)、徐巧玲。全书由王芳统稿。

在本书的编写过程中，借鉴了许多同类教材的理论观点和研究成果，在此一并表示衷心的感谢！同时感谢清华大学出版社对本书给予的支持和鼓励。

尽管我们在编写过程中尽了最大的努力，但由于水平有限，不足之处在所难免，还望各位读者和同仁不吝赐教，以便日后进一步完善和修订。

编　者

目　　录

第一章　教师专业化与教师专业发展

学习目标

1. 了解并掌握教师专业化的内涵及特点。
2. 明确教师个体专业化和群体专业化的基本概念。
3. 了解国内外教师专业化的发展历程。
4. 能够清晰地阐述教师专业发展的三个维度。

教学重点： 清楚教师专业化的发展历程。
教学难点： 掌握教师专业发展的内涵、特点和维度。

【案例导入】

谁动了我的奶酪

虚构的四个故事角色：两只老鼠——嗅嗅和匆匆，两个小矮人——哼哼和唧唧。

嗅嗅，能够很快嗅出变化的气息。

匆匆，能够迅速行动。

哼哼，因为害怕改变而否认和拒绝变化，这会使事情变得更糟。

唧唧，当他看到变化会使事情变得更好时，能够及时地调整自己去适应变化！

我们每个人或多或少都具有以上所述情况，不论我们的年龄、性别、种族和国籍。

变化使社会上流行奶酪哲学——《谁动了我的奶酪》里的"奶酪"是我们在现实生活中所追求目标的一种比喻，它可以是一个目标、一份工作、一种人际关系，也可以是金钱、豪宅，还可以是自由、健康、社会的认可，等等。

"奶酪哲学"给我们的启示有以下5点。

(1) 总在变化——他们总是在不断地拿走你们的"奶酪"。(不要一味固守已有的经验和知识。)

(2) 预见变化——随时做好"奶酪"被"拿走"的准备。(检讨自己，认清现状。)

(3) 追踪变化——经常闻一闻你的奶酪，看一看它什么时候开始"变质"了。(不断适应新课程的学习需要。)

(4) 适应变化——尽早丢弃"旧奶酪"，赶紧去寻找"新奶酪"。(抛弃"落后"，领先一步。)

(5) 享受变化——尝试冒险，去享受"新奶酪"的美味。(追求新知识，探索新方法。)

思考：

21世纪是一个充满变化与挑战的时期，世界上的教育变革也风起云涌，各国不断相互学习、交流与借鉴各种成功的教育变革经验，也在不断地思考着不同教育变革中的共性：教师与教育变革的关系非常密切，思考新时期教师职业如何专业化。

第一节　教师专业化概述

一、教师专业化的内涵

教师专业化的内涵.mp4

教师专业化是教师职业发展的共同目标。理解专业、专业化、教师专业化等的内涵，是实现教师专业成长、促进教师职业发展的起点。

(一)专业及专业化的内涵

从社会发展史角度来看，职业和专业的概念是社会分工精细化的产物。

1. 专业

"专业"(profession)一词最早从拉丁文演化而来，本义是"公开地表达自己的观点或信仰"。德语中的"专业"一词是指具备学术的、自由的、文明的特征的社会职业。后来"专业"的概念随着社会分工与职业发展到了一定历史阶段，从众多职业中分化出来进而形成的某种特殊职业类型。

从社会学角度来看，一般认为专业是指一群人经过专门教育或训练，具有较高和独特的专门知识与技术，按照一定专业标准进行专门化的处理活动，从而解决人生和社会问题。促进社会进步并获得相应报酬和社会地位的专门职业。

综上所述，我们可以得知，现代社会中某一专门领域的从业者成为专业人员必须具备以下三个条件。

第一，经过专门的教育或严格的训练。

第二，具有高级的或特殊的专门知识与技术。

第三，按照一定的行规或专业标准从事专门化的工作来服务社会。

专业是职业发展高度化阶段的产物。近代社会以来，知识领域的细分化和生产的智能化，不断催生新的职业和专业。

由于专业人员具备以上三个条件，并对社会进步有特殊贡献，相较于普通职业，专门职业从业者的特殊职业操守和专业复杂性，决定了其所获得的报酬较高且职业地位高于一般社会从业人员。专业人员具有以下几个特点。

(1) 坚定的职业信念和道德自律意识。专业人员自接受专业教育或训练那天起，就对自己将要从事职业的社会意义有清醒的认识，树立以人为中心的公众服务的意识，自觉履行行业操守的道德自律意识，并内化为自己的职业操守和道德自律的意识，培养为实现职业理想而献身的敬业精神。

(2) 自主的专业发展倾向和职业归属感。专业人员面对的是工作十分复杂、运用高度心智的职业领域，承担着重要的社会责任，其工作既要按照严格的专业标准行事，又不能完全凭经验办事，需要终身不断学习以应对复杂变化的工作情境。通过思考和同行研讨以提高自己的专业水平，在工作实践中结成专业共同体以引导个体的自主专业发展，并形成职业归属感。

（3）享有高度的专业权威性和专业自主性。专业人员具有很强的不可替代性，严格的行规或专业标准以及严格系统的专业训练，使专业人员养成了较强的专业权威意识，聘任权、解职权和处理业务的职业职责等都具有严格的规定。一般来说，不受专业外因素的影响，因此，从业人员具有较强的专业权威性和专业自主性。

（4）令人羡慕的职业声望和报酬待遇。大学产生以来，最早设置的大学专业便是神学、法学和医学。相应地，最早被公认为专业的职业是牧师、律师和医生，这些职业备受人们的尊重。时至今日，英语中"医生"和"博士"均为"doctor"，说明专业人员必须经过严格的教育和训练方可从业，即从业人员必须掌握扎实的专业知识和技能，具有自主、自律的职业理性，各类专业也因其劳动的创造性和不可替代性而赢得社会的赞誉。

因此，能成为像医生、律师那样的职业，是许多人梦寐以求的发展目标。现代社会，工程师、建筑师、会计师等职业也经社会选择成为备受人们推崇的专业。可以说，专业因其重要并其创造性的劳动性质而受到关注，更因其从业人员成熟、理性、自主、自律的职业行为备受尊重。如今，为公共事业服务的重要群体——教师也加入像医生、律师那样的专业化队伍中来了。

【拓展阅读1-1】

向教师赋权，促专业化发展

关于教师专业化，我国学者劳凯声的观点具有代表性。劳凯声认为，教师专业化不仅意味着教师应当具有专门系统的教育知识、技能和能力，而且具有保证该专业活动顺利进行所必需的专业自主权，从教师的专业地位出发，将教师专业化分解成"教师的专业自主权和教师的专业知识能力水平"。尽管劳凯声主要是从教育法学的角度来探讨教师专业权利问题，并将所探讨问题之重点落在教师应拥有哪些专业权利，但其立论的逻辑前提则正是从教师专业化出发，把教师专业权利看作教师专业化的应有之义。

国内外教育理论研究和教育改革实践表明，教师专业化包括专业素养和专业权利双重含义。首先，教师专业化意味着教师的专业发展，以保证教师具有从事教育教学工作的专业素养，即具有教育的"专业理念""专业知识"和"专业能力"。其次，教师专业化还意味着教师的专业权利。专业权利是保证教师的教育教学等专业活动顺利进行的前提和条件，是教师在专业领域内作出判断、采取行动的资格和能力。

教师专业化中的专业素养和专业权利这两个方面具有密不可分的关系。教师的专业知识与能力构成了教师专业权利的逻辑起点，同时延伸出教师在教育教学中的垄断权利和专业自主性；反过来，教师的专业权利则为教师应用其专业知识与能力提供了前提和保证。没有教师的专业权利，教师所掌握的专业知识与能力也就没有了着落。只谈教师的专业能力，而不谈教师的专业权利，则这样的教师专业化是不健全的，是有严重缺陷的。换言之，如果没有专业权利，即便教师拥有专业知识与能力水平，也不能在严格的意义上称为教师专业化。专业权利作为教师专业化的重要构成，标识着教师专业地位的确立。没有专业权利作保障，则教师也就失去了其专业地位。实际上，专业自主权在那些专业性比较强的职业领域的从业者，如医生、律师、会计师和工程师等身上得到了很好体现。在这些领域，涉及专业本身的问题，非专业人士并不能介入讨论与决断。专业问题如何处理完全依赖专业人员的自主判断，而不受他人的干预。而在教育领域，尽管《教师法》有关于教师专业权利的明文规定，但教师专业权利的实际行使状况不容乐观。如果在教师的专业化进程中

第一章　教师专业化与教师专业发展

只片面地突出教师专业发展，而忽略或有意无意避谈教师专业权利，那么，教师的专业化便会遭遇严重的阻碍和缺陷。

(资料来源：周兴国. 向教师赋权，促专业化发展[J]. 教育科学研究，2019(01)：18-22.)

2. 专业化

20 世纪 50 年代，西方国家率先提出教师专业化的概念。为准确把握教师专业化概念的内涵，首先要了解教师职业发展史，以便借鉴中西方教师职业发展中积累的经验和智慧。

专业化，简而言之，就是指职业专业化。在状态上，专业化可以从动态与静态两个角度加以解释。从动态的角度来说，专业化是指一个普通职业在一定时期内，符合专业特征，成为专门职业的动态发展过程。因此，教师专业化是一个教师素质不断提高、从业标准和资格认证制度不断完善、职业地位不断为社会所认可的。教师专业化也是一部将教师工作由职业到专业、由经验到科学的职业发展史。从静态的角度来讲，专业化则是指一个职业的专业性质和发展状态所处的情况和水平，也指一个职业专门化的静态发展程度或结果。当一个职业从性质上看具有了专业的意义，并具有专业的某些特征，往往会被称为"半专业"，或者说该职业的实际专业化程度不够，尚需经历一个专业化过程。在当今社会，教师工作的复杂性使人们对其专业化的认识与医生、律师等职业相比尚有一定的差距。因此，全面解读教师专业化的概念与特征，对促进教师队伍专业化成长有重要意义。

(二)教师专业化的内涵

教师专业化意味着教师不仅是一种职业，更是一种专业。它有着与普通职业不同的职业内涵和职业要求。

观点 1：教师专业化是教师个人成为教学专业的成员，并在教学中表现越来越成熟的一种职业能力发展的过程。该观点突出了教师职业作为专业的个体素养。

观点 2：教师专业化是指教师职业争取成为专业而持续不断努力的过程。该观点强调了教师群体的职业形象发展目标，意在使人们对教师职业群体的认识要像对待律师、医生一样，承认其具有一定的从业标准，将其看作专业人员，并获得相应的专业地位的过程。

关于从业人员的专业化，国际上有六大标准：有专门的知识；有较长时间的职业训练；有专门的职业道德；有自主权；有组织，如行会组织、学会组织等；要终身学习。[①]

综上所述，我们认为，教师专业化是指教师职业争取成为专业而持续不断努力的过程。它由教师个体专业化和教师职业群体专业化两方面内容构成。

1. 教师个体专业化

教师个体专业化是教师职业专业化的基础和前提，教师专业化是一个成长过程，是由一个"普通人"转变成"教育者"的专业发展过程。[②]这一过程是教师个体职业理想向"专业化"递进的过程，其内容包括教师专业的知识、能力、伦理、情感和意志等因素。

教师个体专业化的途径，包括职前师范教育培养、入职培训和在职提高等阶段。

职前师范教育培养阶段是师范生进行专业准备与学习，初步形成教师职业所需要的知

---

① 劳宗康. 关于教师教育转型的认识与展望[J]. 柳州师专学报，2004(12).

② 余文森，连榕等. 教师专业发展[M]. 福州：福建教育出版社，2015.

识与能力的关键时期，是教师个体专业化发展的起始和奠基阶段。

入职培训是指为了让新教师尽快进入角色，新教师的任职学校对其所提供的支持性措施。入职培训可以使新教师在思想上和业务上尽快适应教育教学工作的需要，从而缩短从合格的毕业生成长为合格教师的周期，加快教师专业发展的速度。

在职提高是指教师在工作岗位上坚持学习，不断反思、不断创新，使自己的专业化发展持续不断地进行下去。在当代社会，在职提高是教师专业发展的核心内容。

2. 教师职业群体专业化

教师职业群体专业化是指教师职业不断成熟，逐渐达到专业标准并获得相应的专业地位的过程。它既是教师个体专业化的条件与保障，也最终代表着教师职业的专业化。[①]

二、教师专业化的特点

目前，教师专业化的研究文献主要关注的是教师群体的专业化。第二次世界大战后，欧美国家高等教育发展的"黄金期"逐渐远去，为寻求高等教育发展的新契机，西方比较教育专家如阿特巴赫、伯顿·克拉克、欧内斯特·波伊尔等人对大学教职教育进行研究。20 世纪 90 年代后，在卡内基教育基金会的资助下，由阿特巴赫教授领衔开展了类似"大学教师专业化"(academic profession)的研究项目，研究范围涉及 14 个国家或地区，取得了许多高水平的研究成果。[②]2008 年，我国学者陈伟博士出版了《西方大学教师专业化》一书，通过考察西方大学发展史，以学术组织的视野将英、德、美大学教师的模式分别概括为"神圣身份模式""政治阶层模式"和"自由专业模式"。陈伟博士认为，尽管大学教师专业化运动的成就非凡，但学术专业只能算作"准专业"[③]，相比之下，欧美国家兴起于 20 世纪 50 年代的中小学教师专业化运动，尽管研究文献众多，但受中小学教育的基础性、国民性、民族性等诸多因素的影响，中小学幼儿园教师的专业标准就更具国情特色了。如前所述，如果大学教师的学术专业算作"准专业"的话，那么中小学幼儿园教师的"专业化"就将有很长的路要走。

1966 年，联合国教科文组织倡导视教师为专门职业，尽管在一些国家还有一些争议，但视教师为专门职业的理念逐渐为人们所接受。这种理念已经在国际社会的教师研究组织中达成共识。20 世纪 80 年代后，欧美国家掀起了一场声势浩大的教师专业化运动，一些国家相继出台了《教师职业标准》和《教师聘任制度》等文件并作为制度保障，以便促进教师群体的专业化发展。

参照专业的相关标准和国内外对教师职业群体专业化的相关研究文献，一般认为教师职业群体专业化具有如下特点。

(1) 教育知识技能的体系化。即形成一套关于教育教学的专业知识技能体系，作为教师教育的内容和教师从事教育教学工作的依据。由于教育是一个双专业的职业，因此，作为教师职业专业化基础的知识技能体系，既包括学科专业知识技能，也包括教育专业知识

---

① 余文森，连榕，洪明. 教师专业发展[M]. 福州：福建教育出版社，2015.

② 陈伟. 西方大学教师专业化[M]. 北京：北京大学出版社，2008.

③ 陈伟. 西方大学教师专业化[M]. 北京：北京大学出版社，2008.

技能。

(2) 教师教育的专业化。即建立包括职前与职后教育在内的高水平的专业化教师教育制度。

(3) 教师资格的制度化。即实行教师资格制度，教师资格制度是国家对教师职业实行的特定的职业许可制度。教师资格是国家对专门从事教育教学人员的最基本的要求，是公民获得教师岗位的法定前提条件。教师资格制度全面实施后，只有依法取得教师资格，持有教师资格证书者，才能在教育行政部门依法批准的各级各类学校和其他教育机构中从事教育教学工作。不具备教师资格者不能从事教师工作。

(4) 教师活动的团体化。即通过建立社会公认的、教师信赖的教师专业团体，保障教师群体之间的学术交流，扩大教育专业知识与技能在社会中的影响力和权威性，从而更好地提升教师职业的专业地位和社会地位。[①]

第二节 教师专业化的发展历程

教师职业从非专业化、经验化到专业化，经历了一个漫长的发展过程。在这漫长的分化、发展过程中，教师职业的专业性日益凸显出来，专业化成为教师职业发展的主流和方向。

一、教师职业发展的非专业化阶段

教师是一个古老而又新颖的职业。说它古老，是因为自从有了人类社会就有了教育，该职业的历史和人类社会一样久远，几乎与人类文明同时存在，历史可谓源远流长。人类社会早期，教育活动渗透于人们的社会生产和生活之中，"能者为师"是其特征。在原始社会，为了生存和发展，家庭中的父母、兄长，氏族部落的首领、长老，都承担起了将生产和生活经验传递给下一代的责任。教育者是有经验的年长劳动者，即"长者为师"。他们把生产知识、生活经验，特别是风俗习惯、行为准则传授给年青一代，成为最早的兼职教师。这一时期，教育还没有从生产劳动中分离出来成为独立的社会部门，因此不存在独立的教育机构和专门从事教育工作的专职教师。

当人类进入奴隶制社会后，随着生产力的发展，剩余产品出现，体力劳动与脑力劳动分工，学校作为专门培养人才的教育机构应运而生。有了学校，便从社会诸多职业中分化出以"教职"为职业的从业者——教师。然而，学校产生之后的很长时间内，学校的教师依然是由从事其他职业的人员兼任。当时的教育是社会稀缺资源，由贵族阶层所垄断，"学在官府"的社会现实表明教育以统治阶层的贵族文化为核心，教学内容很少涉及百姓所需的生产、生活知识与技能。中国的夏、商、西周时期的学校教育，西方的斯巴达和雅典时期的学校教育，以及古代两河流域阿拉伯国家的学校教育，均聘请文吏或武官作为学校的教师，即教师聘任的主流是"以吏为师"，这表明此时的从教人员具有兼职特征。

奴隶制社会也曾出现过私人讲学现象。孔子主张文教政策实行"有教无类"，开创了

[①] 余文森，连榕，洪明. 教师专业发展[M]. 福州：福建教育出版社，2015.

私人讲学的先河，是世界上第一次出现了以教为业并以此谋生的专职教师。《论语》中记述了孔子在教育实践中创立的"不愤不启，不悱不发"的启发式教学思想，坚守"学而不厌"的治学精神，奉行"诲人不倦"的伟大教育原则。孔子作为中国职业教师的先行者，他所推行的上述教师职业理念和职业操守是中华民族贡献给全人类的教育智慧。

古希腊时期出现的"智者派"是西方最早的专职教师，以教授无知的人知识而生存。素有"希腊三杰"之称的苏格拉底、柏拉图和亚里士多德，作为西方古代的智者，在其自由讲学中创立的"反诘"教学法，以及在教育实践中信奉"吾爱吾师，吾更爱真理"而结成的民主、平等的师生关系，均为后世教师树立了光辉榜样且影响至今。"专业"(profession)一词由拉丁文演变而来，其最初的含义是自由地表达思想。

中国秦朝以后的封建社会，私学受到抑制，官学长期奉行"吏师制"，但在汉代的最高学府——太学里，已出现教师职级制度的雏形。如"博士祭酒""五经博士""直讲""助讲"等教师称谓。受选仕制度和后世科举制的影响，中国封建社会的名师大儒均因举仕授学而与官府联系密切，且备受人们尊重。在乡间，聚私塾开展启蒙教育的初级教员多为落魄文人，教育内容多为记问之学，不仅他们的教学水平低，而且他们的社会地位卑微。欧洲中世纪，国家实行"政教合一"的社会治理方式，初级学校专业化程度低，尚未出现将教师作为专门职业的行规和任职标准，学校的教员多由神甫、牧师或有一技之长的匠人兼任，教学内容主要是宗教教义和简单的读、写、算的知识与技能。

教师职业在古代自然演进过程中呈现非专业化特征。

第一，专业化程度低。"以吏为师"是中西方惯例，从教人员的专业化程度低，"兼职教师"成为普遍现象。由社会发展自然形成的长者为师、典范为师，以吏为师、以僧为师，构成整个古代社会教师的基本特征。

第二，教师的养成方式是经验积累型的自然演进。由于缺乏名师辈出的条件、成熟的社会条件和教师培养制度，教师培养主要靠"师傅带徒弟"式的口耳相传、长期的模仿和个人的经验积累，"学高为师"是选聘教师的条件。

第三，教师讲学的内容很少涉及社会生产和生活的知识与技能。教师主要起道德教化作用，社会给予的价值评价也主要集中于教师对社会政治、伦理和道德教化的贡献上，正如韩愈《师说》中所说的"师者，所以传道授业解惑也""道之所存，师之所在"等。这些"传道"的教师，不需要由专门的师资培训机构来培养。

第四，出现了影响未来世界文化发展，并为教师职业发展做出杰出贡献的孔子和苏格拉底等专职教育家。

第五，中国古代已总结出许多优秀教育经验，提出了发人深省的教师职业命题。如反应孔子的平等、启发等教学思想的《论语》一书，先秦时期的《学记》提出"记问之学不足以为人师""择师不可不慎"等，要求教师要"善喻"，做反思型教师。即"君子既知教之所由兴，又知教之所由废"的职业命题。这是中国古代贡献给全人类的教育智慧。

二、教师职业的初级专业化阶段

随着社会的发展和教育的制度化，特别是近代师范院校产生后，教师的职业内涵逐渐丰富，教师的社会功能日益凸显，教师职业进入了专门化阶段。

(一)欧美师范教育的产生与发展

自英国进行产业革命后,西欧资本主义生产发展迅速,并不断向北美等地扩展。与此同时,资本主义生产方式要求雇员必须掌握读、写、算的知识与技能,普及初等教育迫在眉睫。如此一来,传统的经验型教师已经不能适应产业社会的要求了。因此,探索教师的培养方式,总结教师培养的经验并上升为理论成为时代发展的必然。

随着资本主义的进一步发展,教育普及程度不断提高,西方的学校教育发生了很大变化。特别是教学内容、教学形式的变更,使得教学不再是一件容易的事情。它要求教师要具备一定的学科知识,同时还要有相当的能力以及相应的教育教学技能和方法。因此,专门培养教师就成了必然,师范学校应运而生。

1681 年,法国基督教兄弟会神甫拉萨尔在兰斯开办基督教学校修士学院,用以培养小学教师,这是世界上最早的师资培训学校。虽然该机构具有短训班的性质,却是世界师范教育的开端。

法国启蒙思想家、教育家卢梭,于 1762 年发表教育著作——《爱弥儿》,主张教育要适应儿童的年龄特征,并对儿童进行得法的教育。卢梭十分重视教师的职业素养,他认为只有教师受过良好的教育,才能够教育好学生。同时,他进一步指出:"把孩子交给一个连他本身都没受过良好教育的人培养,又怎能培养得好呢?"[1]卢梭的教育思想对德国教育家康德(1724—1804)、瑞士教育家裴斯泰洛齐(1746—1827),以及后世许多教育家都产生过积极影响。

1776 年,康德在哥尼斯堡大学开办教育学讲座,自此,将怎样培养人的教育学说列入大学课程。康德的教育思想集中体现在其弟子们整理编撰出版的《康德论教育》一书。康德对教师职业有发人深省的认识,他指出,"教育一定要成为一种学业""教育的方法必须成为一种科学"。[2]据此,他还提出为将师范学校办好,必先开办为师范生实习之用的"实验学校"的建议。康德的这些思想直接影响到赫尔巴特的教育学说及其在大学中创设教育科学研究所。

1794 年 10 月,法国"临时会议"颁布法令,决定在巴黎设立师范学校以培养未来"小学教师",即毕业生被分配到各大行政区负责筹建省立师范学校,每区 3 人。1796 年,该校正式成立,后因"雾月政变"被关闭。1808 年,巴黎师范学校复学,其任务改为培养国立中学教师。[3]法国师范教育虽然开始较早,但因为政治、经济等原因,政府对初等教育的普及工作不够重视,使得师范教育发展缓慢。

1831 年,时任法国教育部部长的基佐(Guizot)主持制定了《大力发展初等教育和师范教育的法案》(简称《基佐法案》),被认为是法国历史上关于初等教育与师范教育的经典法案。《基佐法案》主要内容有三点:一是改革初等教育内容,提高小学教师水平。法案将初等教育分为两级,不同阶段安排不同课程,小学教师资格亦分为"初级"和"高级",且证书均由国家颁发,即所有教师均须接受培训,考试合格方可获得国家颁发的任教资格证书,

---

① 卢梭. 爱弥儿[M]. 李平沤译. 北京:商务印书馆,2017.

② 瞿菊农. 康德论教育[M]. 上海:商务印书馆,1930.

③ 张瑞璠,王承绪. 中外教育比较史纲(近代卷)[M]. 济南:山东教育出版社,1997.

废除教会机构颁发教师资格证书的惯例。二是每省建立一所男子师范学校。法案规定每省建立一所师范学校，要求年满 16 周岁，持有地方颁发的品行优良证明，学业考核合格者，且必须承诺在小学工作满 10 年，方可入读师范学校。三是建立小学教师最低工资制度和教师退休互助金制度，规定了小学教师解聘的所需流程和手续。①《基佐法案》的颁布使法国师范教育进入了一个新阶段，师范学校如雨后春笋般涌现，仅法案颁布当年就新设立 30 所师范学校，1838 年发展到 76 所，该法对法国教育体系的形成影响深远。法国早期的师范学校和教育制度为欧美树立了典范。此后，这些学校和制度为普鲁士和美国等国家所效仿。

英国是世界上第一个进行工业革命的国家，18 世纪以前，其教育渗透着浓厚的宗教色彩、对教育管理和师范教育不甚重视。新技术在生产中的广泛运用，要求劳动者掌握一定的文化知识。在这一背景下，1699 年，议会建立了"基督教知识促进会"(SPCK)，目的是帮助那些没有能力供养孩子在贵族学校读书的父母，将孩子送到教区的"教义问答"慈善学校，学习宗教教义和简单的读、写、算知识。但慈善学校的教师属教会委派的神职人员，未经专门培训。1781 年，慈善家罗伯特·雷克斯(Robert Raikes)出资为工人子弟创办了一所利用星期日授课的学校，亦称"主日学校"(Sunday School)。该校在星期日将工人子弟组织起来，类似"教义问答"慈善学校，对其进行宗教教义和简单的读、写、算知识的教育。由于这类学校既满足了工人子弟文化知识学习的愿望，又有利于社会安定，不久便在英国社会广泛开展，到 1795 年，这类学校已发展到 1012 所。此外，也建立了一些私立学校。学校规模的扩张，催生出英国别具特色的"导生制"和"见习生制"师资培养模式。

导生制产生于 18 世纪末 19 世纪初，是由英国教士安德鲁·贝尔(Dr.Andrew Bell，1753—1832)和约瑟夫·兰卡斯特(Joseph Lancaster，1778—1838)创立的，称为"贝尔-兰卡斯特制"。这种师资培养模式，是教师在 12 岁左右的学生中选择成绩优异者充当"导生"，每天早晨由教师利用两小时先教导生学习初步的读、写、算知识和宗教教义，此外还进行教学方法的训练，培训时间为三个月，待他们学成后代行教师职责，再将所学到的知识和宗教教义转教给其他学生。如此，一名教师就可以在导生帮助下教育上百名学生。导生制适应了当时英国社会教师短缺、大量贫民子女需要接受初等教育的社会现实，此法后来也为美、法、意和瑞士等国所借鉴。

见习生制，是英国世俗政权与教会争夺教育领导权斗争的结果。1835 年，英国政府试图用 1 万英镑创办 4 所师范学校，以推动初等教育和师范教育的发展。但由于教会的坚决反对而作罢。后来，政府改用"公助私立"的办法介入师范学校的兴办工作。1840 年，枢密院教育委员会主席詹姆士·凯-沙特尔沃思在伦敦郊外创办英国第一所师范学校——巴特西教师训练学院(Battesen College for Teacher)，该校是以裴斯泰洛齐的经验为基础，以普鲁士师范学校为蓝本，结合英国的国情而创办的实验性师范学校。1850 年，类似的教师训练学院发展到 50 所，对英国师范教育的发展产生了影响，由于师资配备发展缓慢，以及导生制所培养的师资质量低下，1841 年，詹姆士·凯-沙特尔沃思在总结导生制和荷兰教师培养制度的基础上创立了见习生制。其做法是：选出学业、品德、身体等方面符合条件的年龄至少 13 岁的学生，一边自学，一边跟随经严格挑选出来的主任教师学习，每周五天，每天

---

① 祝怀新. 封闭与开放：教师教育政策研究[M]. 杭州：浙江教育出版社，2007.

至少学习一个半小时，学习期限为五年，且每年必须接受皇家督学的考核，枢密院教育委员会发给他们一定的报酬。学习期满后可任小学助理教员，也可通过考试获得"女王奖学金"进入师范学校继续深造。①见习生制培养的师资弥补了导生制的不足，进而在英国得到迅速推广。1874年，利物浦学校委员会建立了见习教师中心(The Pupile-teacher Center)，为13岁到18岁接受过学徒训练的师范生提供接近中等教育的培训。这种将师范生的教育水平提高与专业实践结合起来的做法，为英国许多大城市的学校委员会所接受。②

美国在殖民地时期和独立后的最初时期，教育发展缓慢。从19世纪20年代起，东部经济发展较快的州纷纷兴起公立学校运动。1825年，伊利诺伊州率先制定《教育法》，提出公民的智力是社会财富和国家力量的观点。当时流行的口号是"受教育应是每个公民的权利"。③此后，各州纷纷效仿，由法律规定依靠地方税收来兴办公立学校。1843年，马萨诸塞州教育委员会秘书霍勒斯·曼(Horace Mann，1796—1859)，曾为推进州的公共教育事业，走访英国、苏格兰、爱尔兰、荷兰、德国、比利时和法国等地，把自己用五个月时间研究欧洲先进教育的心得公开发表，这就是著名的"第七年报"。由于他积极倡导并身体力行地推动公立学校发展，并建立了卓越功勋，人们后来将他誉为"美国公立学校之父"。他对普鲁士师范教育的印象深刻，强调教师职业对社会发展的重要意义。他指出："教师职业在公众的心目中具有很高的地位，任何一个人都不能因为找不到其他的工作而最后去尝试教育工作。"④

1823年，美国教士赛缪尔·赫尔(Samuel H. Hal)创立了私立中等教师训练班(亦称师范班)，并为师范生实习附设了小学，这是美国师范教育的肇端。1825年，马萨诸塞州议员詹姆斯·卡特(James Gordon Carter1795—1849)在波士顿发表文章，呼吁要建立州立师范教育体系，1839年，他在莱克星顿市建立了美国历史上第一所州立师范学校。其后，公立师范学校在美国各州相继建立，到19世纪，美国师范教育体系基本形成，对师范生的入学条件、修业年限和课程设置等方面都有了明确规定。截至1899年，全美共有师范学校331所，其中公立166所、私立165所。⑤进入20世纪，美国逐步取消中等师范教育，所有教师均由大学培养，并逐步建立起教师资格制度和聘任制度。

总之，18世纪中期至19世纪，师范教育在西方国家盛行起来，与此同时，师范教育制度由西方传播到东方的日本和中国等国家。到20世纪中叶，发达国家的教师培养机构基本完成了由师范院校升格为大学的飞跃，教师培养由封闭式向开放式过渡。

在对教师进行专门的师范教育训练的同时，一些西方国家开始探索实施教师资格证书制度，以维护教师行业的质量和社会地位。法国是最早实施教师资格制度的国家。在19世纪初期，法兰西第一帝国就实施了初等教育教师考核和证书制度。之后，其他欧美国家纷纷效仿，并且，实施对象从初等教育的教师逐渐扩展到其他教育层次的教师，获得教师资格的标准也越来越严格。但必须指出的是，这一时期的教师资格标准主要还是体现在对学历的要求上，特别是对高中及以上学历的教师而言。

---

① 祝怀新. 封闭与开散：教师教育政策研究[M]. 杭州：浙江教育出版社，2007.

② 王承绪. 英国教育史[M]. 长春：吉林教育出版社，2000.

③ 王天一，夏之莲，朱美玉. 外国教育史[M]. 北京：北京师范大学出版社，2006.

④ 祝怀新. 封闭与开放：教师教育政策研究[M]. 杭州：浙江教育出版社，2007.

⑤ 祝怀新. 封闭与开放：教师教育政策研究[M]. 杭州：浙江教育出版社，2007.

(二)中国师范教育的产生与发展

中国历来就有尊师重教的传统。有所谓"天、地、君、亲、师"之说，"师者，所以传道授业解惑也"。但中国古代社会的师道和教师作用，在近代激荡的社会变革中，已经失去了应有的效用。鸦片战争后，作为中国社会救亡图存的重要一环，兴办师范学校以培养教师，成为"新民"教育的必然。

"废科举，兴学校"，拉开了中国近代教育的序幕。在晚清探索救亡图存的众多开明知识分子中，梁启超是近代中国最早主张创立师范学校的第一人。1896年，他在《变法通议》中提出："欲革旧习，兴智学，必以立师范学堂为第一义。"他强调师范学堂对开启民智的作用，认为师范学校乃群学之基。此后，清政府部分采纳维新派人士的教育改革建议，实行废科举，倡新学的文教政策，中国的师范教育在兴办新式学堂的运动中拉开了序幕。

1897年，盛宣怀在上海创办南洋公学，内设师范学院培养教员，这是中国近代最早的官办师资培训机构，标志着中国师范教育的开端。1902年，清政府将京师大学堂中的师范斋更名为"师范馆"，并正式招生，成为中国高等师范教育的起点。在中国兴办师范教育的过程中，晚清重臣张之洞、张百熙等发挥了重要作用，1903年，张百熙、荣庆、张之洞在《学务纲要》中强调"造就小学之师范生，尤为办学堂者入手第一义"。

我国实业家、教育家张謇对师范教育有独特的认识。他说："小学是'教育之母'，师范又是'小学之母'"，故立学校，尤须从师范始。他曾多次建议地方当局办师范学校而无果。1903年，身体力行，在通州创办通州师范学校，此乃我国私立师范教育的肇起。该校设4年本科、2年简易科和1年讲习科，课程设置主要有国文、修身、教育、伦理、算术、理化、史地、博物、图画、手工、体操等。后来，他还在南通等地创办或资助师范学校多所，为中国早期师范教育的发展做出了重要贡献。

从1904年开始，中国的师范教育开始制度化建设。按照1904年颁布的《奏定学堂章程》，师范学堂分"初级"和"优级"两类。初级以培养小学教师为务，招收高小毕业生，分简易科和完全科，主要课程有修身、讲经读经、国文、理化、史地、习字等。优级师范学堂主要培养初级师范学堂、中学堂的教员和管理人员，招收初级师范、中学堂毕业生，分公共科、分类科和加习科。公共科主要学习人伦道德、中国文学、辨学、算学、外语等课程。分类科即学完公共科后分4科，第一科学习中国文学、外国语；第二科学习历史、地理；第三科学习算学、物理学和化学；第四科学习植物、动物、矿物和生理。加习科即在学完分类科后，再学习人伦道德、教育学、教育制度、教育政令、美学、实验心理学、学校卫生、儿童研究、教育演习等课程。[①]《奏定学堂章程》是我国确立师范教育体系的标志，为早期师范教育的发展提供了法律依据，其影响深远。1910年，清政府设立的各类师范机构计有415所，学生达28 572人。[②]

1912年，中华民国成立，师范教育逐步走上体系化发展之路。同年9月和12月，国民政府教育部颁布《师范学校令》和《师范学校规程》，主要内容有：明确师范教育的设置原则、加强师范教育管理，倡导女子师范教育；重视教师职前培养和职后培训工作；探索

---

① 张瑞璠，王承绪. 中外教育比较史纲(近代卷)[M]. 济南：山东教育出版社，1997.

② 陈景磐. 中国近代教育史（第三版）[M]. 北京：人民教育出版社，2007.

师范教育发展的规律。如《师范学校令》第二条规定，师范学校为省立，高等师范学校为国立。从此明确了各级师范的行政隶属关系，便于管理和监督。1913 年 6 月，教育总长范源濂提出将全国划分为六大示范区的构想，即直隶区、东三省区、湖北区、四川区、广东区、江苏区，每区设国立高师一所，北京另设国立女子高师一所，到 1918 年，六大区均建成高等师范学校。兴办现代师范院校的同时，也进一步加深了对教师教育理论的研究。1915 年，成立全国师范教育研究会，旨在探索师范教育的规律，促进师范教育的健康发展。1922 年，新学制公布前，新式师范学校已发展到 275 所，学生 38 277 人，其中女生 6 724 人。[①]

经过新文化运动的洗礼和以美国杜威为代表的实用主义教育思潮的影响，民国政府于 1922 年颁布《学校系统改革令》，按照新学制的要求，师范教育的改革主要有以下几个方面：高师改大，中师合并，试行开放式教师培养模式；增设选修科目，完善课程设置；取消师范生公费待遇。在这些改革内容中，取消师范院校的独立地位和取消师范生的"公费待遇"，导致师范教育发展陷入"低谷"，师范教育质量明显下降。在各界的呼声下，1932 年民国政府颁布《确定教育目标与改革教育制度案》，对促进师范教育的发展起了重要作用。该案规定"师范大学应脱离大学而单独设立""师范学校与师范大学概不收费；师范学校以由政府供给膳宿制服为原则"。由此，各省迅速重新发展师范教育，1928 年至 1933 年，师范学校由 236 所猛增到 839 所，学生由 29 470 人增加到 100 840 人。[②]

中国的师范教育从晚清发展到民国，发展道路是先学日本后学美国，又遭到日寇侵华的破坏，师范教育的发展可谓艰难且曲折。其间，也有各省、市民间进步人士对师范教育探索。1923 年，江苏省立师范学校就分设了 5 个乡村师范分校，以促进乡村教育的发展。后来，陶行知先生在南京郊区开办晓庄师范学校，积极推动贫民识字运动和中国乡村教育的发展，对中国的乡村改造产生了积极影响。

此外，中国共产党领导和创办的师范教育尤为值得一提。中国共产党领导的革命根据地和解放区，本着教育为革命战争服务的原则，结合各根据地和解放区的实际，开展了对新民主主义师范教育的探索。1932 年 3 月，人民教育家徐特立在瑞金创立闽瑞师范学校。同年 10 月，又创办中央列宁师范学校。1937 年，鲁迅师范学校在延安诞生，1939 年 7 月，该校与边区中学合并、成立边区第一师范学校，之后又陆续成立了第二、第三师范学校。1944 年，延安大学创设师范学院，同年的《延安大学教育方针及暂行方案》颁布后，师范学院改称"教育系"，规定师范生修业两年，校内学习和校外实习比例是 60% 和 40%，公共课和专业课的比重分别是 30% 和 70%。[③]1946 年，东北解放区创建培养中学教师和行政干部的东北大学，该校是今天东北师范大学的前身。1948 年 12 月，华北大学成立，也设有教育学院。

以上师范教育机构，为革命战争培养了大批干部，推动了革命根据地和解放区的教育普及工作，为中国革命做出了重大贡献，为新中国师范教育的发展积累了宝贵经验。

中华人民共和国成立后，政务院提出"民族的、科学的、大众的"文化教育方针，采取

---

① 陈元晖. 中国现代教育史 [M].北京：人民教育出版社，1979.

② 张瑞璠，王承绪. 中外教育比较史纲(近代卷)[M]. 济南：山东教育出版社，1997.

③ 杨之岭，林冰，苏渭昌，中国师范教育[M]. 北京：北京师范大学出版社，1989.

针对性措施大力发展各类教育并促进大众教育普及工作，迅速改善民国时期教育发展不平衡的状况，以适应社会主义建设对各类人才的需求。新中国成立之初，我国全面学习苏联的教育模式，在对旧中国的教育体系进行社会主义改造的同时，也积极探索和创建社会主义教育新体系。1951年8月，召开第一次师范教育工作会议，提出师范教育工作的方针和师范院校发展的布局构想，定下了独立发展师范教育体系的基调，并指出原普通大学中的师范学院或教育学院，逐步实现独立设置等意见[①]，这次会议的精神体现在1952年7月颁布的《关于高等师范学校的规定(草案)》中。1953年11月，国家又下发了《关于改进和发展高等师范教育的指示》文件，要求综合大学、体育学院和艺术学校分担培养部分师资的任务。在这样的背景下，师范教育按"有计划、按比例"的原则发展。经过十年左右的建设，全国基本形成了大区制师范大学、各省师范学院、地区师专和县(市)师范学校，这种独立设置的师范教育体系，可以更好地培养各类师资。

新中国的师范教育在摸索和曲折中前行，期间经历"反右""大跃进"和"文化大革命"等政治运动，其规模和质量也受到不同程度的影响。

1978年十一届三中全会后，师范教育开始受到前所未有的重视，并在改革开放的大环境下重新焕发生机，发展迅速。1980年6月，教育部召开了全国师范教育会议，会议总结我国近代以来师范教育的历史经验和教训，指明了下一步师范教育工作的方针和任务，明确规定三级师范各自的培养目标，即高等师范学校培养中等学校教师(主要是高中教师)，师专培养初中教师、中等师范学校培养小学教师。此外，该会议还通过了关于办好"中师"的《意见》《规程》《教学计划》和《幼儿师范学校教学计划》等文件，使得中等师范教育迅速发展。

此时，高师的职能方面也得到延伸和拓展，除培养普通中学教师外，也为成人教育和职业教育院校培养教师。自1979年起，还相继成立了艺术师范学院、技术师范学院等具有专科性、技术性和专门专业性的独立师范学院，1985年发布的《中共中央关于教育体制改革的决定》指出："要建设一支足够数量的、合格而稳定的师资队伍，是实行义务教育，提高义务教育水平的根本大计。"[②]20世纪80年代末，我国师范教育体系除前述独立的师资培训机构外，也迅速发展起了地区教育学院、县级教师进修学校等师资继续教育或培训机构，教师的职前培养和职后培训工作走上了教师教育的内涵发展之路。

1990年《全国教育事业发展统计公报》概要地报告了本年度师范教育的发展状况，并指出各级教育部门和学校要加强师资队伍建设，"注重教师政治素质和业务素质的培养，教师总量基本保持稳定"，是年，全国有普通高等师范院校257所。师范类专业招生达18.25万人，已占高校招生的30%。中等师范学校有1026所，招生22.73万人，占中等专业学校招生的31%，普通高等师范院校和中等师范学校共培养了42.46万名中小学新教师，有教育学院265所，教师进修学校2018所，有78万名在职教师正在参加脱产或业余、函授等系统的学习。

20世纪90年代后，普及教育的提倡，师范教育的兴办，使教师群体的数量大增。教师作为一个独立的专职社会群体在组织上出现并逐渐得到强化。"官"与"师"实现了分离。

---

① 顾明远. 北京师范大学与中国教育[N]. 光明日报，2002-9-9.

② 金辉. 试论民办基础教育管理与深化教育体制改革[M]. 民办教育动者，2001(6).

教师职业中传授学科知识的意识得到了强化，学科知识的掌握和具有教授知识的能力与方法，成为教师的必备条件。"师"与"学科"的关系加强，出现了与古代教师"传道"有所不同的"业务"意识，以及作为"专业教师"的意识。

教师职业已从兼职发展成了一个专职的工作，尤其是近几年来出台的相关政策，使得教师专业受到前所未有的重视。随着《中小学教师专业标准(试行)》(2012年)的以及《中共中央 国务院关于全面深化新时代教师队伍建设改革的意见》(2020年)等国家出台的政策性文件，更加规范了教师职业的专业化。《中小学教师职业道德规范》(2008年)、《全面深化新时代教师队伍改革建设的意见》(2017年)、《新时代中小学教师职业行为十项准则》(2018年)、《关于加强和改进新时代师德师风建设的意见》(2019年)、《中小学教师违反职业道德行为处理办法(2018年修订)》(2018年)、《关于深化教育教学改革全面提高义务教育质量的意见》(2019年)《中国教育现代化2035》(2019年)等相关文件、规定使教师职业作为一种专业走上了符合现代化发展的道路。

三、教师职业的专业发展阶段

20世纪中叶以后，教师职业的专业化开始往纵深方向发展，教师职业进入专业化发展阶段。第二次世界大战后，科学技术在生产和生活中的运用越发广泛，民众对高质量教育的普及呼声高涨，再加上美、苏两国的军事、科技和教育的长期竞争，发达国家传统的、封闭式师范教育面临着挑战。在这样的背景下，西方发达国家率先对师范院校进行改革，或将其合并到综合大学，或将师范院校直接扩充为大学的文理学院，以拓宽师范生的知识面，提高其专业知识水平，让师范教育体系以外的高等教育机构顺应时势地加入教师培养任务中来。于是，教师培养模式由封闭走向开放，教师来源由单一走向多元。

美国是较早实行中小学教师培养大学化的国家之一。早在1898年，纽约师范学院率先并入哥伦比亚大学，今天，该校仍然是美国高等师范教育和教育科学研究的中心。从20世纪40年代起，美国掀起了师范院校升格运动。师范院校在升格后更加重视教师培养质量是受苏联"卫星冲击"的影响，到60年代，美国独立的高等师范学院基本完成它的历史使命，绝大多数师范学院已经演变成综合大学的教育学院。1970年，全国专门培养教师的院校仅剩16所。从此，美国的教师培养基本形成了以大学为主体的、非定向的教师教育体制。

英国师范教育的转型始于20世纪70年代，主要是以改组和整顿师范教育机构为中心，使单科性地方教育学院隶属于多科性的高等教育学院，独立建制的师范院校在英国渐趋消失，教师培养和培训以一种"专业"的地位，并配以成体系的课程形式出现在英国高等教育系统中。英国师范教育转型后，其社会适应性更强了，当教师社会需求增加时，大学会尽快作出反应，以扩大教师培养规模；当教师的社会需求缩小时，便缩小教师培养规模，这种综合化、弹性化的教师培养机制有利于国家公共教育资源的合理配置，以避免因教师培养过剩造成浪费。

日本在《教育基本法》框架下，引进了美国"六三三四"学校教育体系，按照《学校教育法》关于一都道府县设立一所国立大学的原则，所有师范类院校要么升格为大学，要么并入大学成为培养教师的系(科)，允许一般大学设教育系(科)培养教师，即所有教师均由大学包括短期大学来培养，提高了教师培养的学历层次。日本教师教育经战后二十余年的探索，20世纪70年代提出"新构想大学"的改革建议。在这一政策背景下，日本在70年代相继在鸣门、上越等地创立了专门培养高水平中小学教师的教育大学，以应对高学历社会对教师的需求。1990 年，日本各类高校中设有培养教师系(科)的机构共有 1 186 个，其中大学有 408 所，短期大学有 410 所，设有培养研究生水平教师的机构有 225 个，大学专科水平的高校有 71 所，为政府指定的专门培养教师的机构有 72 个。

20 世纪 80 年代，法国的教师培养模式主要有两类：由普通大学第一阶段毕业的大学生，再到师范院校学习两年，毕业后经教师资格考试，合格者可以到中学任教；直接招收高中毕业生，在高等院校毕业，经教师资格考试，合格者可任小学教师。进入 90 年代后，法国所有的师范院校为综合大学里的"教师培训学院"所代替。从此，法国教师培养也走上了大学化的道路。

第二次世界大战后，教师培养大学化是发达国家教师教育改革的趋势。事实上，一些国家教师培养大学化并非独立的教师培养机构一个也不存在了，美、日等国还有少量的师范院校存在，只不过教师学历层次提高了，教师培养的质量意识也得到了强化。总体上说，教师培养模式更加开放了，教师来源也更加多样化了。

第三节　教师专业发展的维度

教师专业标准规定了教师专业发展的维度有三个方面：专业理念与师德、专业知识、专业能力。

一、专业理念与师德

专业理念与师德包括职业理解与认识、对学生的态度和行为、教育教学的态度和行为、个人修养与行为等内容。

1. 职业理解与认识

(1) 贯彻党和国家教育方针政策，遵守教育法律法规。
(2) 理解教育工作的意义，热爱教育事业，具有职业理想和敬业精神。
(3) 认同教师的专业性和独特性，注重自身专业发展。
(4) 具有良好的职业道德修养，为人师表。
(5) 具有团队合作精神，积极开展协作与交流。

2. 对学生的态度和行为

(1) 关爱学生，重视学生身心健康发展，保护学生生命安全。
(2) 尊重学生独立人格，维护学生合法权益，平等对待每一位学生，不讽刺挖苦、歧视学生，不体罚或变相体罚学生。
(3) 尊重个体差异，主动了解和满足学生的不同需求。
(4) 信任学生，积极创造条件，促进学生自主发展。

3. 教育教学的态度和行为

(1) 树立育人为本，德育为先的理念，将学生的知识学习、能力发展与品德养成相结合，重视学生的全面发展。

(2) 重视教育规律和学生身心发展规律，为每一位学生提供适合的教育。

(3) 激发学生的求知欲和好奇心，培养学生的学习兴趣和爱好，营造自由探索、勇于创新的氛围。

(4) 引导学生自主学习、自强自立，培养良好的思维习惯和适应社会的能力。

(5) 尊重和发挥好共青团、少先队组织的教育引导作用。

4. 个人修养与行为

(1) 富有爱心、责任心、耐心和细心。

(2) 乐观向上、热情开朗、有亲和力。

(3) 能够自我调节情绪，保持平和心态。

(4) 善于学习、不断进取。

(5) 衣着整洁得体，语言规范，举止文明。

修养主要是以思想、政治、道德修养为中心的人们在文化、知识、精神上的全面修养。它是在自我认识、自我要求的基础上，依靠自己的努力，不断地学习社会生活中协调人与人、人与自然、人与社会之间的关系，以使自己发展得更加完善，健全并加强自主性、自立性、自强性的一种必不可少的手段。修养是个体发展、提高、完善自己的内在要求；是个体自觉的文化内化过程和努力结果；将自己塑造为时代所需要的人。讲修养不仅有利于个人的健全发展和人生价值的提升，而且能够促进社会的发展，因此，每个人都要提高自己的修养。

教师修养是人生修养，不是对职业规范的一般遵守，修养意味着自觉向善，是以继承和吸收文化手段来自我充实、自我提高、自我完善的过程，讨论中国教师的修养一定不能脱离对中国传统文化和传统修养理论的关注和继承，中国传统文化强调的自强不息、厚德宽容、己立立人、己强强人、己达达人等思想是中国教师的精神遗产，需要我们认真领会和吸收。

二、专业知识

专业知识主要包括：通识性知识、学科知识、学科教学知识、教育知识(教育理论与实践知识)。

1. 通识性知识

(1) 具有相应的自然科学和人文社会科学的知识。

(2) 了解中国教育基本情况。

(3) 具有相应的艺术欣赏与表现知识。

(4) 具有适应教育内容、教学手段与方法的现代化信息技术知识。

2. 学科知识

(1) 理解所教学科的知识体系、基本思想与方法。

(2) 掌握所教学科内容的基本知识、基本原理与技能。

(3) 了解所教学科与其他学科的联系。

(4) 了解所教学科与社会实践及共青团、少先队活动的联系。

3. 学科教学知识

(1) 掌握所教学科课程标准。
(2) 掌握所教学科课程资源开发与校本课程开发的主要方法与策略。
(3) 了解学生学习具体学科内容的认知特点。
(4) 掌握针对具体学科内容进行教学和研究性学习的方法与策略。

4. 教育知识(教育理论与实践知识)

(1) 掌握教育的基本原理和主要方法。
(2) 掌握班级、共青团、少先队建设和管理的原则与方法。
(3) 掌握教育心理学的基本原理和方法，了解学生身心发展的一般规律和特点。
(4) 了解学生思维能力、创新能力和实践能力发展的过程与特点。
(5) 了解学生群体文化特点、行为方式。

三、专业能力

专业能力主要包括教学实施、班级管理与教育活动、教育教学评价、沟通与合作、反思与发展。

1. 教学实施

(1) 营造良好的学习环境与氛围，激发与保护中学生的学习兴趣。
(2) 通过启发式、探究式、讨论式、参与式等多种形式，有效实施教学。
(3) 有效调控教学过程，合理处理课堂偶发事件。
(4) 引发学生独立思考和主动探究，发展学生的创新能力。
(5) 发挥好共青团、少先队组织生活、集体活动、信息传播等教育功能。
(6) 将现代教育技术手段应用到教学中。

2. 班级管理与教育活动

(1) 建立良好的师生关系，帮助学生建立良好的同伴关系。
(2) 注重结合学科教学进行育人活动。
(3) 根据学生世界观、人生观、价值观形成的特点，有针对性地组织德育活动。
(4) 针对学生生理和心理发展特点，有针对性地组织有益身心健康发展的教育活动。
(5) 指导学生理想、心理、学业等多方面的发展。
(6) 有效管理和开展班级、共青团、少先队活动。
(7) 妥善应对突发事件。

3. 教育教学评价

(1) 利用评价工具，掌握多元评价方法，多视角、全过程评价学生发展。
(2) 引导学生进行自我评价。
(3) 自我评价教育教学效果，及时调整和改进教育教学工作。

4. 沟通与合作

(1) 了解学生，平等地与学生进行沟通交流。
(2) 与同事进行合作交流，分享经验和资源，共同发展。
(3) 与家长进行有效沟通合作，共同促进学生发展。
(4) 协助学校与社区建立合作互助的良好关系。

5. 反思与发展

(1) 主动收集并分析相关信息，不断进行反思，改进教育教学工作。
(2) 针对教育教学工作中的现实需要与问题，进行探索和研究。
(3) 制定专业发展规划，积极参加专业培训，不断提高自身专业素质。

【拓展阅读 1-2】

教师专业能力发展的理论与实践

教师专业能力包括基本能力、教学能力、教育能力、自我发展能力和教学创新能力 5 种。这 5 种能力螺旋上升，形成完整的层级结构，并贯穿整个教师职业生涯。根据教师专业能力发展水平，为其"量身定做"相应的专业能力培养模式。通过"理论指导+案例分析+情景模拟+自主反思+行为反馈"的教师专业能力实训模式，将教师的"思"与"行"有机结合起来。通过建设教师专业能力实训平台，以有效支撑教师的专业学习。

一、螺旋递进：教师专业能力的层级结构

第一，基本能力是对一个教师从事教师工作的基本要求，主要包括思维能力、口语表达，文字表达、板书设计、三笔字等。这些能力也被称为"教师基本功"，是教师专业能力发展的基础。

第二，教学能力是实施有效的教学所需要的能力，包括教学设计能力、情境创设能力、提问解释能力、探究教学能力、合作论证能力、评价总结能力、迁移应用能力和教学反思能力等，是教师专业能力的核心。

第三，教育能力即育人能力，是指教师促进学生的必备品格发展的能力，体现在班级管理、思想品德教育、法律法规教育、心理健康教育与指导学生发展等方面。

第四，自我发展能力是教师在自我发展的过程中，不断增加专业知识、强化专业信念、提升专业素养和凝聚专业认同的能力。主要包括职业生涯规划能力、开展教育研究能力、终身学习能力及自我心理调节能力等，其核心是对自身发展的认知调控和反思批判能力。

第五，教学创新能力是教师能够创造性地解决教学问题和推动教学实践的能力，而教师的创新思维能力是教学创新能力的核心构成要素。这种能力是教师创造性实施教学改革和因材施教的基础，是教师专业能力高水平发展的标志。

二、系统设计：教师专业能力的全程培养

第一，新手教师的基本能力和一般教学能力培养。

第二，骨干教师的学科教学能力和教育能力培养。

第三，优秀教师的教学研究能力和创新能力培养。

第四，教学困难教师的个别咨询与辅导。

三、思行合一：教师专业能力的发展模式

思维型教学理论强调做中学，更强调学中思。我们据此探索出的"理论指导+案例分析+情景模拟+自主反思+行为反馈"的教师专业能力实训模式，将教师的"思"与"行"有机结合在一起。案例分析与情景模拟虽然是一种实践样式，但同样强调教师要在实践情境中积极思考，并将自身的学习与思考引向实践。最终通过思考与实践的反复结合来提升教师的专业能力。

四、平台资源：教师专业学习的有效支撑

基于资源的学习理论 (RBL) 认为，优质的学习资源设计应满足 3 个条件：一是与特定的学习目标相关联，二是紧密嵌入学习活动中，三是易于获得、理解和交流。第一，思维具有目的性。第二，无论何种学习资源都需要与特定学习活动有机地整合在一起。第三，学习资源要易于获得、理解和交流。

在多年理论研究的基础上，我们提出了一套有效的教师专业发展模式，并经过了实践的检验。

第一，理论与实践深度结合。

第二，研究与培训相互促进。

第三，离线学习与在线学习深度整合。

(资料来源：胡卫平，张睆. 教师专业能力发展的理论与实践[J]. 陕西师范大学学报(哲学社会科学版)，2018，47(02)：139-145.)

 本章小结

本章通过案例引入教师专业化的基本内涵，详细阐述教师专业化的内涵和特点，并对教师个体专业化和群体专业化了进行简单介绍，明确教师不仅是一种职业，更是一种专业。从古至今，国内外的教师专业化发展都经历了从非专业化到专业化的过渡，专家、学者针对教师专业化发表了自己的观点，帮助学生清楚地认识教师的专业性以及理解教师专业化的三个维度。

通过本章的学习，教师旨在让学生对教师专业化有清晰的认识，同时，通过本章的学习，为学生后续章节的深入学习打下基础，明白教师不仅是职业更是专业，增强学生的职业效能感和自豪感，有利于学生用专业化的思维看待教师群体，从而促进其更好地成长。

 思考题

1. 辨析教师个体专业化和教师群体专业化概念的异同。
2. 简要说明教师专业化的内涵和发展历程。
3. 阐释教师专业发展的三个维度。
4. 采访一位优秀教师，并写出一份专业成长分析报告。

第二章 教师专业品德

学习目标

1. 明确教师专业品德规范的含义。
2. 了解《中小学教师职业道德规范》《关于加强和改进新时代师德师风建设的意见》《新时代中小学教师职业行为十项准则》和《中小学班主任工作规定》的内容。
3. 明确教师专业品德规范的意义。
4. 了解教师专业品德行为的社会表现。

重点难点

教学重点：正确认识教师专业品德规范的意义与行为。
教学难点：掌握教师提高专业品德修养的途径和方法。

【案例导入】

三个砌墙工人

某个建筑工地正在施工。有人问三个砌砖工人："你们在做什么？"第一个工人说："砌墙。"第二个工人说："我在赚工资。"第三个工人却唱着歌说："我正在建造世界上最富有特色的房子。"从这三个人简单的回答中，我们可以看出他们对工作的态度是不同的。第一个工人是纯粹为了工作而工作；第二个工人是为了赚钱而工作；第三个工人则是为了实现人生价值而工作。十年之后，第一个工人还在砌墙，第二个工人成了建筑工地的管理者，第三个工人则成了这个城市的建筑师。

这个故事给我们的启示：

每一个人都应该向第三个工人学习，对待任何岗位的工作，都需要有认真、负责的态度，还要有正确的认识、积极的态度和远大的志向，只有干一行，爱一行，才能精一行，爱岗才能钻进去，敬业才能有作为，切莫"这山望着那山高"，或自暴自弃，"破罐子破摔"。只要我们对工作孜孜以求，精益求精，一定能够收获胜利的果实。

思考：

一些教师轻视本职工作，很难在自身的工作岗位上干出成绩。而同样身为教师的于漪、魏书生、窦桂梅、华应龙等，却能够热爱本职工作，孜孜以求，精益求精，练就一身过硬本领，终在工作岗位中成就自我。思考：做一名教师，如何在教育劳动过程中修养自身的专业品德，获得教师职业的幸福感？

第一节 教师专业品德规范

教师是人类灵魂的工程师，是青少年成长的引路人。教师的个体品德素质和职业道德水平直接关系到中小学德育工作和亿万青少年的健康成长，关系到国家的前途命运和民族的未来。加强中小学教师专业品德规范的建设，提高教师的师德素养，对确保党的事业后继有人，社会主义事业兴旺发达，构建社会主义和谐社会，实现中华民族伟大复兴，都具有十分重要的意义。

教师专业品德规范.mp4

社会为了持续、健康地发展，必然需要制定一系列的行为准则以规范人们的行为。当一个人按照社会公认的准则去行动时，他的行为就是合乎道德的，就会被人们赞许，为社会所肯定；反之，就会受到人们谴责，为社会所否定。个体行为在得到社会舆论赞许时，会感到愉悦，在得到社会舆论谴责时，会产生不安和内疚等内心感受。道德是调整人们之间及个人同社会之间的行为规范的总和。它以善和恶、正义与非正义、公正和偏私、诚实和虚伪等行为规范，通过各种形式的教育和社会舆论的力量，使人们逐渐形成一定的信念、习惯、传统而发生作用。

一、教师专业品德规范的含义

专业品德规范是特殊的职业道德规范，是指专业人员在职业活动中必须遵循的、具有本专业特征的道德准则和规范的总和。它以专业分工为基础，与实践专业活动紧密联系在一起。从事专业活动的人们，由于有着共同的劳动方式，经历过共同的专业训练，因而具有共同的专业兴趣、爱好、习惯和心理传统，结成某些特殊关系，产生特殊的行为模式和道德要求。如专门意义上的"救死扶伤"的道德就只适用于医生；"诲人不倦""教书育人""为人师表"的规范主要适用于教育工作者。

教师专业品德规范是指教师在从事教育工作过程中必须遵循的道德准则和规范的总和，是教师个体品德在教师专业发展中的体现，是教师专业发展中的职业道德规范。

当前用以规范中小学教师行为的职业品德规范的是 2008 年 9 月 1 日由教育部和中国教科文卫体工会全国委员会联合颁发的《中小学教师职业道德规范》、2009 年 8 月 22 日教育部颁布的《中小学班主任工作规定》、2018 年颁布的《新时代中小学教师职业行为十项准则》、2018 年颁布的《中小学教师违反职业道德行为处理办法》、2019 年颁布的《关于加强和改进新时代师德师风建设的意见》以及《关于深化教育教学改革全面提高义务教育质量的意见》。

二、教师职业道德规范相关文件及解读

(一)《中小学教师职业道德规范》

改革开放以来，教师职业道德建设受到重视，我国先后于 1984 年、1991 年、1997 年、2008 年四次颁布和修订《中小学教师职业道德规范》。

1984 年 10 月，教育部和全国教育工会联合颁发《中小学教师职业道德要求(试行草案)》

草案共有六条内容，包括政治思想方面的要求、教育思想方面的要求、业务学习的要求、对待学生的要求、遵纪守法的要求和行为举止的要求。这六条要求的具体内容分类不是十分严密。

1991年8月，原国家教委和全国教育工会联合公布了修订的《中小学教师职业道德规范》，规范也是六条，包括政治思想方面的要求、教育思想方面的要求、业务学习的要求、对待学生的要求、遵纪守法的要求和行为举止的要求。六条要求中的具体内容比1984年的《中小学教师职业道德要求》分类要清晰许多。

1997年8月，原国家教委和全国教育工会联合公布了修订的《中小学教师职业道德规范》，规范有八条。这八条的关键词是：依法执教、爱岗敬业、热爱学生、严谨治学、团结协作、尊重家长、廉洁从教、为人师表。

2008年5月，教育部师范教育司、《中国教育报》和《中国教师报》联合举办"教师职业精神"征文比赛和大讨论活动，促进了对教师职业道德规范的思考。2008年6月，《中小学教师职业道德规范(征求意见稿)》向社会公布，广泛征求社会各界的意见。

2008年9月1日，由教育部和中国教科文卫体工会全国委员会联合颁发了新修订的《中小学教师职业道德规范》，最终公布的文本有六条，关键词是：爱国守法、爱岗敬业、关爱学生、教书育人、为人师表、终身学习。

2018年11月，为深入贯彻习近平新时代中国特色社会主义思想和党的十九大精神，深入贯彻落实全国教育大会精神，扎实推进《中共中央 国务院关于全面深化新时代教师队伍建设改革的意见》的实施，进一步加强师德师风建设，教育部研究制定了《新时代高校教师职业行为十项准则》《新时代中小学教师职业行为十项准则》《新时代幼儿园教师职业行为十项准则》。

2019年11月，为深入贯彻落实习近平总书记关于教育的重要论述和全国教育大会精神，落实《新时代公民道德建设实施纲要》和《中共中央 国务院关于全面深化新时代教师队伍建设改革的意见》，加强和改进新时代师德师风建设，倡导全社会尊师重教，教育部、中央组织部、中央宣传部、国家发展改革委、财政部、人力资源和社会保障部、文化和旅游部研究制定了《关于加强和改进新时代师德师风建设的意见》。

(二)《关于加强和改进新时代师德师风建设的意见》的主要内容

关于加强和改进新时代师德师风建设的意见

为认真贯彻落实《新时代公民道德建设实施纲要》，深入推进实施《中共中央 国务院关于全面深化新时代教师队伍建设改革的意见》，全面提升教师思想政治素质和职业道德水平，现就加强和改进新时代师德师风建设提出如下意见。

一、加强师德师风建设的总体要求

1. 指导思想

以习近平新时代中国特色社会主义思想为指导，深入学习贯彻习近平总书记关于教育的重要论述和全国教育大会精神，把立德树人的成效作为检验学校一切工作的根本标准，把师德师风作为评价教师队伍素质的第一标准，将社会主义核心价值观贯穿师德师风建设全过程，严格制度规定，强化日常教育督导，加大教师权益保护力度，倡导全社会尊师重教，激励广大教师努力成为"四有"好老师，着力培养德智体美劳全面发展的社会主义建设者和接班人。

2. 基本原则

——坚持正确方向。加强党对教育工作的全面领导，坚持社会主义办学方向，确保教师在落实立德树人根本任务中的主体作用得到全面发挥。

——坚持尊重规律。遵循教育规律、教师成长发展规律和师德师风建设规律，注重高位引领与底线要求结合、严管与厚爱并重，不断激发教师内生动力。

——坚持聚焦重点。围绕重点内容，针对突出问题，强化各地各部门的领导责任，压实学校主体责任，引导家庭、社会协同配合，推进师德师风建设工作制度化、常态化。

——坚持继承创新。传承中华优秀师道传统，全面总结改革开放特别是党的十八大以来师德师风建设经验，适应新时代变化，加强创新，推动师德师风建设工作不断深化。

3. 总体目标

经过 5 年左右努力，基本建立起完备的师德师风建设制度体系和有效的师德师风建设长效机制。教师思想政治素质和职业道德水平全面提升，教师敬业立学、崇德尚美呈现新风貌。教师权益保障体系基本建立，教师安心、热心、舒心、静心从教的良好环境基本形成，师道尊严进一步提振。全社会对教师职业认同度加深，教师政治地位、社会地位、职业地位显著提高，尊师重教蔚然成风。

二、全面加强教师队伍思想政治工作

1. 坚持思想铸魂，用习近平新时代中国特色社会主义思想武装教师头脑

健全教师理论学习制度，开展习近平新时代中国特色社会主义思想系统化、常态化学习，重点加强习近平总书记关于教育的重要论述的学习，使广大教师学懂弄通、入脑入心，自觉用"四个意识"导航，用"四个自信"强基，用"两个维护"铸魂。依托高水平高校建设一批教育基地，同时统筹党校(行政学院)资源，定期开展教师思想政治轮训，使广大教师更好掌握马克思主义立场观点方法，认清中国和世界发展大势，增进对中国特色社会主义的政治认同、思想认同、理论认同、情感认同。

2. 坚持价值导向，引导教师带头践行社会主义核心价值观

将社会主义核心价值观融入教育教学全过程，体现到学校管理及校园文化建设各环节，进一步凝聚起师生员工思想共识，使之成为共同价值追求。弘扬中华优秀传统文化、革命文化和社会主义先进文化，培育科技创新文化，充分发挥文化涵养师德师风功能。身教重于言教，引导教师开展社会实践，深入了解世情、党情、国情、社情、民情，强化教育强国、教育为民的责任担当。健全教师志愿服务制度，鼓励支持广大教师参加志愿服务活动，在服务社会的实践中厚植教育情怀。重视高层次人才、海外归国教师、青年教师的教育引导，增强工作针对性。

3. 坚持党建引领，充分发挥教师党支部和党员教师作用

建立教师党支部，使教师党支部成为涵养师德师风的重要平台。建好党员教师队伍，使党员教师成为践行高尚师德的中坚力量。重视在高层次人才和优秀青年教师中发展党员工作，完善学校领导干部联系教师入党积极分子等制度。开展好"三会一课"，健全党的组织生活各项制度，通过组织集中学习、定期开展主题党日活动、经常开展谈心谈话、组织党员教师与非党员教师结对联系等，充分发挥教师党支部的战斗堡垒作用和党员教师的先锋模范作用。涉及教师利益的重要事项、重点工作，应征求教师党支部意见。

三、大力提升教师职业道德素养

1. 突出课堂育德，在教育教学中提升师德素养

充分发挥课堂主渠道作用，引导广大教师守好讲台主阵地，将立德树人放在首要位置，融入渗透到教育教学全过程，以心育心、以德育德、以人格育人格。把握学生身心发展规律，实现全员全过程全方位育人，增强育人的主动性、针对性、实效性，避免重教书轻育人倾向。加强对新入职教师、青年教师的指导，通过老带新等机制，发挥传帮带作用，使其尽快熟悉教育规律、掌握教育方法，在育人实践中锤炼高尚道德情操。将师德师风教育贯穿师范生培养及教师生涯全过程，师范生必须修学师德教育课程，在职教师培训中要确保每学年有师德师风专题教育。

2. 突出典型树德，持续开展优秀教师选树宣传

大力宣传新时代广大教师阳光美丽、爱岗敬业、甘于奉献、改革创新的新形象。深入挖掘优秀教师典型，综合运用授予荣誉、事迹报告、媒体宣传、创作文艺作品等手段，充分发挥典型引领示范和辐射带动作用。开展多层次的优秀教师选树宣传活动，形成校校有典型、榜样在身边、人人可学可做的局面。组织教师中的"时代楷模"、全国教书育人楷模、国家教学名师、最美教师等开展师德宣讲。鼓励各地各校采取实践反思、情景教学等形式，把一线优秀教师请进课堂，用真人真事诠释师德内涵。

3. 突出规则立德，强化教师的法治和纪律教育

以学习《中华人民共和国教师法》、新时代教师职业行为十项准则系列文件等为重点，提高全体教师的法治素养、规则意识，提升依法执教、规范执教能力。制订教师法治教育大纲，将法治教育纳入各级各类教师培训体系。强化纪律建设，全面梳理教师在课堂教学、关爱学生、师生关系、学术研究、社会活动等方面的纪律要求，依法依规健全规范体系，开展系统化、常态化宣传教育。加强警示教育，引导广大教师时刻自重、自省、自警、自励，坚守师德底线。

四、将师德师风建设要求贯穿教师管理全过程

1. 严格招聘引进，把好教师队伍入口

规范教师资格申请认定，完善教师招聘和引进制度，严格思想政治和师德考察，充分发挥党组织的领导和把关作用，建立科学完备的标准、程序，坚决避免教师招聘引进中的唯分数、唯文凭、唯职称、唯论文、唯帽子等倾向。鼓励有条件的地方和学校结合实际探索开展拟聘人员心理健康测评，作为聘用的重要参考。严格规范教师聘用，将思想政治和师德要求纳入教师聘用合同。加强试用期考察，全面评价聘用人员的思想政治和师德表现，对不合格人员取消聘用，及时解除聘用合同。高度重视从海外引进人才的全方位考察，提升人才引进质量。

2. 严格考核评价，落实师德第一标准

将师德考核摆在教师考核的首要位置，坚持多主体多元评价，以事实为依据，定性与定量相结合，提高评价的科学性和实效性，全面客观评价教师的师德表现。发挥师德考核对教师行为的约束和提醒作用，及时将考核发现的问题向教师反馈，并采取针对性举措帮助教师提高认识、加强整改。强化师德考核结果的运用，师德考核不合格者年度考核应评定为不合格，并取消在教师职称评聘、推优评先、表彰奖励、科研和人才项目申请等方面的资格。

3. 严格师德督导，建立多元监督体系

完善多方广泛参与、客观公正科学合理的师德师风监督机制。加强政府督导，将各级各类学校师德师风建设长效机制落实情况作为对地方政府履行教育职责评价的重要测评内容，针对群众反映强烈的问题、师德师风问题多发的地方开展专项督导。加强学校监督，各级各类学校要在校园显著位置公示学校及教育主管部门举报电话、邮箱等信息，依法依规接受监督举报。强化社会监督，探索建立师德师风监督员制度，定期对学校师德师风建设情况进行监督评议，向教育主管部门反馈，将监督评议情况作为学校及领导班子年度考核的重要内容。

4. 严格违规惩处，治理师德突出问题

推动地方和高校落实新时代教师职业行为十项准则等文件规范，制定具体细化的教师职业行为负面清单。把群众反映强烈、社会影响恶劣的突出问题作为重点从严查处，针对高校教师性骚扰学生、学术不端以及中小学教师违规有偿补课、收受学生和家长礼品礼金等开展集中治理。一经查实，要依规依纪给予组织处理或处分，严重的依法撤销教师资格、清除出教师队伍。建立师德失范曝光平台，健全师德违规通报制度，起到警示震慑作用。建立并共享有关违法信息库，健全教师入职查询制度和有关违法犯罪人员从教限制制度。

五、着力营造全社会尊师重教氛围

1. 强化地位提升，激发教师工作热情

制定教育改革发展和教师队伍建设重大决策、重要文件充分听取教师代表意见。各地重要节庆日活动，邀请优秀教师代表参加。做好优秀教师表彰奖励，依法依规在作出重大贡献、享有崇高声誉的教师中开展"人民教育家"荣誉称号评选授予工作，健全教书育人楷模、模范教师、优秀教师等多元的教师荣誉表彰体系。完善表彰奖励及管理办法，依法依规确定荣誉获得者享受的政治、生活待遇，加强对荣誉获得者后续支持服务。

2. 强化权利保护，维护教师职业尊严

维护教师依法执教的职业权利，推动完善相关法律法规，明确教师教育管理学生的合法职权，研究出台教师惩戒权办法。学校和相关部门依法保障教师履行教育职责，对无过错但客观上发生学生意外伤害的，教师依法不承担责任。教师尊严不可侵害，对发生学生、家长及其亲属等因为教师履职行为而对教师进行侮辱、谩骂、肢体侵害，或者通过网络对教师进行诽谤、恶意炒作等行为，有关部门要高度重视，从严处理，构成违法犯罪的，依法追究相应责任。学校及教育部门应为教师维护合法权益提供必要的法律等方面支持。

3. 强化尊师教育，厚植校园师道文化

从幼儿园开始加强尊师教育，加快形成接续我国优秀传统、符合时代精神的尊师重教文化。推进尊师文化进教材、进课堂、进校园，通过尊师第一课、9月尊师主题月等形式，将尊师重教观念渗透进学生的价值体系。有条件的地方和学校可结合实际统筹有关资源，因地制宜安排一线教师特别是长期从教教师进行疗休养，重点向符合条件的班主任和乡村教师倾斜。做好教师荣休工作，礼敬退休教师，弘扬尊师风尚。建立健全教职工代表大会制度，保障教师参与学校决策的民主权利。加强家庭教育，健全家校联系制度，引导家长尊重学校教育安排，尊敬教师创造发挥，配合学校做好学生的学习教育。

4. 强化各方联动，营造尊师重教氛围

加强展现新时代教师风貌的影视文学作品创作，善用微博、微信、微视频、微电影等新媒体形式，传递教师正能量，让全社会广泛了解教师工作的重要性和特殊性。支持鼓励行业企业在向社会公众提供服务时"教师优先"。鼓励图书馆、博物馆、科技馆、体育场馆以及历史文化古迹和革命纪念馆(地)等对教师实行优待。鼓励社会团体、企业、民间组织对教师出资奖励，或通过依法成立基金、设立项目等方式，支持教师提升能力素质、进行疗休养或予以奖励激励。

六、推进师德师风建设任务落到实处

加强工作保障，强化责任落实。各地各校要把加强师德师风建设、弘扬尊师重教传统作为教师队伍建设的首要任务，夯实学校主体责任，压实学校主要负责人第一责任人责任。高校要强化党委教师工作部建设，明确将教师思想政治和师德师风建设作为其主要职责。各地各校要建立健全责任落实机制，坚持失责必问、问责必严。财政部门要坚持将教师队伍建设作为教育投入重点予以优先保障，按规定统筹现有资金渠道支持师德师风建设。依托现有资源，建设一批师德师风建设基地，加强工作支撑，提高师德师风建设工作的科学性、实效性。

【案例 2-1】

长沙县昌济小学校长王耀军：育人的诀窍是"心平气和"

长沙县昌济小学的教师队伍比较年轻，校长王耀军从不吝啬于表扬他们用心的点滴，常常点赞老师们"把情怀与青春纵情绽放于岗位"。学校开学第一年，年轻老师居多，还有一些老师担任班主任的时间不长，王耀军便经常在会议上跟老师们强调，不急躁、不匆忙，要"心平气和"解决问题。

王耀军经常在会议上和老师们分享与家长良好沟通的方法。有一次，她在校门口碰到了一位气冲冲要找班主任的家长，见家长情绪激动，王耀军首先安抚，问家长为什么一定要去找班主任；家长言辞激动，说自己的孩子前一天中午在学校没有吃上午饭。她一听，立刻回答："不可能，我们学校的班主任不可能不让孩子吃饭，家长先别着急，等我问清楚。"说完，她立刻拨通班主任的电话，询问具体情况。其实是误会一场，前一天孩子没有带饭盒，家长没送饭盒来，以为孩子没吃上午饭，实际上班主任虽然没有联系家长，但是带孩子去学校食堂取了餐具，吃上了午餐。得知情况的家长非常惭愧，连连说抱歉，王耀军回答："家长你看，遇事不要急，你要相信，我们老师一定以孩子为先，我们心平气和地沟通，这件事不就解决了吗？"

"一个党员就是一面旗帜。"王耀军对学校的党建工作没有丝毫马虎。大雪天，校园内扫雪的身影里有她；社区里，人防知识宣传队伍里有她；防控疫情，在校门口护卫的红马甲里有她……

她说，希望老师们能"以集体奔跑的姿态前行"。比如每年开学季，她都会亲自负责开展"幼小衔接"交流会，让有经验的班主任老师分享经验，帮助新老师们尽快上手，让一年级刚入校的孩子尽快融入校园；在学校管理任务十分繁杂的情况下，带头组织开展教研活动和课题研讨。通过观摩名师优质课、专家进驻等多种形式，为教师成长提供优质的学习条件；搭建展示平台，鼓励教师积极参加论文比赛、观摩评优，多撰写教育故事、教育反思，提高教师业务水平。每次各教研组组织集体赛课时，她几乎全程到场，聆听年轻教师的风采，分享自己的经验，提出自己的意见，并点赞老师们用心用情追求课堂艺术。

为了真正让每个孩子在"课后服务"这块沃土上获得成长，王耀军思索良久，结合学校是新学校，以一二年级低学段为主的特点，尊重低学段孩子的年龄特点，设定课后服务"3+2"模式，3 天基础课+2 天兴趣课，打造属于学校的品牌与特色。

(资料来源：365 个师德故事. 潇湘晨报，2022-04-17.)

(三)《新时代中小学教师职业行为十项准则》

《新时代中小学教师职业行为十项准则》的主要内容如下。

一、《新时代中小学教师职业行为十项准则》原文

《中小学教师职业
道德规范》.mp4

1. 坚定政治方向

坚持以习近平新时代中国特色社会主义思想为指导，拥护中国共产党的领导，贯彻党的教育方针；不得在教育教学活动中及其他场合有损害党中央权威、违背党的路线方针政策的言行。

2. 自觉爱国守法

忠于祖国，忠于人民，恪守宪法原则，遵守法律法规，依法履行教师职责；不得损害国家利益、社会公共利益，或违背社会公序良俗。

3. 传播优秀文化

带头践行社会主义核心价值观，弘扬真善美，传递正能量；不得通过课堂、论坛、讲座、信息网络及其他渠道发表、转发错误观点，或编造散布虚假信息、不良信息。

4. 潜心教书育人

落实立德树人根本任务，遵循教育规律和学生成长规律，因材施教，教学相长；不得违反教学纪律，敷衍教学，或擅自从事影响教育教学本职工作的兼职兼薪行为。

5. 关心爱护学生

严慈相济，诲人不倦，真心关爱学生，严格要求学生，做学生良师益友；不得歧视、侮辱学生，严禁虐待、伤害学生。

6. 加强安全防范

增强安全意识，加强安全教育，保护学生安全，防范事故风险；不得在教育教学活动中遇突发事件、面临危险时，不顾学生安危，擅离职守，自行逃离。

7. 坚持言行雅正

为人师表，以身作则，举止文明，作风正派，自重自爱；不得与学生发生任何不正当关系，严禁任何形式的猥亵、性骚扰行为。

8. 秉持公平诚信

坚持原则，处事公道，光明磊落，为人正直；不得在招生、考试、推优、保送及绩效考核、岗位聘用、职称评聘、评优评奖等工作中徇私舞弊、弄虚作假。

9. 坚守廉洁自律

严于律己，清廉从教；不得索要、收受学生及家长财物或参加由学生及家长付费的宴请、旅游、娱乐休闲等活动，不得向学生推销图书报刊、教辅材料、社会保险或利用家长资源谋取私利。

10. 规范从教行为

勤勉敬业，乐于奉献，自觉抵制不良风气；不得组织、参与有偿补课，或为校外培训机构和他人介绍生源、提供相关信息。

二、《新时代中小学教师职业行为十项准则》原文解读

教育部正式印发实施《新时代高校教师职业行为十项准则》《新时代中小学教师职业行为十项准则》《新时代幼儿园教师职业行为十项准则》(以下统称"准则")及《教育部关于高校教师师德失范行为处理的指导意见》《中小学教师违反职业道德行为处理办法(2018年修订)》《幼儿园教师违反职业道德行为处理办法》等文件。

1. 准则的重要意义

教师是决胜全面建成小康社会、建设社会主义现代化强国的重要力量，是落实立德树人根本任务、培养德智体美劳全面发展的社会主义建设者和接班人的关键。我国各级各类学校有1600多万专任教师，他们中的绝大多数都敬重学问、关爱学生、严于律己、为人师表，受到学生尊敬和爱戴。但是也有极个别人理想信念模糊，育人意识淡薄，放松自我要求，甚至出现严重违反师德行为，损害教师队伍形象，影响学生健康成长。同时，我国发展新的历史方位下，人民群众对更好教育的需要日益增长，知识获取方式和传授方式、教和学关系都发生了革命性变化，这些都对教师队伍能力和水平提出了新的更高的要求。制定教师职业行为准则，明确新时代教师职业规范，针对主要问题、突出问题划定基本底线，加强师德师风建设，是建设政治素质过硬、业务能力精湛、育人水平高超的高素质教师队伍的重要举措，也为教师严格自我约束、规范职业行为、加强自我修养提供基本遵循。

2. 准则的制定过程

准则研制工作坚持针对突出问题、回应基层声音、凝聚基层智慧，征集了大中小幼职特各级各类学校教师代表及全国教书育人楷模、从事教师职业道德及教育法律研究的专家学者、地方教育部门及高校相关负责同志的意见建议，对高校、中小学教师职业道德规范以及行业组织教师自律公约进行系统梳理，充分研究分析有关课题研究中对教师、学生、家长关于教师行为规范的调查结果。在此基础上，邀请专家学者、教育部门有关同志、教师代表组成专班，对照新时代新要求、新形势新问题，研究起草了框架稿。之后广泛征求各省级教育部门、教育部直属高校、部省合建高校以及部分中小学、幼儿园意见，通过召开座谈会或书面方式征求专家学者和一线教师意见建议，反复讨论修改，形成准则的制度文件。

3. 准则的主要内容

准则结合高校、中小学、幼儿园教师队伍的不同特点，分别提出十条针对性的要求，包括坚定政治方向、自觉爱国守法、传播优秀文化、爱岗敬业、关爱学生、诚实守信、廉洁自律等方面，每一条既提出正面倡导，又划定师德底线。其中，坚定政治方向、自觉爱国守法、传播优秀文化等是共性要求，爱岗敬业、关爱学生、诚实守信、廉洁自律等几个方面，结合高校、中小学、幼儿园教师中的不同表现、存在的问题及在不同阶段教师队伍的差异性，提出不同要求，更贴合实际、更具针对性。要特别指出的是，十条准则并不能涵盖教师职业行为的所有方面，只是针对主要问题、突出问题进行规范。

4. 全面理解把握准则的几个方面

一是提高政治站位，增强"四个意识"。要站在教师职业承担的重要使命和责任的位置上，从党和国家事业全局的角度理解准则的要求。处理好个人利益和国家、社会利益的关系，处理好个人理想和民族梦想的关系，集聚奋斗力量，做新时代的见证者、开创者、建设者。二是把握基本定位，增强底线意识。准则中的禁行性规定是底线，是从事教师职业的最低要求，是大中小幼职特各级各类学校教师必须遵守的，是不可触碰的红线。三是正确理解认识，取得思想一致。准则中的禁止性规定，不是体检结果，是预防保健手册，是对广大教师的警示提醒，是严管厚爱。

5. 教育部出台的中小学、高校教师职业道德规范和师德"十条红线""红七条"与准则之间的关系

首先，准则是结合新时代、新要求、新形势、新问题制定的教师职业行为规范，既有正面倡导、高线追求，也有负面禁止、底线要求，是对之前教师职业道德规范和"十条红线""红七条"等师德底线的继承和发展。其次，准则规范的不仅是教师职业道德行为，还对教师提高政治素质、传播优秀文化、积极奉献社会等方面提出要求。再次，准则是原则性规定，此前制定的"红七条"等以及严禁教师违规收受学生及家长礼品礼金、严禁中小学校和在职中小学教师有偿补课的规定与准则结合执行。

6. 如何确保准则落到实处

一是形成制度体系。配合准则出台，还制定了《教育部关于高校教师师德失范行为处理的指导意见》，对2014年印发的《中小学教师违反职业道德行为处理办法》进行了修订，制定了《幼儿园教师违反职业道德行为处理办法》，建立起违规惩处和责任追究机制。要求各地各校根据准则，结合实际制定教师职业行为负面清单和实施办法。

二是做好宣传解读。要求各地各校坚持全覆盖、无死角，采取多种形式帮助广大教师全面理解和准确把握，深刻认识承担的职责使命。引导广大教师结合教书育人实践，增强行动自觉，时刻自重、自省、自警、自励，做以德立身、以德立学、以德施教、以德育德的楷模。

三是强化督导检查。将适时对各地落实情况进行督查，对工作推进有力、落实到位、成效显著的地方和学校进行宣传表彰，对行动缓慢、敷衍塞责、问题突出的地方和学校进行通报。

三、《中小学班主任工作规定》

班主任是我国中小学教师中的一种特殊角色，在中小学教育活动中担着特殊的任务，发挥着特殊的作用。

(一)《中小学班主任工作规定》的产生背景及修订情况

中华人民共和国成立以后，我国在中小学专门设置了班主任这一岗位。1952年，教育部颁发的《小学暂行规程(草案)》和《中学暂行规程(草案)》明确规定设班主任。对班主任工作，国家教育行政部门一直高度重视，直到1988年，原国家教委颁发了《小学德育纲要(试行)》和《中学德育大纲(试行)》。同时，还颁发了《小学班主任工作暂行规定(试行)》和《中学班主任工作暂行规定》。两个班主任工作文件的正式出台，反映了国家教育行政部门对中小学班主任工作的高度重视。2006年，教育部印发《关于进一步加强中小学班主任工作的意见》，特别强调班主任是教师队伍的重要组成部分，是中小学思想道德的教育骨干。2009年8月12日，教育部印发了《中小学班主任工作规定》，引起广泛关注和热议。这是一个没有"试行"字样的中小学班主任工作的正式文件。

(二)《中小学班主任工作规定》的主要内容

颁布《中小学班主任工作规定》,旨在让班主任明白其地位、职责、任务、待遇、权利,在新时期更好地从事班主任工作,教好书、育好人,培养祖国建设人才,实现自己的人生价值。

《中小学班主任工作规定(2009年修订)》

第一章　总则

第一条【立法宗旨】为进一步推进未成年人思想道德建设,加强中小学班主任工作,充分发挥班主任在教育学生中的重要作用,制定本规定。

第二条【班主任概念】班主任是中小学日常思想道德教育和学生管理工作的主要实施者,是中小学生健康成长的引领者,班主任要努力成为中小学生的人生导师。班主任是中小学的重要岗位,从事班主任工作是中小学教师的重要职责。教师担任班主任期间应将班主任工作作为主业。

第三条【班主任队伍建设】加强班主任队伍建设是坚持育人为本、德育为先的重要体现。政府有关部门和学校应为班主任开展工作创造有利条件,保障其享有的待遇与权利。

第二章　配备与选聘

第四条【配备】中小学每个班级应当配备一名班主任。

第五条【选聘】班主任由学校从班级任课教师中选聘。聘期由学校确定,担任一个班级的班主任时间一般应连续1学年以上。

第六条【岗前培训】教师初次担任班主任应接受岗前培训,符合选聘条件后学校方可聘用。

第七条【任职条件】选聘班主任应当在教师任职条件的基础上突出考查以下条件:

(一)作风正派,心理健康,为人师表;

(二)热爱学生,善于与学生、学生家长及其他任课教师沟通;

(三)爱岗敬业,具有较强的教育引导和组织管理能力。

第三章　职责与任务

第八条【职责】全面了解班级内每一个学生,深入分析学生思想、心理、学习、生活状况。关心爱护全体学生,平等对待每一个学生,尊重学生人格。采取多种方式与学生沟通,有针对性地进行思想道德教育,促进学生德智体美全面发展。

第九条【职责】认真做好班级的日常管理工作,维护班级良好秩序,培养学生的规则意识、责任意识和集体荣誉感,营造民主和谐、团结互助、健康向上的集体氛围。指导班委会和团队工作。

第十条【任务】组织、指导开展班会、团队会(日)、文体娱乐、社会实践、春(秋)游等形式多样的班级活动,注重调动学生的积极性和主动性,并做好安全防护工作。

第十一条【任务】组织做好学生的综合素质评价工作,指导学生认真记载成长记录,实事求是地评定学生操行,向学校提出奖惩建议。

第十二条【任务】经常与任课教师和其他教职员工沟通,主动与学生家长、学生所在社区联系,努力形成教育合力。

第四章 待遇与权利

第十三条【骨干作用】学校在教育管理工作中应充分发挥班主任的骨干作用，注重听取班主任意见。

第十四条【工作量】班主任工作量按当地教师标准课时工作量的一半计入教师基本工作量。各地要合理安排班主任的课时工作量，确保班主任做好班级管理工作。

第十五条【津贴】班主任津贴纳入绩效工资管理。在绩效工资分配中要向班主任倾斜。对于班主任承担超课时工作量的，以超课时补贴发放班主任津贴。

第十六条【权利】班主任在日常教育学管理中，有采取适当方式对学生进行批评教育的权利。

第五章 培养与培训

第十七条【培训规划】教育行政部门和学校应制订班主任培养培训规划，有组织地开展班主任岗位培训。

第十八条【培养机构】教师教育机构应承担班主任培训任务，教育硕士专业学位教育中应设立中小学班主任工作培养方向。

第六章 考核与奖惩

第十九条【考核与奖惩】教育行政部门建立科学的班主任工作评价体系和奖惩制度。对长期从事班主任工作或在班主任岗位上做出突出贡献的教师定期予以表彰奖励。选拔学校管理干部应优先考虑长期从事班主任工作的优秀班主任。

第二十条【考核】学校建立班主任工作档案，定期组织对班主任的考核工作。考核结果作为教师聘任、奖励和职务晋升的重要依据。对不能履行班主任职责的，应调离班主任岗位。

第七章 附则

第二十一条【补充说明】各地可根据本规定，结合当地实际情况，制定中小学班主任工作的具体实施办法。

第二十二条【实施时间】本规定自发布之日起施行。

(三)《中小学班主任工作规定》的解读

《中小学班主任工作规定》(以下简称《规定》)共七章二十二条。第一章"总则"；第二章"配备与选聘"；第三章"职责与任务"；第四章"待遇与权利"；第五章"培养与培训"；第六章"考核与奖惩"；第七章"附则"。

《中小学班主任工作规定》.mp4

1. 总则

"总则"有三个要点。

(1) 说明了制定《规定》的目的：推进未成年人思想道德建设，加强班主任工作，发挥班主任教育学生的重要作用。

(2) 规定了班主任角色的性质与地位：班主任是"日常思想道德教育和学生管理工作的主要实施者""中小学生健康成长的引领者"和"中小学生的人生导师"。班主任工作是学校的"重要岗位"，是教师的"重要职责"，应作为"主业"来对待。

(3) 班主任队伍建设的意义，"坚持育人为本、德育为先的重要体现"。

2. 配备与选聘

第二章规定了每个班级要配备一名班主任，规定了聘任的对象(任课教师中选聘)、聘期和聘任的条件。在聘任条件中，特别强调了班主任的职业道德条件，如"作风正派""热爱学生"和"爱岗敬业"。

3. 职责与任务

第三章规定了班主任的职责与任务，共有 5 个方面。

(1) 面向班级中的每一个学生开展教育工作。要针对学生的思想、心理、学习、生活各个方面开展教育工作，关心爱护全体学生，并有针对性地进行思想道德教育，促进学生德智体美全面发展。

(2) 做好班级日常管理工作，进行班集体建设。

(3) 开展班级活动。包括：组织或指导开展班会、团队会(日)、文体娱乐、社会实践等各种班级活动。

(4) 进行学生综合素质评价工作。

(5) 与任课教师、家长和社区沟通，形成教育合力。

4. 待遇与权利

第四章明确要提高班主任的报酬待遇，保障班主任教育学生的权利，使班主任有更多的热情和更大的空间来做班主任工作。

5. 培养与培训

第五章规定了教育行政部门和学校对班主任培养培训的职责和教师教育机构在培养培训中的任务。

6. 考核与奖惩

第六章规定了班主任工作评价体系和奖惩制度的建立及办法，也规定了班主任的考核工作。

7. 附则

第七章规定了地方可依据《规定》制定具体实施办法和《规定》的施行时间。

(四)《中小学班主任工作规定》的精神及亮点

《中小学班主任工作规定》是全国中小学班主任工作的指导性文件。《规定》的精神主要体现在"总则"和"职责与任务"中，有四大亮点。

(1) 明确了班主任工作量，使班主任教师有更多的时间来做班主任工作。一直以来，班主任教师既要承担与其他学科教师一样的教学任务，还要承担繁重的班主任工作，导致班主任教师工作负担过重。《规定》要求："班主任工作量按当地教师标准课时工作量的一半计入教师基本工作量。各地要合理安排班主任的课时工作量，确保班主任做好班级管理工作。"明确了班主任教师应当把授课和班主任工作都作为主业，要拿出一半的时间来做班主任工作，来关心每个学生的思想道德状况、身心健康状况及其他各方面的状况。

(2) 提高了班主任报酬待遇，使班主任有更多的热情来做班主任工作。长期以来，广大中小学班主任教师辛勤工作在育人第一线，而享受的班主任津贴一直是 1979 年教育部、财政部、国家劳动总局颁布的《关于普通中学和小学班主任津贴试行办法》(教计字〔1979〕489 号)规定的津贴标准。低津贴标准，已经远不能适应现代经济社会发展的要求。自 2009 年起，国家实施义务教育学校绩效工资制度以来，根据国务院办公厅转发的人力资源和社会保障部财政部、教育部《关于义务教育学校实施绩效工资的指导意见》，这次出台的《规定》第十五条要求将"班主任津贴纳入绩效工资管理。在绩效工资分配中要向班主任倾斜。对于班主任承担超课时工作量的，以超课时补贴发放班主任津贴。"

(3) 保障了班主任教育学生的权利，使班主任有更多的时间来做班主任工作。在强调尊重学生、维护学生权利的今天，一些地方和学校也出现了教师特别是班主任教师不敢管学生、不敢批评教育学生、放任学生的现象。新出台的《规定》第十六条明确规定："班主任在日常教育教学管理中，有采取适当方式对学生进行批评教育的权利。"保障和维护了班主任教育学生的合法权利，使班主任在教育学生过程中，坚持正面教育为主的同时，不再畏手畏脚，可以适当采取批评等方式教育和管理学生。

(4) 强调了班主任在学校中的重要地位，使班主任有更多的信心来做班主任工作。中小学班主任在中小学生思想道德建设和全面健康成长方面，承担着特殊的任务，发挥着特殊的作用，是学校中重要的工作岗位。《规定》从中小学班主任的职业发展、职务晋升、参与学校管理、待遇保障、表彰奖励等多个方面强调了班主任在学校教育中的重要地位，充分体现了对班主任工作的尊重和认可，对广大班主任教师是一个极大的鼓舞和激励；对于稳定班主任队伍，促进班主任专业成长，鼓励广大班主任能长期、深入、细致地开展班主任工作有着积极的意义。

(五)《中小学班主任工作规定》要求班主任的道德规范和工作规范

1. 班主任的道德规范

对班主任道德规范的要求，主要体现在《规定》提出的班主任的主要聘任条件中。

(1) 作风正派。这是要求班主任对自己的一言一行都要以道德规范来约束。

(2) 心理健康。这是要求班主任能够正确地调适自己、他人、工作的关系，内心处于"悦纳"的状态。

(3) 为人师表。这是要求班主任成为学生做人的楷模。

(4) 热爱学生。热爱学生，不只是思想上的认识，更包括情感上的投入，是从内心对学生的关爱。

(5) 善于与学生、学生家长及其他任课教师沟通。做班主任要同各种人交往，有学生、学生家长和其他任课教师，班主任要积极与他们沟通、交流。取得相互之间的理解，从而达到教育的目标。

2. 班主任的工作规范

对班主任的工作规范要求，主要体现在《规定》对班主任"职责"的规定中。

(1) 爱岗敬业。这里的爱岗敬业，是爱"班主任"之岗，敬"班主任"之业。

(2) 具有较强的教育引导与组织管理能力。班主任不仅要善于做学生教育引导工作，还要正确地对班级进行组织管理。

(3) 深入地做好班上每一个学生的工作。要求班主任"全面了解班级内每一个学生，深入分析学生思想、心理、学习、生活状况。"

(4) 关心爱护全体学生。要求班主任"平等地对待每一个学生，尊重学生的人格。"

(5) 开展班级德育工作。要求班主任"采取多种方式与学生沟通，有针对性地进行思想道德教育，促进学生德智体美全面发展。"

(六)贯彻落实《中小学班主任工作规定》应做好的工作

(1) 组织班主任培训。要将中小学班主任培训纳入教师教育工作范畴，有组织地开展岗前和岗位培训，定期交流班主任工作经验，组织班主任进行社会考察，提高班主任的政治素质、业务素质、心理素质和工作及研究能力。教育机构要承担班主任的培训任务，教育硕士学位教育中应明确中小学班主任工作培养方向，并优先招收在职优秀班主任。

(2) 合理安排班主任工作量。要合理安排班主任教师的课时工作量，保障班主任教师有时间和精力开展班主任工作。在义务教育学校绩效工资分配中，将教师是否担任班主任、班主任工作开展得如何作为衡量指标。对于班主任教师超课时工作量的，要发放超课时补贴。

(3) 完善班主任的奖励制度。将优秀班主任的表彰奖励纳入教师、教育工作者的表彰奖励机制，定期表彰优秀班主任。应积极发展优秀班主任加入党组织，优秀班主任应列入学校党政后备干部培养名单。要鼓励广大中小学校普遍重视和加强班主任队伍建设，充分发挥班主任在学校教育工作中的重要作用，使班主任工作成为广大教师踊跃做的光荣而重要的工作。

(4) 把班主任工作作为学校教育的重要工作来抓。要制定切实可行的办法做好班主任工作，认真做好班主任的选聘工作，从思想道德素质和业务水平较高、身心健康、乐于奉献的优秀教师中选聘班主任。要建立科学的班主任工作评价体系，规范管理，鼓励班主任开展工作。学校应建立班主任工作档案，定期考核班主任工作。对不能履行班主任职责的，应调离班主任岗位。

四、教师专业品德规范的意义

教师专业品德规范在教师的教育活动中，并不是通过话语传递给学生的，教师专业品德规范是教师职业活动中不可或缺的素养，既是教师完成教育任务的保障，也是决定教育事业的重要因素。

1. 教师专业品德规范是中小学教师职业素质的灵魂

教师职业作为一种专业，不单单是个人的事业，而是社会的事业。社会的事业关系社会的利益，关系他人的利益，也关系教师个人的利益。职业的功能在于服务社会、服务他人，在服务社会、服务他人的过程中，职业者个人也得到服务的回馈。要保障这种功能的实现，必须以职业道德为保障。教师职业的价值在于它能够促进人类的发展。为教育活动中促进人类的发展提供保障，就是教师职业道德的作用。

教师职业道德价值与教师职业价值是统一的，没有建立职业道德价值观的教师，就是没有方向的教师；没有教师职业道德素养的人，就是没有职业灵魂的教师。教师虽然不会直接把对专业品德认识的东西教给学生，但是教师怎样教，却受到自己专业品德素养的制约。"百年大计，教育为根本；教育发展，教师是关键；教师素质，师德最重要。"

"振兴民族的希望在教育，振兴教育的希望在教师"。实际上，我们不妨进一步认为："提高教师素养的希望在师德的养成。"因此，我们认为，在中小学教师的专业素质中教师专业品德是中小学教师专业素质的灵魂。

2. 教师专业品德规范是学校教育目标实现的保障

教师专业品德规范作为调整教育活动的规范体系，根本的指向是教育活动的目的，在学校教育活动中，教师专业品德规范体系的指向就是中小学教育目标。

教育活动的根本出发点是人，学校教育的根本出发点则是学生。我国的教育目的在于促进人的发展，学校教育目标在于促进中小学生的发展。中小学教育活动，是一种社会事业，是许多参与到这活动中的人们的共同事业。人们在一起要达到一定的目标，就要协调人们的行动。教师专业品德规范把教师的行动规范到教育目的的要求上，中小学教师专业品德规范就是把中小学教师的行动规范到中小学教育目标要求上。如此一来，教育目的的实现和中小学教育目标实现才有保障。

3. 教师专业品德规范是学生全面发展的条件

教师专业品德规范把教师的行为规范到促进人的发展上，把学校教师的行为规范到促进学生的发展上。人的发展是全面的发展，学生的发展也是全面的发展，教师专业品德规范要求教师的行为要促进学生的全面发展，这就为中小学生的全面发展提供了保障。

教育工作的特点是教育主体与教育手段的同一性，即教师既是教育主体又是教育手段，教师举手投足都会影响学生的成长。教师职业道德作为学生全面发展的条件，是因为教师专业品质就是直接促进学生品德发展的资源。教师专业品德规范对教育对象的影响主要有两个方面。一是教师专业品德影响学生的道德品质。具有良好师德的教师所表现出来的敬业精神和生活热情会感染学生，有利于形成他们的学习和生活的积极态度；反之，则不利于学生积极的人生态度的形成。二是教师对学生的热爱、期望等会形成较好的心理氛围，有利于学生良好学习动机的形成和心智的成长。心理学中的皮格马利翁效应就是一个很好的例证。

第二节　教师专业品德行为

《中小学教师职业道德规范(2008年修订)》是成文的正式规范，对中小学教师提出了基本的专业品德要求。教师仅仅在思想上认识这些基本专业品德要求是不够的，必须以这些基本专业品德要求为指导，将规范要求转化为实际的专业行为。这里的教师专业行为，不是指教师在职业活动中任意采取的行为，而是教师专业品德规范所规定的职业行为，或是教师专业品德规范所要求的行为。

教师专业品德规范的职业行为，是以"应当"或"不应当"来规定教师在职业活动中采取的行为，是教师专业品德规范所倡导的行为；教师职业活动中不应当采取的行为，是教师职业道德所禁止的行为。教师专业品德所规范的职业行为，是教师在职业活动中可以直接采取的。譬如在"爱岗敬业"中要求教师"认真备课上课,认真批改作业,认真辅导学生。"这些规定就是对职业行为的规定。

教师职业道德来源于教师职业实践,教师的职业实践又不断丰富教师职业道德的内涵和促进教师职业道德的发展。教师在职业实践中,遵循职业行为规范,在教育教学、社会沟通交流过程中践行教师职业道德。

一、教师专业品德行为规范

《中小学教师职业道德规范》规定了教师的基本职业行为:爱国守法、爱岗敬业、关爱学生、教书育人、为人师表、终身学习。中小学教师在中小学教育活动中,应自觉遵守上述规范并将它们落实在思想、教学、人际关系和仪表行为等方面。

(一)教师的思想行为规范

(1) 热爱社会主义中国,拥护中国共产党的领导,认真学习和宣传马列主义、毛泽东思想,热爱教育事业。

(2) 执行教育方针,遵循教育规律,尽职尽责,教书育人。

(3) 正直诚实,作风正派,为人师表,遵纪守法。

(4) 树立正确的人生观和价值观,发扬无私奉献精神,不做有损国格、人格的事。

(5) 积极参加政治学习和宣传活动,做社会主义精神文明的建设者和传播者。

(二)教师的教学行为规范

(1) 要有端正的教学态度,严肃认真地对待教学工作中的每一项内容。

(2) 钻研业务,熟悉教材,认真备课;要善于激发学生的求知欲,组织好课堂教学,创造生动活泼的课堂气氛,避免对学生进行"灌输式"教学。

(3) 精心编排练习,认真批改作业,及时纠正错误。定时做好教学质量检查工作,及时查缺补漏。

(4) 按时上课下课,不迟到、不缺课、不拖堂。

(5) 上课语言文明、清晰流畅,表达准确、简洁;板书整洁规范,内容简练精确。

(6) 既要严格要求学生,又要尊重学生,对待学生要一视同仁。热情、耐心地回答学生的提问。不讽刺、挖苦学生。

(7) 教学计划应符合教学进度,不能随意删增内容、加堂或缺课,不能占用学生的自习课或复习考试时间,增加学生的学习负担。

(三)教师的人际行为规范

(1) 教师对学生要做到:热爱学生,关心学生,尊重学生;严格要求,耐心教导,循循善诱,不偏不倚;不以师生关系谋取私利。教师对同事做到:互相尊重,切忌嫉妒;相互学习,取长补短;平等相待,不卑不亢;乐于助人,关心同事。

(2) 教师对领导要做到:体谅领导,服从安排;顾全大局,遵守纪律;互相理解,互相支持;秉公办事,团结一致。

(3) 教师对家长要做到:尊重家长,理解家长;经常家访,互通情况;密切配合,教育学生。

(四)教师仪表行为规范

(1) 衣着整洁，朴实大方，服饰要符合职业特点，体现教师为人师表的好形象。
(2) 举止稳重大方、潇洒自然、彬彬有礼、切忌轻浮粗俗、拘谨呆板。

【案例2-2】

男教师不留长须 女教师不化浓妆

湘潭在线2020年5月12日讯(湘潭日报社全媒体记者宋锴)男教师不留长须和长指甲，女教师不化浓妆、不涂抹艳色的指甲油，不过分装饰指甲；在校园内，男教师忌外穿背心，女教师忌穿超短裤、露背装、透视装等暴露服装……日前，湘潭市教育局印发《湘潭市教师仪容仪表及日常行为规范》(以下简称《规范》)的通知，提出"十条要求"，对教师们的发型、妆容、着装、饰品、仪态、办公、上课、上网、聚会、交往等多个方面作出了具体要求。

《规范》明确，男教师不留长发，女教师发型以美观大方为宜，不剃光头，不染艳发。男教师应经常修面剃须，不留长须和长指甲，女教师妆容以淡雅、自然为宜，不化浓妆，不涂抹艳色的指甲油，不过分装饰指甲。教师穿戴体现职业特点，要求整洁、文雅、大方、美观，饰品搭配简单、大方。在校园内，忌穿拖鞋，夏季男教师忌外穿背心、短裤(体育课运动背心和运动短裤除外)，女教师忌穿超短裙、露背装、透视装等暴露服装。教师举止行为规范，立姿挺拔、自然，走姿从容、自信，坐姿端庄。工作期间不空岗、串岗，不擅自到校外办私事；工作日不喝酒，严禁在校园内吸烟，不随地吐痰，不乱扔垃圾，维护办公室等公共场所清洁卫生。上课时，关闭或静音通信工具，不在课堂接打电话；讲课时不坐不靠，仪态优雅，不旷课、拖堂，珍惜课堂每一分钟，不做与教学无关事情。正确使用网络进行工作和学习，工作时间不上网聊天、网购、玩游戏、炒股，不看与工作无关的视频等。开会时，应遵守会议纪律，按指定座位入座，准时有序，关闭或调整通信工具，不得无故中途离开。与家长交往应举止文明、和蔼可亲，不索要礼品，不接受宴请，不利用职务之便谋取私利；与学生交往应以身作则、师生平等，与学生谈心应注意方式方法，选择合适的时间与地点，不侮辱学生人格，不挖苦讽刺学生，不对学生体罚或变相体罚；社会交往应自觉遵守社会公德，有礼有度、为人师表、行为世范、弘扬正气，不参加黄、赌、毒活动，自觉抵制有偿家教，不得从事校外有偿补课、经商等第二职业活动，切实维护教育形象。

(资料来源：搜狐新闻湘潭在线《湘潭市教育局发布教师仪容仪表及日常行为规范》.)

二、教师专业品德行为的社会表现

中小学教育活动是在人际交往中进行的。教师人际交往的对象有学生、学生家长、同事和学校的教育管理者。教师与学生、教师与学生家长、教师与教师、教师与教育管理者的关系是学校中最基本的人际关系，这些关系处理得好坏，直接决定了一个学校的兴衰。

因此，中小学教师应当依据《规范》所要求的职业行为，处理好自己与学生、学生家长、同事以及学校教育管理者的关系。

(一)教师专业品德行为与学生关系处理

师生关系是学校中最主要的人际关系，在师生交往中，教师的态度、方式等无不体现了教师的师德素养。

要处理好教师与学生的关系，正确理解《规范》所提出的处理师生关系的职业行为，必须正确理解教师与学生关系的性质。在教育活动中，学生虽然是教师"教"的对象，但是从教师职业道德要求看，学生也是教师承担责任和义务的对象。教师对学生所承担的责任和义务，从根本上说就是教师对学生健康成长的责任和义务。因此，在教师与学生的关系上，学生是教师工作的出发点和归宿。凡是符合学生健康成长要求的做法，都体现了教师的责任和义务；凡是不符合学生健康成长的做法，就是没有履行教师的责任和义务。

《规范》在对教师与学生关系提出的职业行为要求，就是从学生健康成长出发的。在新时期，对教师在师生交往中的师德素养有着明确的要求，要求教师为了学生健康、全面地发展，爱护、尊重学生，把学生当作独立、自主的个体，建立民主、平等的师生关系；保证教育公正、公平地对每一个学生；明确认识学生是发展中的个体，体谅、宽容学生的缺点的同时，又要严格要求学生，在不伤害学生身心的前提下慎重使用惩戒，对于体罚，更要杜绝。

1. 师生平等

现代教育是以学生为主体的教育，教师面对的是个性鲜活、思想性格各异的学生，在整个教育中，师生之间是平等对话、互教互学的，教师不再是高高在上的权威者，学生也不再只是被动接受知识的容器，而是师生共同学习的"学习共同体"。学生的思维是教师去发现、呵护、开发、点燃的火把。教学过程也不再是按照教师思维设计并运作的"流水线"和"圈套"，而是一种动态的、变化的、发展的，并不断完善的富有师生个性的"创作过程"。

长期以来，师生的关系一直是不平等的。在提倡重建师生关系的今天，教师仍然不自觉地将自己放在说教者的位置上，希望学生理解教师的"良苦用心"，最终使学生接受教师的观点。又有多少时候，教师能够认真倾听学生的话呢？有过教育教学经验的人都知道，自己难免会有错怪甚至冤枉学生的时候。其中一个重要原因，就是教师听不进学生的解释，不能以平等对话者的身份和学生交流。所谓"兼听则明，偏信则暗"，听不进学生的话，教师了解的情况必然是片面的。如此，教育还能有效吗？

师生之间的平等对话，需要教师能真正尊重学生、热爱学生，有一颗真诚而宽容的心。唯有如此，教育的目标才能真正实现。建立平等的师生关系对教师的要求有以下几点。

(1) 更新教育观念。

首先，教师要更新教学观。学生不是"知识的容器"，学生只有自己探究、发现知识和技能，最后才能真正内化为自己的东西，从而促进学生的发展。学生通过学习活动不仅学到一定的知识，更重要的是掌握一定的学习方法，培养学习和解决问题的能力，为其终身学习储备相应的知识和技能。所以，在教学中教师是引导者、合作者和协助者，师生是一种平等、对话、交流的关系。其次，教师还要更新知识观。教师要重新认识知识对学生的价值，现代社会知识不再被作为一种目的，重要的是让学生在学习活动中全面发展，除了知识之外，更要重视学生在学习中的体验和情感。知识不再是永恒不变的真理，学生对知识的鉴赏力、判断力和批判力显得更加重要，学生在已有知识的基础上，利用自身的经验和体验不断创新知识，从而获得思想的解放和全面、自由的发展。最后，教师还要正确树立"平等者中的首席"观念。师生之间只有价值的平等而没有地位高低之分，教师是"平等者中的首席"。在民主平等的师生关系中，"教师的作用没有被抛弃，而是得以重新建构，从外在于学生情境转向情境共存。教师是内在情境的领导者，而不是外在的专制者。"

（2）尊重学生，确立民主观念，强化师生平等意识。只有确立民主观念和师生平等意识，教师才能更自觉、更主动地走进学生，进入学生的精神世界，了解学生的情感体验、价值观和精神需求：才有可能用学生最需要的理解、爱、合作、尊严、友谊来调整学生的种种需要、学习态度和行为选择。这样就会使学生摆脱因教师的外在影响而产生的疏远感和心理上的压抑感，缩短师生的心理和情感距离，消除学生面对教师时的畏惧心理。摆脱了学习过程中情感、精神上的空虚、压力和厌倦，就会认同教师讲的道理，形成道德自觉。在行为选择过程中就会自觉地自我反省、自我调控和自我完善，追求更高尚的需求，发展更健全、更完善的品格。因此，教师必须树立和强化师生平等意识，去关心、理解、尊重学生，去把握、研究、思考、教育学生，从而获得理想的教育教学效果。

（3）重视学生独立性、能动性和主体性的发挥。要建立平等、民主的师生关系，教师必须充分重视学生的独立性、能动性和主体性的发挥，使学生积极主动地参与教育教学的各个环节，增强学生自我教育和自我管理、自我完善的能力。这就要求教师从根本上转变教育教学的方法，改变"我说你听""我教你学"的传统教育模式，充分强化教育对象的主体地位、自主意识。只有这样，学生才会信任、亲近、热爱教师，教师的教育才能得到学生认同和接受，教育工作更具有针对性进而获得良好的教育效果。发挥学生的主体性和能动性，使学生的个性得到充分张扬，从而给学生创造力的提高、想象力的丰富、智力的发展提供更广阔、自由的空间。这样，教师的教育教学就不再是一种强制性的行为，而是学生用来发展智慧、完善自我品行的过程。

2. 公平对待每个学生

素质教育强调，每个学生都是独立、平等的个体，教育中具有同样的权利和义务，教师应该相信每个学生都能进步，并促进每一个学生获得最大的发展。

因此，在素质教育理念下，公正就成为教师必备的职业道德，具体表现就是公平对待每个学生。

【案例 2-3】

中小学教师做师德承诺：公平对待不体罚学生

2007 年 9 月 10 日，全国第 23 个教师节，哈尔滨市中小学教师纷纷向家长和学生做出师德承诺：忠诚教育事业、不体罚学生、做学生的朋友、公平对待每名学生。

7 时 10 分，记者在哈尔滨市第 70 中学校园里看到，80 余名家长代表参加了学校举行的教师节主题升旗仪式。全体教师向家长和学生承诺：依法执教，遵守五条禁令，力行师德规范；爱护学生，尊重学生人格，公平对待学生；廉洁从教，杜绝办班补课，杜绝不良影响；严谨治学，潜心钻研业务，提高教学水平。

哈尔滨市经纬小学、第 113 中学全体教师承诺：敬业爱岗，提高课堂 45 分钟教学质量，认真完成教育教学任务，严禁课内不讲，课外补课；不向学生推销任何商品，不强迫学生购买教辅读物；关爱学生，真情真心育人，不侮辱学生，平等对待每名学生，不得对学生体罚或变相体罚；为人师表，以身示范，做学生的知心朋友，做学生成长的引路人。哈尔滨市复华小学教师向家长和学生承诺：任何一个孩子都不会受到冷落和歧视，每一个孩子都能和老师平等对话。哈尔滨市正阳南小学全体教师在向学生和家长做出师德承诺的同时，还聘请学生家长作为"师德形象监督员"负责监督全校教师的师德师风，督促教师纠正不良师风。

哈尔滨市师范附属小学则在教师节当日发出《全体教师致家长一封信》。在信中，附小将"关爱每一名学生，关心每一位教师，办人民满意教育"作为新学期的工作目标，本学期学校还将推行班主任工作承诺制，即对孩子微笑——使任何一个孩子都不会受到冷落和歧视；与孩子交谈——使每一个孩子都能和老师平等对话；帮孩子明理——让每一个孩子在体验中辨别真、善、美；教孩子求知——能耐心解答孩子提出的每一个问题；让孩子自主——尊重孩子的意志，张扬孩子的个性；给孩子机会——每一个孩子的特长都能得到充分展示；为孩子着想——帮助有特殊困难的学生完成学业；替家长分忧——孩子校园生活愉快、安全，家长无须挂念。全体班主任教师郑重向家长承诺：坚决拒收礼物，不让学生为老师花一分钱，真诚地接受全社会及家长的监督和检查；同时请家长放心，教师会用爱心、真心、良心赏识每一名学生，让他们在快乐与健康中成长。

(资料来源：新浪新闻.http://www.sina.com.cn. 2007 年 09 月 11 日. 生活报.)

还有按成绩排座位为升学有望的"尖子生"提供了更为有利的竞争环境，却人为地拉大了学生之间的学习差距，这样达不到提高整体班级学习质量的要求，而且教育过程中的以分取人的态度，还会给学习成绩差的学生造成心理伤害。

《中华人民共和国教育法》明确规定：公民不分民族、种族、性别、职业、财产状况、宗教信仰等，依法享有平等的受教育机会。受教育者有参加教育教学计划安排的各种活动，使用教育教学设施、设备、图书资料等权利。教育公平是社会公平的起点和核心环节，也是以人为本的本质要求。对待学生不公平，本质上就是造成了学生接受教育的不平等，在强调素质教育和依法执教的今天，公平对待每个学生已成为教师的职业品德。在学生的心中，教师往往是公正、无私、善良、正义的代表，对教师有非常美好的期待。教师在与学生的交往中做到公正办事，他们就会感觉到公正的美好和必要，从而奠定他们在未来社会生活中努力追求道德公正的心理基础。如果学生在学校生活中不能感受到应有的公正，学生将很难建立公正的信念，最终也不利于社会公正的实现。所以，教师能否实践公正，关系到一个社会公正的实现程度。

平等对待每一个学生，构建教学过程公平的措施。

(1) 一视同仁，正视差异。作为教师，要在教育活动中对学生持民主与尊重的态度，对不同出身、性别、智力、相貌、年龄、个性及关系密切程度不同的学生能够做到一视同仁、同等对待，对每一个学生都要关心、爱护，不偏见、不偏袒，不以个人的私利和好恶为标准。

当然，一视同仁不能被机械地理解和施行，要从学生的实际情况出发，正视学生的差异，针对其不同特点而采取不同的教育方法和措施。

(2) 体谅和宽容。说师生平等，并不是要时时处处把学生看作像教师一样的成人，学生作为未成年人，许多方面和成人是不一样的，他们正处于成长的时期。教师需要设身处地地从学生角度考虑他们的感受和行为，要体谅学生，同时对于学生身上发生的一些不尽如人意的事情，要予以宽容，宽容学生是帮助学生改正缺点的前提。中小学生年龄特点一个很重要的方面就是对道德评价标准掌握不准，分辨是非的能力较差，坚强的意志品格尚未形成。在某些方面可以说就是"无知"，这也是其缺点形成的主要原因。因此，不可避免地要犯错，最重要的是帮助他们改正错误，很多时候人不犯错误就根本意识不到错误的存在，对犯错误的学生，宽容对待，这是了解学生必备的心理素质。教师宽容，本身就是教育，是构建良好师生关系的重要条件。

(3) 给学生提供多样的发展机会。美国心理学家加德纳的多元智能理论认为，每个个体都具有独特的智能结构形式，即都具有自己的智能强项和弱项。这种差异并不表现为好坏、高低、贵贱的差异，而是多样化的表现。每一个学生都有其自身独特的价值，在教育教学中应该承认差异，适应差异、追求多元化，这样才能够使学生有机会获得适合其自身的教育。

因此，公平对待学生就要给他们发展的机会。当然，给予学生发展的机会要求兼顾每个学生的特点，尽可能地提供适合其发展的机会。

总之，公平公正永远是人类社会所追求的，更是新时期对教师职业道德的要求。作为教师更要注重公平公正在教育教学中的具体体现，要时时刻刻提醒自己平等待人，公平、公正。

3. 慎用惩戒，拒绝体罚

现实中惩戒和体罚常常被人混为一谈，这也是人们反对惩戒的主要原因。其实，我们在此所说的惩戒和体罚是两种不同的行为，惩戒是以不损害学生的身心为前提的，体罚则必然对学生的身心造成伤害。

教育中的惩戒是从关心爱护学生的立场出发，为了学生的健康发展，在尊重学生人格和不伤害其身心的基础上，依据有关规定对学生实行的一种否定性评价或强制性纠正措施，目的在于使学生认识到自己的错误并改正。在教育教学中，由于体罚是不科学、不民主并有害的教育方法，所以我们坚决反对体罚、慎用惩戒。

【案例 2-4】

杨老师被停职，所带班级成绩全县第一，学生聊起她充满感激

2019 年 4 月 29 日，山东五莲县二中，一名女教师因用课本抽打两名逃课学生，被学校重罚。同时当地教体局发出通报，责成学校不再聘用该教师，并将其纳入信用黑名单。事件一出，有网友认为处罚有些过重了。7 月 11 日，五莲县教育主管部门解释，杨某犯下的错误需要严肃处理，但还达不到开除境地，他可以重新竞聘其他学校，系统黑名单是等级降级。

事发 4 月 29 日，在临近考试的前一个半月，两名逃课学生被班主任杨某某叫回班级，杨老师在门厅使用课本"抽打"了两名学生，事件发生后，杨老师不慎摔伤，在家中养伤。在此期间，杨老师遭到了学校的批评处分，五莲二中认为此举动产生了不良影响，涉事老师被停职、取消评先树优资格、党内警告、行政记过。

在停职处分期间，杨老师因摔伤一直未到学校，班主任由其他老师暂代。就在事件过了两个月后，又一则"处罚"通告下达，7 月 2 日，五莲县教体局责令五莲二中新学年不再和杨某某签订聘用合同，并扣发教师一年绩效奖励，并将其纳入信用黑名单。

教师手中的"戒尺"，究竟是权力滥用，还是职责所在？众多网友普遍认为此事可罚，但这次罚的未免太重了。7月10日，有媒体来到五莲二中询问具体情况，工作人员则表示听说过，但具体不知情，要以县宣传部为准。

在事件发生后，直到学生毕业，杨老师都没有来到学校。一位同学透露，班级里的40多名学生都考上了县城最好的高中，平均分在全县排名第一，而在毕业合影时，因为老师没有到场，所以同学们在照片上后期将老师P了上去。

一名被杨老师教过的学生表示，学生们聊起老师都是满满的"感激"，因为自己英语成绩不理想，杨老师曾把她选为英语课代表，给她很大的鼓舞。某次，一名同学在考场上晕倒，杨老师直接将学生背出考场，等待救护车。大家都为之震惊，没想到瘦小的杨老师能爆发那么大的力气。

而根据杨老师的过往履历来看，她曾被评选为日照市优秀班主任，五莲县优秀教师。在事发后，被罚的学生被警方认定为轻微伤，涉事老师也对自己打学生行为表示后悔，此外，被打学生的家长要求给予赔偿。学校相关人士透露，事发后，听说家长天天来学校闹，又闹到了教育局，所以事情才会演变成这样，而涉事的学生没有考上学，学生家长则表示，要么给三十万，要么给孩子上一中。

7月10日，轰动一时的"20年后殴打老师案"宣判，被告人常某也因犯寻衅滋事罪获刑1年6个月。这起事件，也让大众重新审视"教师体罚"这一现象。教师"过重"的体罚，对心理心智尚未发育完全的学生影响深远，有些阴影甚至会伴随其一生。华中师范大学教育研究员表示，在实际管教育管理中，教师惩戒权要科学行使。教师权利不能滥用，但也不能放任自流。

众多老师"谈罚色变"的根本原因，是因为部分学生家长对于老师"教育"方式的不理解，部分家长只盯准老师动用了"教育惩戒权"，而忽视孩子本身存在的"问题"。教师的职责为"教书育人"，但部分家长忽视了学生"品德"问题，只重视孩子的"成绩"，这也让老师在管理时，难以把握尺度。教育部教育司司长吕玉刚表示，教师有义务帮助孩子扣好人生的第一颗纽扣，并呼吁完善教师惩戒权的规范。

(资料来源：齐鲁晚报，海报新闻，澎湃新闻.2019-07-11.)

教育中的惩戒是在必要时采取的必要手段，是合理存在的，在现实的教育中还有一定的现实意义。

(1) 惩戒是教育不可或缺的组成部分。目前，学校普遍提倡"赏识"教育、"激励"教育，这是新时期的学生观，教育观发生的重大变化，是我国教育可喜的进步。但是，提倡"激励"，并不是就要忽视或抛弃惩戒，反之更应该重视惩戒和赏识或激励的综合运用。因为奖励(激励、赏识)和惩戒一起构成完整的教育方法和评价体系。奖励与惩罚是问题的两个方面，我们用奖励来增加正向行为的发生频率，而用惩罚来减少负向行为发生的可能性。只有激励没有惩戒的教育是不完整的，学生需要知道自己成长过程中的不足和缺陷并加以改正，适当的惩戒便是一个有效的手段，这也是真正爱护学生、尊重学生的表现。

(2) 惩戒强化了学生对规则和秩序的认识，使其更好地适应社会。学生在学校的一个很重要的学习目标便是掌握社会生活的各种规则，如果学生违反了规则而没有得到应有的惩罚，会纵容他逐渐无视规则的存在。长大以后不仅人际交往有问题，难以适应社会，甚至可能会走上犯罪的道路。

(3) 惩戒能让学生体验到挫折与失败，提高心理素质。现代学习方式的突出特征是体验性，体验使学习进入生命领域，学习过程同时也是身心和人格健全与发展的过程。惩戒正是学生成长过程中身心发展必不可少的一种体验，没有批评和惩戒的人生是不完整的，要让学生正确对待批评和惩戒。教育惩戒既是教师管理的需要，也是学生自身发展的需要。特别是独生子女的存在和传统教养观念，出现了许多"小皇帝""小公主"，由于人过度关爱，很少体会到失败和挫折。但是人生不可避免要遇到各种问题，而且许多问题是需要独自面对和解决的，父母和老师不可能永远地帮助学生，因此，需要学生正视失败和提高抗挫折能力。

(4) 接受惩戒也是学生正常的心理需求。虽说惩戒带给学生痛苦的感觉，但许多时候，学生犯了错误，有时内心会产生愧疚感，根据解决冲突的"趋利避害"原则，给他们适当的惩戒以使其解脱不安，反之，如果一味地对学生宽容，反而是不负责任的表现。

(5) 惩戒是教师的一项正当权利。我国现行教育法规授予学校和教师以惩戒权。《中小学德育工作规程》第二十七条规定："中小学校应当严肃校纪。对严重违犯学校纪律，屡教不改的学生应当根据其犯错误的程度给予批评教育或者纪律处分。"《中学班主任工作暂行规定》第三条第七款规定中学班主任的职责是："做好本班学生思想品德评定和有关奖惩的工作。"因此，学校和班主任必须依法做好惩戒工作。

【案例2-5】

让教育惩戒有尺度有温度

自2021年3月1日起，教育部颁布的《中小学教育惩戒规则(试行)》(以下简称《规则》)正式实施。《规则》首次对教育惩戒的概念进行了定义，将教育惩戒纳入法治轨道。

师爱如刀，学生如树。树木的成长离不开浇水施肥，也需要修剪病枝、虫枝、残枝。赋予教师合理的教育惩戒权，早已成为共识，但如何落实教育惩戒权却殊为不易。从青岛、广东等地的探索尝试，到教育部颁布《规则》，落实教育惩戒权无疑迈出了可喜的一步。

与之前各地出台的相关文件比较，《规则》第一次以部门规章的形式对教育惩戒作出规定，相对较为完整和立体。其系统规定了教育惩戒的属性、适用范围，以及实施的规则、程序、措施、要求等，申明了"育人为本、合法合规、过罚适当"的惩戒原则，旨在把教育惩戒纳入法治轨道，更好地推动学校全面贯彻落实党的教育方针和立德树人根本任务。

尤其是相关惩戒细则的厘定，不仅具有极强的可操作性，更坚定了教师们的惩戒信心。《规则》指出，在确有必要的情况下，学校、教师可以在学生存在不服从、扰乱秩序、行为失范、具有危险性、侵犯权益等情形时实施教育惩戒。同时，根据程度轻重，《规则》将教育惩戒分为一般教育惩戒、较重教育惩戒和严重教育惩戒三类。

《规则》可圈可点，但落实教育惩戒权还有许多工作待做。要想让管教真的管用，而不至于停留在口头上，必须切实解决两个维度的问题：一是教师敢不敢行使管教权；二是教师能不能正确行使管教权。而这些牵涉到管教尺度怎么把握，如何保护双方的权益等一系列问题。

值得肯定的是，制定《规则》之时，相关部门也已经充分认识到这一点。一方面，《规则》强调了教育惩戒的育人属性，赋予教育惩戒以温度，明确禁止了七类不当教育行为，划定教师行为红线，规定了对越界教师的处罚方式，方便各方监督。不仅如此，还给出了校内申诉及向学校主管教育部门申请复核的救济途径，并鼓励充分发挥家长在学生管理中的作用，形成育人合力。

另一方面，《规则》也给实施正当教育惩戒的教师保驾护航，明确要求因意外或者学生本人因素导致学生身心造成损害的，学校不得据此给予教师处分或者其他不利处理。有了《规则》在背后"撑腰"，教师们的后顾之忧大大缓解了。

尽管如此，实施教育惩戒的"正当性"问题，学生出问题究竟是"意外"还是本人因素，很多时候并不能轻松界定。

譬如，一位新手班主任，因学生未打扫卫生而对其进行了惩戒，让那几个学生慢跑了三五百米，没想到其中一个学生竟然从厕所跳了下去。好在楼层不高，学生并无大碍。事后了解，学生跳楼另有原因，与罚跑无关，学生本人也一再向教师表达歉意。可学生一旦出了事，教师恐怕跳进黄河也洗不清了。经此一事，不仅这位年轻教师心有余悸，表示从此不再罚学生跑步站立了，其身边听说此事的教师们也纷纷感慨"再也不敢惩罚学生了"。类似的事例虽然不具有普遍性，但在有心理困扰或问题的学生越来越多的当下，这绝非个例，甚至就在教师身边真实地发生着。对此，教师们岂不投鼠忌器，束手束脚？

落实教育惩戒权，给教师送戒尺定规矩，让教师敢用善用，营造良好的教育生态，依然在路上。

（资料来源：浙江教育报第 04 版基础教育. 2021-3-3.）

惩戒会给学生带来痛苦的感觉，必须注意使学生身心避免受到伤害，要恰当地使用惩戒，使惩戒发挥积极的教育作用，教师必须坚持如下原则。

（1）以尊重为前提，维护学生自尊心。惩戒的目的在于使违纪的学生产生羞愧感，重建其对纪律规范的虔诚尊重之情感，故惩戒必须建立在对学生尊重的基础之上。要站在学生的立场分析考虑，找到学生犯错的真实原因，对症下药。使学生能心悦诚服地接受，怀着对教师的尊敬和对自己负责的态度改正错误。教师千万不能把惩戒当作对学生人格的羞辱、对不当行为的恶意报复，那样就是违法的体罚了。

（2）公平对待每一个学生。公平对待每一个学生，本身就是一种强有力的教育力量。惩戒本是教育学生的，如果不公正，就失去其教育作用，反而会使学生产生强烈的逆反或抵触情绪。教师不能以自己的喜好，对"喜欢"的学生纵容、袒护，对"不喜欢"的学生严厉处罚，应该公平、民主、一视同仁。

（3）以事论事。就是"一次只解决一个问题"，不能在采取惩戒时与以往学生所受的惩罚联系起来。这样是对学生人格的不尊重，也给学生一种暗示，使他认为自己就是"无药可救的坏孩子"。

（4）因人而异，方法灵活。人有千差万别，学生性格各异，一种惩戒对一个学生有效，对另一个学生可能无效。所以，惩戒的选择与惩戒的强度应该充分考虑学生的性格差异。如让一个不会唱歌的孩子在课堂上表演可能是一种惩罚，而对喜欢唱歌、喜欢表现自己的孩子可能是一种积极的正强化。对外向、大大咧咧的学生应该重罚，而对内向、喜欢反省的学生应选择比较轻的惩罚，这就要求教师在惩戒实施前对学生有充分的了解，采取适当的惩戒措施。

总之，惩戒是为了学生更好地成长与发展，以这个为出发点，采取最适当的措施，是教师在教育中所要注意的。在实际教育教学中，要根据具体的情况采取相应的方式。

教师要慎重使用惩戒，不仅因为惩戒是一种消极的教育手段，还有一个很重要的原因就是，许多教师和家长打着惩戒的旗号，对学生进行体罚。前面已经讲过体罚和惩戒的本质区别在于体罚伤害了学生的身心，我国多部法律明文规定禁止体罚，但是禁而不止，体罚在教育教学中依然存在。因此，教师要了解体罚及其危害，从而在实际中杜绝体罚，这也是新时期对教师职业道德的基本要求。

【案例2-6】

牡丹江市第四中学教师体罚学生

教育局：涉事教师调离一线教学岗位

2021年12月9日，牡丹江市第四中学教师体罚学生的视频在网络平台传播，市教育局对此高度重视，当天对涉事教师停职，成立调查组展开调查。

经查，涉事教师教育方式简单粗暴，造成严重负面影响。目前，市教育局已依法依规严肃处理，对涉事教师调离一线教学岗位，在全市教育系统通报批评，给予党内警告和行政警告处分，取消先优评选资格；对负有责任的第四中学校长、分管副校长诫勉谈话，取消其先优评选资格；对学校取消申报文明校园资格和先优评选资格。

市教育局将持续开展师德师风警示教育，加大专项整治力度，从严规范教师从教行为。

(资料来源：牡丹江市教育局. 环球网. 2021-12-10.)

(二)教师专业品德行为与家长关系处理

学生是教师工作的出发点，因而教师对学生负有责任和义务。然而学生是家长送到学校来接受教育的，在这个意义上、家长便也是教师责任与义务的主体。家长作为孩子的第一任教师，对孩子的成长也负有责任，并且是影响孩子成长的重要因素。从家长是一种教育力量看，家长也是教师工作的合作伙伴。教师作为未来人才的引领者，更需要较高的自觉意识维护人与人之间的平等观念。尊重学生，尊重家长。

那么，怎样处理好教师与家长的关系呢？

1. 教师与家长应建立平等的关系

教师和家长都是以教育好学生，促进学生身心的全面发展为共同目标的，学生应当是教师平等对待、给予尊重的对象，学生的家长当然也应当与教师维持一种平等的关系，也应当得到教师的尊重，只有建立彼此信任、相互支持的平等关系，才有平等沟通的可能，只有平等，双方才更好地沟通、交流，促进学生全面发展。

2. 教师与家长要有良好的沟通习惯

(1) 教师的工作需要家长支持。教师要得到家长切实而有效的支持，就必须得到家长的理解。因此，教师要积极主动地与家长建立联系，通过家访、家长会、联系手册、电话、网络等多种形式，与家长互通情况，共同商讨、协调教育的方法。

(2) 教师要树立服务意识。尊重家长，不要伤害家长的感情，要全面、客观地介绍孩子在校学习、生活的情况，热情、耐心地与家长沟通，要虚心地听取家长的批评和建议，经常向家长征求意见。

(3) 要及时地通报学生的思想、学习、生活的动态，特别是出现异常情况或突发事件时，要第一时间与家长沟通，及时分析原因，商讨对策，采取最有效的教育方法。

(4) 家长不仅熟悉孩子的思想品德，学习状况，而且熟悉孩子的性格、爱好，了解孩子的期望与要求，教师经常和家长进行沟通，就有利于掌握学生的情况，使教育在家长的配合下达到事半功倍的效果。

(5) 家长要正确对待教师批评学生。有时老师过火或批评不当，家长切不可当着孩子的面挑剔，甚至指责教师。家长应与教师当面交谈，要充分理解教师，都是真心诚意希望自己教的学生成才，盼望孩子积极向上、不断进步。这种心情是绝对不用怀疑的，只有给教师充分的理解与信任，才能同心协力地把孩子培养好。

3. 换位思考

家长偏爱自己的孩子是人之常情，作为教师，首先应该对这点给予充分理解。我们知道，教师评价学生至少有两个大"参照物"：一是自己过去曾经教过的学生；二是现在面对的所有教育对象(一个班甚至几个班学生)。家长评价孩子至多是两个小"参照物"：一是自己或家人的过去；二是孩子的同伴。由此，某个孩子在教师心目中的位置和在家长心目中的位置是有差距的，有时这种差距还非常大，但这种差距并不是不能缩小的。教师和家长如果能换位思考，将心比心，就能够使他们之间的认识趋于一致，从而达到教育效果的最优化。

总之，家长与教师的关系是平等互助、齐心协力的朋友关系，只有双方同心协力并且方法得当，关系才会融洽，才会出现"1+1>2"的教育效果。

(三)教师专业品德行为与同事关系处理

教师之间的人际关系是在共同完成学校工作任务的环境中建立的，因此，教师之间人际关系对于搞好学校的工作具有重要的意义。教师的教育工作，不是个人行为，而是集体行为。在集体中开展教育活动，集体的教育活动又通过每一位教师的劳动得以实现，这就是教师与同事在教师职业活动中的关系。教师的工作离不开教师集体，教师集体也离不开每一位教师。

1. 时常给予同事微笑和赞美

每个人都喜欢得到别人的赞赏。赞美别人并不难，然而实际生活中做起来却又很难，因为在人们的心中经常存在这样的观念："赞美别人等于否定自己"，这个假命题，顽固地存在我们的意识之中。所以，当人不愿意承认和赞美别人时，不是道德有问题而是心理出了问题。我们的教师往往善于说理教导别人，忽略对他人的称赞。我们都知道，当自己受到别人的夸奖时，除了自己有成就感外，还会感受到别人对自己的尊重和关怀，这样也乐意与他接近。因此，在与同事交往的过程中，不要吝啬自己张"口"之劳的赞美，它不仅带给同事快乐，也能让同事更愿意与自己交往，使教师的微笑和赞美成为和谐人际关系的"润滑剂"。

2. 学会调控自己的情绪

教师在集体中开展工作，每个教师所做的工作有差异，分工有不同。由于工作任务及性质上的差异，教师集体中也会产生矛盾与冲突。教师要学会调控情绪，使自己的喜怒哀乐表现适宜。要随时了解自己不愉快的情绪，找出合理疏导情绪的方法，不要把自己的消极情绪迁怒于同事和他人。

3. 应积极主动地交往

教师集体共同工作从而实现规定的教育目的，因此教师与同事的协作就是十分必要的。协作需要教师与同事搞好团结，相互理解、相互支持。教师在工作中，应经常帮助同事做一些实际性工作，如某位老师有事情，可主动表示愿意提供帮助；同事碰上不幸，亦应及时疏导同事心理的不快。要避免清高自傲、孤芳自赏，不与人合作，缺乏团队精神。帮助别人就是帮助自己，这样才能让自己拥有和谐的同事关系和良好的工作环境。

(四)教师专业品德行为与领导关系处理

教师在学校组织中工作，组织的运作是在管理中实现的。有组织，就有组织的管理；有组织的管理，就有组织管理者。教师在教育组织中开展自己的职业活动，也必然要在教育管理者的管理之下开展职业活动。从管理的角度看，教师与教育管理者是管理与被管理的关系。但是，这种管理与被管理的关系，并不意味着地位的差异或不平等。教师在学校教育活动的主体地位，不因教师被管理者的地位而有所改变。管理与被管理，只是分工的不同。教师与教育管理者的关系，是组织中承担不同任务的人们之间的关系。作为教师，在与学校管理者，特别是学校领导的交往中既要适应领导的需要，也能反映出自己的需要。

1. 了解、尊重领导

为了建立良好的上下级关系，领导要了解教师的需要，教师也应了解领导的需要，领导的需要主要有以下几个方面。

(1) 尊重的需要。每个人都希望受到别人尊重，领导的这种需要更为突出，所以教师应尊重领导。教师只有尊重领导、相信领导、听从领导安排，方能得到领导的支持。

(2) 成就的需要。凡是有事业心的领导都希望在工作上有更大的成绩，办事水平有新的提高。教师要让领导满意，就要做好本职工作，在提高教育、教学质量上做到位。在班级管理、教育科研、教学改革等方面为领导出谋划策，得到领导重视。教师在省、市、区的优秀课获奖；在各级刊物发表优秀论文，也会受到领导的重视。

(3) 交往的需要。领导也是普通人，也需要朋友和友谊。教师要主动接近领导，与领导和平相处，在正常的交往中发现共同的志趣爱好、共同的理想、相似或互补的性格特征，教师完全可以与领导成为朋友。

2. 服从、支持领导

领导根据组织运作的需要，在自己的管理权限中开展教育管理活动。教师在教育管理者的协调下开展活动，也是为了实现学校组织的目标。领导的管理目标与教师的职业活动目标是一致的。 领导与教师只是职务不同，人格上是完全平等的。教师要支持领导的工作，服从领导的安排，不要公开表示对领导不满。俗话说："忠言逆耳利于行，良药苦口利于病。"领导和教师都应该知道，如果能达到共同的目的，忠言不逆耳、良药不苦口岂不皆大欢喜。对领导的工作成绩给予肯定，有什么意见和建议单独找领导谈，不当众让领导下不来台。

3. 沟通、关心领导

教师要想争取领导支持，就要爱岗敬业、积极进取，努力工作，做出成绩，这是领导支持的基础。平时要多与领导沟通，主动争取领导的支持。领导一时没有给予支持的事情，教师要有耐心，等待时机再去争取，而不要表示不满，背后议论，这样会造成不好影响，影响上下级的关系和团结，再争取领导支持也就困难了。

领导不仅需要教师政治上的信任，工作上的支持，还需要生活上的关心。因为领导也是普通人，也需要亲情、友情、同事的关爱之情。领导有困难时，教师要积极主动给予帮助。

第三节　教师专业品德修养

无论从事何种职业，明智的人总是把职业道德作为发展事业的动力。学校作为育人的场所，既担负着教育学生学知识的任务，又担负着教育学生修德行的任务。人们常说"教师是塑造人类灵魂的工程师"。为人师表，一言一行都会对别人，特别是对学生产生深远的影响。人们总是把教师当作一面镜子，当作做人的典范。作为人民教师，应该具有高尚的专业品德，尤要重视专业品德修养。

一、教师专业品德修养的意义

教师职业在人类社会发展中起着桥梁和纽带作用，承担着推动社会历史发展的艰巨任务，思想文化的传播、下一代的培养，以及社会所需的各种人才的培养都离不开教师的艰辛付出。

(一)完成教师使命的需要

教师专业品德对社会发展的影响很大，不仅深刻地影响学生的心灵，塑造学生的品质，而且通过学生反作用于家庭和社会。教师的专业品德影响精神文明建设，师德是社会道德的重要组成部分，以身示范，成为"社会的良心"，促进社会道德水平的提升。

师德既影响学生的成长，又影响学生的生活，在日常的教学实践活动中，教师不仅教书劳动，而且承担着育人的重要社会功能，与其他劳动不同的是，这种劳动的对象是人，并且受着千变万化的客观环境和个体主观因素的影响，由此决定了这种劳动具有创造性、示范性、复杂性和周期性等特点，从而也决定社会对教师的素质要求的高标准和全面性。成为一名合格教师，必须具备一定的思想政治素质、科学文化素质和实践能力素质等，同时，还必须具备教师职业道德素质。而教师的职业道德素质在诸素质中，具有特殊的地位和重要作用。

师德不仅是对教师个人行为的规范要求，而且是教育学生的重要手段，起着"以身立教"的作用。教师劳动的对象是成长中的儿童和青少年，他们的可塑性很强，有思想，有感情，有意志，有个性，而不是无生命、无思想活动的自然物。因此，教师要在各方面起到表率作用，起到"以身立教"的作用。教师的表率作用对学生的影响并不是机械的、呆板的，而是生动的、潜移默化的。教师劳动的"产品"应具有高质量，既要求每个学生在德、智、体、美、劳诸方面得到全面发展，又要注意因材施教，更好地发展各类学生的个性。而且，教师的劳动产品不同于工业产品，既不能生产"次品""废品"，更不能生产

"危险品"。因此，加强教师专业品德修养和教育，对于把青少年培养成有理想、有道德、有文化、有纪律的社会主义新人，具有特别重要的意义。教师专业品德素质水平对于学生自身素质的养成也有着至关重要的作用。

教师教育教学活动的顺利进行，主要靠其自身内在的魅力对学生进行直接教育、引导和感染。教师的魅力源于对学生的博大爱心、对事业的无限忠诚，源于渊博的学识、教书育人的能力和昂扬向上的奋进精神。教师以自身高尚的人格去影响、教育学生的感化过程，是其他方式所无法代替的，其作用是难以估量的。教师的人格魅力，其实是师德的魅力，是由学识魅力和对学生的爱与责任组成的。教师的学识魅力，要通过钻研本学科相关专业知识，提高教学水平来达到。爱与责任是师德的灵魂。好的教师对待学生就如同对待自己一样，要设身处地地为学生着想，做到师生同心，情感和谐，使学生顺利地完成学业。

(二)应对时代挑战的要求

师德永远是不断发展，不断创新的。在社会主义现代化建设新的历史时期，师德体现了教师个人、教师群体与社会主义事业利益的一致性，具有鲜明的时代特征和新的内涵。《国家中长期教育改革与发展规划纲要(2010—2020 年)》指出："严格教师资质，提升教师素质，努力造就一支师德高尚、业务精湛、结构合理、充满活力的高素质专业化教师队伍。"加强师德建设。加强教师职业理想和职业道德教育，增强教师教书育人的责任感和使命感。教师要关爱学生，严谨笃学，淡泊名利，自尊自律，以人格魅力和学识魅力教育、感染学生，做学生健康成长的指导者和引路人。学校将师德表现作为教师考核、聘任(聘用)和评价的首要标准。采取综合措施，建立长效机制，形成良好学术道德和学术风气，克服学术浮躁，查处学术不端行为。

中小学教师专业品德作为社会生活道德的重要组成部分，介入了与人们利益密切相关的经济生活、政治生活、法律生活等重要的社会公共生活领域，对社会生活的稳定和谐发展有着直接而密切的关系。随着我国社会主义市场经济的逐步发展，社会思想进一步开放，实施素质教育，使人们活动与交往的范围逐步扩大，广大教师能更多地参与到社会公共生活领域中去。因此，加强中小学教师职业道德建设，对于人们社会生活的正常发展和社会的和谐起到了重要作用。教师是知识的重要传播者，要成为合格的教育者，必须终身学习，更新知识，拓宽视野；必须崇尚科学，创新知识，勇攀高峰，不断提高教学质量和教书育人本领。陶行知先生曾这样勉励师生："千教万教教人求真，千学万学学做真人。"这种因师生日常相处而对学生所体现出来的无形的"感动"和"震撼"，比课堂上所运用的语言教育力量更富有魅力，更具有实效。

二、教师专业品德修养的内容

教师专业品德修养的要求概括起来是十六个字，即政治坚定、业务精通、遵纪守法、为人师表。

政治坚定，就是要求教师要讲政治。毛泽东同志曾经指出："没有正确的政治观点，就等于没有灵魂。"作为青少年学生"灵魂的工程师"的人民教师，应树立正确的政治观，坚持正确的政治方向，热爱教育，忠诚于党的教育事业。

业务精通，既要求教师专业知识运用得游刃有余，又要求教师与新知识紧密相连，做到善于除旧纳新，新旧融合。从某种意义上说，精通业务是教师专业品德的核心内容。教师的职责是教书育人，提高业务修养应该成为教师胜任现在教育教学任务的自觉要求。离开了具体任务，师德便失去了载体；没有较高的业务水平，敬业会陷入"心有余而力不足"的窘境，作为一名有温度的教师，在专业知识上应该向纵、横两个维度拓展和延伸，要劳而不厌、博观厚积，在这个知识爆炸的年代，那种拥有一点点专业知识就夜郎自大的教师，早已不适应新形势的要求。作为教师，对新知识的学习，对新信息的洞察，更应比同时代的人领先一步。

遵纪守法，要求教师应做遵纪守法的模范。教师是精神文明的建设者和传播者，教师在遵纪守法方面应成为学生的表率，教师只有增强法制意识，才能正确履行教师的权利和义务，才能自觉运用法律维护教师的自身权益，才能切实推进全面依法治教。

为人师表，要求教师成为学生的榜样。学生具有向师性特征，且自身具有很大的可塑性。因此，每个教师必须在思想、道德、政治、教学、语言、仪表、人际关系等方面，自觉地遵循国家和社会对教师提出的各种准则和规范，不断地追求新知识，提高教学能力和教学水平，全心全意为人民服务，要以自己规范的言行作为表率，让自身行为成为"无声的命令"，从而使自己无愧于"人类灵魂的工程师"的崇高美誉。

三、教师专业品德修养的基本原则

教师在专业品德修养过程中，要实现自身道德品质从无到有、从低到高的转变，就必须把握和坚持下述基本原则。

(一)坚持知行统一

知，即对教师道德的认识及其在这一基础上所形成的观念，这是师德修养的前提。行，即行为，也就是教师把职业道德的理论认识付诸行动，这是师德修养的目的。

在教师专业品德修养中，知和行是统一的。一个教师如果缺乏必要的道德知识，连起码的道德善恶与是非也分不清，不知道哪些言行与自身职业相符合，哪些言行与自身职业相违背，是不可能形成正确的师德观念的。学习了师德理论也并不能说明就具备了某种道德品质，如果只学不用、只说不做或者言行不一，说得再冠冕堂皇也只是徒有其名，培养高尚的师德品行变成一句空话。坚持知行统一的原则，就是要把学习道德理论、提高道德认识与行动统一起来，使理论与实践相结合。教师的师德观念不是自发产生的。教师只有掌握了科学的世界观、人生观、教育学、心理学、文学、伦理学、美学知识和教师职业道德的基本知识、基本原理，懂得了什么是善、什么是恶、什么是美、什么是丑、什么是高尚的行为、什么是卑劣的行为、什么是人民教师应当具备的职业道德品质、为什么具备这些道德品质等，才能提高对师德的认识，形成师德观念，为师德修养提供科学的理论指导。因此，教师首先要不断学习道德理论，从而不断激发自己的道德情感，增强自身的道德意志和信念，为形成道德品质打下基础。

实践证明，教师关于道德修养的理论越正确、越全面、越深刻，按照道德原则和规范去行动的自觉性才会越强。同时，教师又要努力去实践道德理论，用道德去规范自己的行动。事实上，教师的道德风貌、道德水平的高低主要是从他们的行为和事业体现出来的。因此，每名教师在师德修养过程中更要注重品德实践，注重行为，自觉培养道德行为习惯，真正成为道德高尚的人。总之，只有坚持知和行的统一，才能真正提高师德修养。

(二)坚持自律和他律的结合

所谓自律，是指自我控制，是教师依靠内心的信念对自己教育行为的选择和调节。所谓他律，就是指通过奖惩及各种制度规范等手段对行为进行的调节和控制。自律和他律的关系，实际上就是内因和外因的关系。在师德修养中，教师自身的内因——内心信念是起决定作用的因素。一个教师只有真正懂得了师德要求的重要性，只有发自内心地对人民教师道德义务真诚信服和具有强烈的责任感，才会在教育实践中恪守人民教师的道德要求，并因自己在教育活动中履行了某种道德义务而感到一种愉悦和满足，形成一种信念和意志，在今后的教育工作中勇于坚持这种行为。有了内在的师德信念，教师一旦发现自己的行为不合乎师德要求，即使没有受到别人的指责和舆论的批评，也会受到自己良心的责备，感到羞愧，使自己进行自我批评，从而尽力避免在今后再发生类似的事，纠正错误的行为。

因此，内心信念——自律是师德修养的内在基础，是任何其他力量都不能代替的。尽管师德修养的内心信念是从教师内心发生的道德观念、道德情感和道德意志的统一体，但是这种内心信念不是自发形成的。教师在长期的教育实践中和专业品德修养中有效地运用外部力量，强化教师的道德意识、督促其坚持道德行为也是必不可少的。总之，教师职业道德的修养既要用外在因素进行自我约束，又必须发挥主观能动性，做到自律和他律的结合。

四、教师专业品德修养的途径和方法

加强教师专业品德修养，其过程实际是一个多种因素、多种矛盾相互交织、相互作用的运动过程，需要多种途径、多种方法，多管齐下，需要主管部门、学校及教师三方共同参与互动。主管部门以制度建设为切入点和突破口，树立以人为本的原则，创新师德管理模式。在中小学教师的师德建设中，应以人为本管理的理论为指导，针对中小学教师的思想特点，创新师德管理模式，以达到师德建设的最高效益；通过外部的刺激、灌输和影响，把激励的内容转化为个人的思想和自觉行为。

学校作为沟通主管部门与教师的中介，在师德建设中起着桥梁和纽带的作用。要加强师德培养与教育教学的结合，学校要从四方面入手。首先，要注重将师德建设与教育教学实践相结合。其次，注重师德分层培养。再次，改进师德培训方法。最后，构建师德监督网络。教师个体要加强理论修养，加强内省，勇于实践。要建设一支高素质的教师队伍，关键在于抓好教师内在素质的提高，以此加强教师的专业品德修养。教师专业品德修养是教师通过接受道德教育，进行道德修养所达到的教师道德觉悟及所形成的道德品质和情操。一方面，教师要接受职业道德教育；另一方面，教师要不断地进行专业品德修养，把外在的职业道德要求内化为自己对教育的信念与信仰，使自己不仅达到基本的职业道德境界，还能提升至完美的境界。因此，作为教育者，教师具有自我修养的自觉性和能力，自觉地加强专业品德修养是十分重要的。教师专业品德修养，有各种各样的方法，历史上的伦理学家指出过许多具体的条目。例如，儒家学派先提出的内省、自讼、格讼、格物、致知、正心、诚意、躬行践履等。在社会主义条件下，人民教师专业品德修养方法尽管因人而异，但一般来说，教师加强专业品德修养的方法概括起来就是勤学、慎独、内省、兼听、自律。

只有加强理论学习，注意内省，慎独与教育实践相结合，虚心向他人学习，坚持不懈等，共同运用这些修养方法，教师专业品德修养才能富有成效。

(一)勤学

作为一名人民教师，要加强专业品德修养，要勤学，不但要学政治、文化，还要学教育学、心理学、法律。要不断用知识来充实自己，以适应新时代教育的需要。

人们从事改造客观世界的活动需要知识，这就要求人们必须学习。同样，人们改造主观世界，提高自己的道德水平，也需要学习。加强理论学习，是教师专业品德修养的必要方法。教师道德理论是提高教师专业品德修养的指导思想，只有掌握了它才能辨别善恶是非，才能在自己思想领域里战胜那些错误的、落后的道德观念。只有在道德修养中以教师道德的先进典型作为自己思想行为的楷模，鼓励自己，在思想意识中凝聚教师道德原则和规范，以崇高的道德品质作为自己行为的目标，才能使自己的道德修养不会迷失方向，才能使自己成为一个有较高教师道德修养的人民教师。

首先，教师要认真学习理论，树立正确的世界观和人生观。不学习理论就不可能科学地、全面地、深刻地认识社会，认识人与人之间的正确关系，因而也就不可能形成科学的人生观和世界观。从根本上说，一个教师高度的师德觉悟，正是以科学的世界观、人生观和革命理想为指导的。只有确立这样科学的世界观、人生观，才能坚定不移地热爱社会主义中国，热爱并献身人民教育事业，自觉地把个人的生命意义、价值与人民教育事业紧紧地联系在一起，把教育和培养好学生，为教育事业做贡献，看作人生最大的幸福和快乐，如此才能矢志教育，义无反顾，以坚韧不拔的精神，战胜前进道路上的一切困难，为人民教育事业而努力奋斗。

其次，教师应在理论学习中深刻理解教师道德规范和要求，明辨道德是非，提高遵守师德规范和要求的自觉性。教师道德的规范和要求，是社会道德在教师职业活动中的具体体现。它作为伦理的一个分支，从社会主义教育事业的根本利益出发，批判地继承了古今中外优良的师德传统，正确地回答了教师个人与他人、与集体、与国家之间的利益关系，具体地向教师表明应该做什么，不应该做什么，什么是善的，什么是恶的，以保障教育事业的根本利益。要将师德要求转化为教师个人的内心信念，需要教师有一个自觉学习、接受教育的过程。有的教师违背师德，并非有意的，而是对遵守师德规范和要求的必要性、重要性缺乏了解和认识。因而，教师学习和掌握社会主义师德的基本知识是非常重要的。

最后，还应当学习教育科学理论和科学文化知识，掌握教书育人的本领。教师只有学习教育科学理论，掌握教育规律，按教育规律办事，才能更好地履行教书育人的职责，这本是教师职业道德规范的一个要求。通过学习教育理论，教师能进一步明确自己在教学中的主导地位，这就更能进一步严格要求自己加强专业品德修养。教师还应学习丰富的科学文化知识，只有学习有关自然科学和社会科学知识，才能使教师从各种关系和联系中认识和改造世界。只有这样，才能真正在教书过程中育人。

(二)内省和慎独

"内省""慎独"，也是教师专业品德修养的重要方法，要在理论学习过程中加以运用。

1. 内省

内省，即指自觉地进行思想约束，内心时时反省检查自己的言行。通过自己不断地反省，回顾和总结工作中的得失，引导学生"择其善者而从之，其不善者而改之。"内省是靠自觉来约束的，"三省吾身"为典型的"内省""克制"，主要意义在于强调了道德修养的自觉性和严格性。

首先，内省要求教师不断地提高思想道德认识，让职业道德观念真正地进入头脑，增强意识。因为具有高尚道德水平的教师，其人格的影响、道德力量的感化，必将涉及学生，对学生的成长产生深刻的影响。其次，内省要求教师有针对性地剖析自己，加深自我认识，找出自身存在的不足，并进行积极的改进，升华理想人格，达到自我完善。最后，内省还有助于教师培养良好的个性品德。内省的过程，是教师不断调节心理活动，避免身心出现不平衡，从而使个性逐步完善的过程。教师在剖析自己的过程中，认识自己，认识社会，使自己在执教中获得更多的职业欣慰。正是这样，才使一批教育人才热衷于教育事业，例如徐特立88岁还帮助审阅人民出版社新编语文课本并提出修改意见；郑晓沧古稀之年单身住在学校，为学生讲课；段力佩77岁还担任上海市育才中学校长，并进行一系列教育教学改革，正是内省促进了教师个性的健康发展。

2. 慎独

慎独，指的是在别人看不见、听不到的时候，自己闲居独处的情况下，更要小心、谨慎，严格要求自己，使自己的言论和行为符合道德要求。慎独既是一种道德修养的方法，又是道德修养中应达到的境界。中国历代思想家都十分重视研究慎独。《礼记·中庸》里就写道："道也者，不可须臾离也，可离非道也。是故君子，慎其独也。"这就是说，道德准则是人们一刻也不能离开的，假如能够离开的话，那就不是道德准则了。

慎独作为一种道德修养方法，它倡导人们要严格要求自己，坚持在"隐"和"微"处狠下功夫，因为最隐藏的东西最能看出人的品质，最微小的事情最能显现人的灵魂。就这层意义而言，没有慎独就没有道德修养。教师工作的独立性很强，除了课堂教学外，大部分工作如备课、批改作业等，都是独立完成的。在这种情况下，就非常需要有慎独的功夫。

慎独作为道德修养应该达到的境界，更应高度重视。因为教师加强道德修养的目的，就是要把自己培养成具有高尚师德的人。慎独，就是不计个人得失，以坦荡、无私的心境干好自己的教育教学工作。所以，慎独是教师对自己道德动机和行为的一种自我控制，是教师道德达到一定高度的表现。提高教师师德修养的慎独法，就是要求人们从自我做起，从小事做起，努力按照师德规范严格要求自己，使师德品质日臻完善，这对于形成青年学生的良好道德品质，推动整个社会的道德建设，必将具有重大的意义和作用。

(三)交流与学习

师德修养不是教师个人脱离社会的、孤立的"闭门修养"，而是在教育实践中与人相互交往、相互影响的社会性活动。因此，要正确处理好个人与领导、教师、家长的关系，就要广泛听取各方面的意见、建议和批评，要改变"文人相轻"、互不服气的不良风气。教师品德修养也是社会道德进步的重要组成部分。社会生活中总是存在美好的思想品质和道德风尚，教师作为精神文明的传播者，也应该成为良好道德情操、思想风貌的效法者和学习者。因此，见贤思齐，虚心向他人学习，自觉与他人交流也是师德修养的一个好方法。

孔子也曾说过："三人行必有我师"，也说明教师要加强师德修养，不断提高自己的师德水准，就要有从师的美德，善于发现别人的长处，虚心学习别人的优点，哪怕是很小的优点，这样才能积小善为大善，积小能为大能。虚心学习他人，首先，要注意从教育家那里汲取思想营养。比如，我国人民教育事业中有一大批革命教育家如徐特立、陶行知、吴玉章等，为人民教师留下了宝贵的精神财富。他们有热爱党、热爱祖国、热爱人民、热爱教育事业的高尚情感，有热爱学生、教书育人、钻研知识的可贵品格，有无私无畏、勇于创造的革命精神，向我们展现了人民教师的理想人格，只有学习他们的优秀品质才能升华自己的师德境界。其次，虚心学习他人，也要学习优秀教师的榜样。在我国社会主义教育事业中成长起来了一大批优秀教师，如为人们所熟悉的于漪、魏书生等。他们的教育实践和先进事迹，生动地体现了新时代教师道德的崭新特点，是教师职业道德理论的具体化，同样是十分宝贵的精神财富。学习他们的先进思想和感人事迹，既能帮助教师们提高师德认识，又能激发教师的师德情感。虚心学习他人，还要向教育对象学生学习，古人讲："师不必贤于弟子，弟子不必不如师。"诚然，作为教书育人的教师，也不应忘记学生童心的纯真，学生的许多方面依然值得教师学习。教师要执着地追求美德和高尚的情操，诚心诚意地向学生学习，在师生互学互勉中发现学生身上的闪光点，并汲取精神营养，完善师德品质。最后，在师德修养过程中，还要注意学习和汲取社会生活中一切有用的养料，社会生活是一座宝库，蕴藏着丰富的道德宝藏，每时每刻都有闪光的思想和行为。例如，各行各业在为社会主义现代化建设中所涌现出来的许许多多的新人、新事、新风尚，都是反映了时代的新道德的精华，不仅为职业道德的升华提供了营养，也给师德提供了借鉴，教师在师德修养中只要细心观察，虚心学习，就能够找出差距，用好的道德风尚，进而充实自己，最终使师德更加芬芳。善于向别人学习的人，才是最有发展潜力的人，才是最有发展前途的人。在师德修养中只有虚心学习他人、自觉与他人交流，才有可能成为师德修养高的教师。

总之，师德修养是一个循序渐进、逐步提高的过程，既要将崇高的师德理想作为个人修养的目标，又要从自身实际出发，有切实可行的具体要求；从实践中的具体问题入手，不懈努力，形成个人的教学风格；不断学习，才能不断革新自我，多点交流才能取长补短，丰富自我价值。

(四)实践与体验

人的道德修养离不开改造社会、改造世界的客观实践。教师要以教育实践活动为基点，按照教师职业道德的规范和要求，不断进行自我教育和自我改造，这是教师专业品德修养的根本方法。教育实践不仅是教师进行师德修养的现实基础，也是检验师德修养的唯一标准。

教育实践也是教师专业品德修养的目的和归宿。教师道德修养的目的，在于形成良好的师德素质，提高教育实践能力。教师不仅要通过学习来分清是非善恶，更重要的是要身体力行，用这些认识指导自己的行动，培养自己良好的品行。就像我国近代著名的教育家蔡元培先生指出的："道德不是记熟几句格言就了事的，要重在实行。"教育实践是正确师德观念的认识来源，只有在教育实践活动中，才能正确认识教育活动中的各种利益和道德关系，才能培养好自己的师德品质。教育实践还是进行教师专业品德修养的动力。教师道德品质修养不是一蹴而就的，要在教育实践中不断认识，不断提高，不断完善。

作为一名人民教师，要自觉加强师德修养，只有不断完善自身、发展自身，用人民教师的道德规范来衡量自己、约束自己，做到处处以身作则、事事为人师表，以自己完善的人格和高尚的行为去影响学生，促进学生良好人格和习惯的形成，才能不辜负党和人民的重托，努力培养新人，为教育事业做出贡献。

本章小结

本章通过引入"三个砌墙工人"的故事，生动阐释了教师专业道德的精神内涵，详细阐述了教师专业品德规范的含义，并对《中小学教师职业道德规范》《关于加强和改进新时代师德师风建设的意见》《新时代中小学教师职业行为十项准则》《中小学班主任工作规定》进行了详细的解读。明确教师专业品德规范是中小学教师职业素质的灵魂，是学校教育目标实现的保障，是学生全面发展的条件。

教师的专业道德是一个不断发展的过程，在这个过程中，教师需要与各主体形成良好的关系。面对学生，教师要与学生形成平等的师生关系，公平对待每个学生，慎用惩戒，拒绝体罚。面对家长，教师应与家长保持良好的沟通，学会换位思考。面对同事，鼓励教师时常给予同事微笑和赞美，学会调控自己的情绪，积极主动地与同事交往。面对领导，教师应正确处理上下级的关系，既要了解、尊重领导，又要服从、支持领导，还要学会与领导沟通，关心领导。

提高教师专业品德修养既是完成教师使命的需要，也是应对时代挑战的要求。教师要明确教师专业品德修养的内容和基本原则，不断探索教师专业品德修养的途径和方法，以适应自身职业发展的需要。

思考题

1. 谈一谈教师专业品德规范的含义。

2. 为什么说"教师专业品德规范是中小学教师职业素质的灵魂？"

3. 如果你是一名教师，怎样处理好与学生家长之间的关系？

4. 教师提高专业品德修养的途径和方法有哪些？

第三章　教师专业知识

学习目标

1. 了解教师专业知识研究的主要观点。
2. 简单阐述教师专业知识结构的基本构成。
3. 明确教师良好知识结构的基本特征。
4. 学习优化教师专业知识结构的基本途径。

重点难点

教学重点： 明确教师专业知识结构的基本构成和基本特征。

教学难点： 学习并探讨优化教师专业知识结构的基本途径。

【案例导入】

我的成长片段——李吉林老师

40 年前，我是一名师范生，走出师范的校门，走进了小学，这一做就是 40 年。40 年来，我感受最深的就是：不断塑造自我，努力提高自身素质。我热爱和学生、青年教师在一起的生机勃勃的生活……这样的精神世界驱动着我，不敢怠惰，不肯荒废，于是，我会为孩子寻找观察的野花，在郊外的河岸、田埂专心地识别、挑选；我会为了孩子第一次感知教材获得鲜明的印象，在家人熟睡的时候，一个人在厨房里练习"范读课文"；夜深人静时，我进入教材所描绘的境界，会为文章中的人物深深感动，从而一个个巧妙的构思如涌泉流出；课堂中，我的一举手、一投足都能使学生心领神会……我在读师范时，认真学好各门功课，还认真学画画、练美术字、参加诗歌朗诵会、创作舞蹈，我也很喜欢音乐，学指挥、练习钢琴，夏天在小小的琴房里练钢琴，尽管被蚊子叮，浑身是汗，却乐趣无穷。这些在我后来的工作中给了我很大的帮助。

当教师之后，我坚持每天黎明即起，坐在校园的荷花池畔背唐诗、宋词，背郭沫若、艾青、普希金、海涅、泰戈尔等中外名家的诗篇，用优美的诗篇来陶冶自己的情操，我摘抄的古今中外的优秀诗篇，就有厚厚的几本。近二十年来，为了搞教育科研，我又如饥似渴地学习教育学、心理学和美学，还阅读了许多中外教育家的论述及国外教学实验的资料，做了不少卡片。学习对一个教师来说是永无止境的追求。我常常用屈原的话来鼓励自己，"路漫漫其修远兮，吾将上下而求索。"

思考：

李吉林老师热爱教育事业、热爱学生，在自身的专业发展中，不断建构自身的知识结构，奠定了自身教育教学实践所需的知识基础，为未来的专业发展提供了坚实的从教条件。思考在飞速发展的今天，教师为适应时代发展的需要，都需要具备哪些方面的专业知识？

专业人员要胜任高度复杂而又有创造性的专业工作，提供专门的服务，就必须以掌握高度专业化的知识为前提。专业人员也只有把自己的专业实践建立在专门知识的基础之上，才能真正赢得人们的信赖和专业上的自主与权威。因此，具备丰富的专业知识是教师专业发展的重要方面。教师的专业知识包括广博的普通文化知识、扎实的学科专业知识、丰富的教育学科知识和实践性知识，结构上应体现综合性、独特性、实践性、开放性等特点。要拥有这样一个专业知识体系，教师必须坚持学习，不断反思，学会与人分享和交流。

第一节　教师专业知识结构的构成

专业与非专业的根本区别在于专业活动有完善的专业知识体系作为支撑。美国卡内基促进教学基金会主席舒尔曼指出：一个专业既是一种高度复杂和熟练的工作，又是一种根植于知识的专业行为。而这些知识是在学院、大学、实验室和图书馆里产生、测试、丰富、被否定、转化并重建起来的。把某些事情称为专业即表示这些事情有一个在学府里被广泛运用的知识基础。因此，他认为，若要推进教师专业化，就必须证明存在着保障专业属性的知识基础，阐明教师职业里发挥作用的专业知识领域与结构。那么，构成教师教育教学实践的知识基础是什么？或者说，影响教师职业行为的专业知识领域和结构是什么？国内外许多学者对此进行了研究，并从各个角度提出了自己的观点。

一、教师专业知识研究

(一)有的学者从知识所属的领域角度，提出了教师从教的知识基础

美国学者舒尔曼认为，构成教师从教的知识基础应包括：①学科知识；②一般教学知识；③课程知识；④学科教学知识；⑤学生及其学习特点的知识；⑥教育情景的知识；⑦教育目的与价值的知识。

我国学者林崇德等人认为，教师的专业知识应包括：①本体性知识；②条件性知识；③实践性知识；④文化知识。[①]

我国学者叶澜认为，教师的知识结构是多层复合的，主要有三层。第一层：有关当代科学和人文两方面的基本知识，以及工具性学科的扎实基础和熟练运用的技能、技巧；第二层：具备一两门学科的专门性知识与技能，是教师胜任教学工作的基础性知识；第三层：教育学科类，由帮助教师认识教育对象、教育教学活动和展开教育研究的专门知识构成。

我国学者白益民认为，教师的知识结构由五个部分组成，即普通文化知识、专业学科知识、一般教学法知识、学科教学法知识以及个人实践知识。[②]

(二)有的学者从知识存在的形态角度，提出教师的专业知识

我国学者陈向明把教师知识分为两类：理论性知识与实践性知识。前者通常呈外显状态，可以为教师和专业理论工作者所共享，是教师知识冰山露出水面的部分，具有可表述

① 林崇德. 教育的智慧[M]. 北京：开明出版社，2019.

② 叶澜，白益民等. 教师角色与教师发展新探[M]. 北京：教育科学出版社，2001.

性，比较容易把握。后者通常呈内隐状态，基于教师的个人经验和个性特征，内嵌在教师日常的教育教学情境和行动中，深藏在知识冰山水下的部分。实践性知识包括教育信念、自我知识、人际知识、情境知识、策略性知识与批判反思性知识。[①]

尽管以上学者的观点不尽相同，但我们仍然发现，普通文化知识、专业学科知识、教育学科知识、实践性知识等为较多学者所强调。据此，我们认为，这四方面的知识基本构成了教师所有教学实践的知识基础，是每个教师所应具备的从教基础。

二、教师专业知识结构的基本构成

(一)普通文化知识

教育活动是一种创造性活动，这种创造性活动明显地不同于一般发明创造或艺术创作，而是浸透着人文精神的一种不间断的无止境的探究与完善。它要求教师具有丰富的人文知识以及对历史、社会、文化的深刻洞察力，要具有深厚的文化底蕴。同时，面对科学技术的突飞猛进、学科之间的交叉渗透、学校综合课程的开设以及学生旺盛的求知欲，教师还应该成为知识视野宽广的人。只有这样，教师才能真正满足学生多方面的探究需求和多方面发展的需要，真正有效促进学生的健康、全面发展。正如美国教育家科南特所指出的，"未来教师的普通教育应该是广博的文、理科目学术性教育"。其目的在于发展有关一般文理科目领域的学力，使教师在同这些领域的任何专任教师交流时能具有一定的信心。不论对小学或中学教师来说，这种程度的学力信心都是必要的，即使小学教师直接关心的是算术或比较简单的科学或社会科学，他也应该知道前面的道路究竟是什么。[②]

大量的事实表明，现代学生不喜欢知识面狭窄、观念陈旧、生活单调、为人古板的教师，而是喜欢那些学识渊博、兴趣广泛、多才多艺的教师。因为教师知识、兴趣、特长的丰富性，能够体现出教师自身人格力量的丰富性，这都将对学生的发展产生巨大的影响，使教师成为学生效仿的榜样。我国教育界前辈程吾今指出："教师对于学生的指导，不限于功课以内的教学，日常生活问题都需要加以指导解决，所以教师的知识愈广博，经验愈丰富，愈能得心应手，无时无地不在，把儿童放在春风化雨之中。"[③] 可以说，广博的文化科学知识、深切的人文关怀、严谨的科学精神是教师的基本素质，是教师有效开展教育教学工作的重要条件。

(二)专业学科知识

专业学科知识，又称本体性知识，指的是教师所具有的特定的专门学科知识，如语文知识、数学知识等，它是教学活动展开的基础。对教师而言，其职业要求他们必须精通所教学科的知识，对自己所教学科的内容有广泛而深入的了解。苏霍姆林斯基指出："教师所知道的东西，就应当比他在课堂上要讲的东西多十倍、多二十倍，以便能够自如地掌握教材，在课堂上，能从大量的事实中选出最重要的来讲。""在你的科学知识的海洋里，

① 陈向明. 实践性知识：教师专业发展的知识基础[J]. 北京大学教育评论，2003 (1).
② [美]科南特著，陈友松主译. 科南特教育论著选[M]. 北京：人民教育出版社，2017.
③ 程方平. 新师说[M]. 长沙：湖南教育出版社，1999.

你所教给学生的教科书里的那点基础知识，应当是沧海一粟。"①我国学者叶澜认为，只有当教师具有丰富的、扎实的知识底蕴，并能在科学体系中把握自己讲授的学科时，教师才能使知识在教学中不只以符号形式存在，还以推理、结论方式出现，而且能展示知识本身发展的无限性和生命力，能把知识活化，在教学中真正实现科学精神与人文精神、理论与实践、知识与人生的统一，充分实现学科知识全面育人的价值。因此，教师的本体性知识应涵盖如下。

(1) 对学科的基础性知识、技能有广泛而准确的理解，熟练掌握相关的技能、技巧；

(2) 对与该学科相关的知识，尤其是相关点、相关性质、逻辑关系有基本了解；

(3) 了解该学科发展历史和趋势，了解推动其发展的因素，了解该学科对于社会、人类发展的价值以及在人类生活实践中的多种表现形态；

(4) 掌握每一门学科所提供的独特的认识世界的视角、域界、层次及思维的工具与方法，熟悉学科内科学家的创造发现过程和成功原因，以及他们身上展现的科学精神和人格魅力。②

(三)教育学科知识

教育学科知识.mp4

教育学科知识，又称条件性知识，指的是教师所具有的教育学科方面的知识。它是教师顺利进行教学所必备的知识，是教师成功教学的重要保障。一个教师要成功地做好教师工作，在掌握所教学科知识的基础上，更要了解和遵循教育工作的规律，掌握教育学、心理学、教育技术等基本教育理论和知识，因为教师的专业领域毕竟是教学而不是其任教的学科。因此，条件性知识对于教师的教育教学活动是不可或缺的。杜威在《思维与教学》一书中指出："为什么教师要研究心理学、教育史、各科教学法一类的科目呢？有两个理由：一是有了这类知识，他能够观察和解释儿童心智的反应——否则便易于忽略。二是懂得了别人用这有效的方法，他能够给予儿童以正确的指导。"③苏霍姆林斯基在《给教师的建议》中也谈道："刚从师范学院毕业出来的教师，只有在自己整个教育生涯中不断地研究心理学，丰富自己的心理学知识，他才能成为教育工作的真正能手。"④具体说来，教师的条件性知识包括以下两个方面。

第一，一般教育学知识，包括教育基本理论、心理学基本理论、德育论、教学论、教育心理学、中外教育史、教育科学研究方法、学校管理学、现代教育技术等等。

第二，学科教育学知识，如学科教育学、学科课程论、教材教法等。它们是教师对教育学、心理学、学科知识、学生特征和学习背景的综合理解。

总之，一般教学知识与学科教育学知识应符合《教师教育课程标准(试行)》中对教师教育课程的要求。

(四)实践性知识

教师的实践性知识指的是教师在日常教学实践中，经过不断的体验、感悟和反思而形

---

① 苏霍姆林斯基. 给教师的建议(下) [M]. 北京：教育科学出版社，1984.

② 叶澜，白益民等. 教师角色与教师发展新探[M]. 北京教育科学出版社，2001.

③ 杜威. 思维与教学[M]. 北京：教育科学出版社，1999.

④ 苏霍姆林斯基. 帕夫雷什中学[M]. 北京：教育科学出版社，1999.

成的知识，是教师教育教学中实际运用的知识。在现实教学中，教师在面对复杂的教育情景时所作出的迅速反应，与其说是教师根据已经学过的理论知识，不如说是根据实践性知识所作出的判断。实践性知识支配着教师的日常教学行为。教师个体实践性知识的数量与质量在一定程度上影响了其教育教学的效果。教师实践性知识具有以下五个鲜明特征。

1. 个体性

相对于书本上、教材上、可以被广泛传播和交流的"公共知识"而言，教师实践性知识是一种"个人知识"。它是教师在自己的教学实践中，在生活情境中，慢慢积淀的一种经验和体悟，是他人所不能知道或是不能感悟到的。它不仅与教师的年龄、成长阅历、生活背景有关，也与教师个人的思维方式、行为特征相关。它带有浓厚的个人色彩，常体现为教师个体化的处世风格和个人品质特征，并成为其人格的组成部分。

2. 实践性

相对于上述理论知识(普通文化知识、专业学科知识和教育学科知识)而言，教师实践性知识具有鲜明的实践性特征。它源于实践，在实践中被不断建构和生成，并直接面对实践，解决教学实践中的实际问题。日本学者佐藤学认为，教师的知识是一种实践性知识，是一种经验性的知识。同研究者运用的"理论性知识"相比，实践性知识，缺乏严密性和普适性，是一种多义的、活生生的、充满柔性的功能性知识。

3. 综合性

教师实践性知识不是对理论知识的简单运用，而是对理论知识的综合、深化、提炼与转变，是教师凭经验主动地解释、矫正、深化现成的知识而形成的综合性知识，它包含教师对教学目的、对象、信息和环境的整体性认识，同时也是教师战略性思维的反映。它是教师实践行动背后的知识基础，横跨了知识、态度与技能等几个方面的学习领域，由言语信息、智慧技能、认知策略、动作技能和态度五种学习结果综合而成的习得的知识。[①]

4. 缄默性

相对于"显性知识"而言，教师实践性知识是"只可意会不可言传"的"缄默知识"，难以对其进行清晰陈述和表达。英国著名物理化学家、思想家波兰尼在他的《人的研究》一书中指出："人类有两种知识。通常所说的知识是用书面文字或图形、数字公式表述的，这只是知识的一种形式。还有一种知识是不能系统表述的，例如我们有关自己行为的某种知识。如果我们将前一种知识称为显性知识的话，那么我们可以把后一种知识称为缄默知识。"[②]

波兰尼认为，这种缄默知识不能通过语言、文字或符号进行逻辑说明，不能以正规的学校教育、大众媒体等形式进行传递和传播，它只能依靠个体在长期的实践活动中体验、积累而习得。它深藏于人的观念中，成为个体观念系统不可或缺的一部分。而在教师身上，同样存在着这两种知识。一种是呈外显状态的、具有可表述性的、可以为教师和专业理论工作者所共享的"显性知识"；另一种则呈内隐状态，基于教师的个人经验和个性特征，

① 刘汉霞. 教师的实践知识：教师专业化的知识转向[J]. 教育探索，2006 (1).
② 石中英. 知识转型与教育改革[M]. 北京：教育科学出版社，2001.

内嵌在教师日常的教育教学情境和行动中，称为"隐性知识"或"缄默知识"。这种隐性的或缄默的知识在教师教育教学中常以无意识的、自动化的方式表现出来。

5. 保守性

由于实践性知识已内隐于教师的内在知识结构，构成教师知识结构的部分并与其结构中的其他知识形成了一种平衡，往往显现出超强的稳定性。这使教师在具体实践中，常常依据惯例行事，而较少受到新思想、新观念的影响。只有当教师在实践中自觉反思、主动建构时，其实践性知识才会发生新的变化。

研究表明，专家型教师与一般教师、新手教师最大的区别在于：专家型教师在长期的教育教学实践中积累了丰富的、结构良好的实践性知识。教师的实践性知识被视为教师专业成熟的重要标志，也是衡量教师专业水平高低的重要依据。

第二节　教师专业知识结构的优化

毫无疑问，具备一定的专业知识，是教师从事教育教学工作的基础。然而，这些专业知识并非无序地堆砌于教师的头脑中，而是形成一个合理的、完善的知识结构。专业知识的丰富性和知识结构的合理性直接影响着教师的专业水准。

一、教师良好知识结构的基本特征

(一)综合性

综合性是相对于教师知识结构的单一性来说的。为了保障教育活动的顺利开展并收到良好效果，教师往往需要多学科、多层次、综合性的知识。我国学者叶澜认为，知识素养上，教师不再局限于"学科知识+教育学知识"，而是强调多层复合的结构特征。同时，这些多层复合性的教师专业知识结构，还应实现彼此之间的相互支撑、渗透与有机整合，而且这种整合了的专业知识表现为教师教育行为的科学性、艺术性和个人独特性，表现为教师精神生活的丰富性和发展性时，它充分显示出教师作为一个专门职业对丰富而独特的专业知识的要求，绝对不比其他专门职业低。[①]

因此，教师必须改变过去那种"画地为牢"、只见树木不见森林的知识观，突破固守于一门学科的狭隘认识，尽可能拓展知识面，广泛涉猎科学、技术、宗教、艺术、哲学等知识，并使各种知识融会贯通，实现教师知识的整体性飞跃和结构性变化。

【案例 3-1】

建构"PCKg"提升教师实践教学专业能力

"PCK"是学者们公认的"学科教学知识"，之所以一直被关注研究，是因为它表征的是教师教学的专业性和能力。后续有研究者认为，"PCK"在教师知识建构中是一种动态的发展，用"学科教学认知(Pedagogical Content Knowing，简称 PCKg)"更能包含教师对儿

---

① 叶澜，白益民，等. 教师角色与教师发展新探[M]. 北京：教育科学出版社，2001.

童认知和对教育环境理解所带来的对个体"PCK"的影响，即突显其发展性，更能代表教师在复杂多变的教学情境中展示出来的教学能力。

PCKg 的建构是一个渐进的、多维度影响的实践性的知识，而实践活动并不必然转化为有效知识，知识的沉淀是需要思考、梳理和反复修正的过程。师范生的践行自觉和主动反思会直接影响 PCKg 的建构，从而影响其专业实践能力。因为反思的价值就在于能对自身的实践活动进行批判性的分析和思考，也唯有在梳理中不断改善自己的专业认知，积累更多的实践性知识，才能形成独有的"PCKg"。

(资料来源：蒋茵. 教师专业知识：职前教师实践教学的基石[J]. 教育理论与实践，2021，41(26): 35-39.)

(二)独特性

独特性，是就教师职业的专门性而言。教师知识，一方面要具备多样性；另一方面，又必须体现教学作为一种专门职业的独特性。也就是说，教师必须拥有像医生、律师那样从业所需的专门的知识基础。只有专门的、独特的知识技能体系，方可保障教师作为专业人员的独特性与不可替代性。我们经常会看到，一些优秀的、有经验的教师，在从事专业活动时，常表现出独特的知识与技能。这种知识与技能，既区别于一般大众的知识，也有别于各学科领域专家的知识，体现了其作为教师独特的知能体系。良师定是学者，而学者未必是良师。教师职业的特性决定了教师必须具备一定的条件性知识以及"临床"实践性知识。美国教育家科南特指出，受过专业教育学训练是"志同道合的标志"。"这种训练是教育专业不同于任何其他专业的标志，因为不是任何人都有资格从事公共教育事业的。"而且，"教师可以利用这种专门化的训练，来对付在普通教育方面具有同等学力的家长们。具体说来，教师面对心情焦急而深切关怀的家长时，必须讲出一套令人信服的、超群出众的知识，来为他们的决定辩护。这样，无论是教师还是家长便可以安心了。"[①]可见，具备条件性知识即教育学科知识，是教师区别于一般学科专家的重要标志之一，是教师专业素养独特性的重要体现。

(三)实践性

实践性，是针对教师知识的理论性而言的。尽管我们强调教师必须拥有多方面的理论知识，但是，理论知识由于过于概括与简化，在面对纷繁复杂的教育实践问题时往往显得苍白无力。在具体的教学情景中，教师更多时候是依靠实践反思以及直觉反应。研究表明，理论知识只是教师专业发展及从事教学工作的必要条件，不是充分条件，对教师的教育教学产生直接作用的是教师的实践性知识。当然，这并不是说，理论知识对于教师毫无用处。实际上，实践性知识是教师把普通理论知识运用于教育教学实践，借助批判、反思等方式，对实践经验进行升华而获得的。

对教师而言，其职业能力主要不是反映在他掌握和直接运用理论知识的能力上，而是反映在他把理论性知识转化为实践性知识，并且在处理实际问题时能够不断创造、丰富实践性知识。因此，教师应当积极投身于教育教学实践，在实践中探索、反思、构建自己的实践性知识，创生自己的实践智慧，形成自己的教学风格。

---

① [美]科南特. 科南特教育论著选[M]. 北京：人民教育出版社，1988.

(四)开放性

开放性,是相对于教师知识的封闭性而言的。伴随着知识经济时代的到来,科学技术突飞猛进,文化知识的更新加速,承担教书育人职责的教师,应当改变过去那种局限于教科书中的内容,知识陈旧、老化,知识结构封闭、单一的状况,及时了解自己专业以及相关学科领域的最新成就和发展趋势,并及时地更新和补充。教师只有不断更新和充实知识,及时获取新的信息、知识和成果,不断更新、完善自己的知识结构,才能适应时代对教育提出的要求,才能满足学生成长的需求。如今进入一个终身学习的时代,在这个时代里,学习是生活,学习是工作,学习是一种责任,学习是人生命的重要组成部分。对于教师而言,应该随时对自己的工作及专业能力进行评估,树立终身学习的意识,保持开放的心态。在实践中学习,不断对自己的教育教学进行研究、反思,对自己的知识与经验进行重组,从而以开放的、优化的知识结构,迎接来自各方的挑战。

【案例3-2】

关于教师"一潭水"的思考:给学生一碗水,教师仅有"一桶水"已经远远不够了

教师的知识储备,学识的广博,过去有一个很形象的说法,"要给学生一碗水,教师自己要有一桶水"。事实上,随着社会的发展,学生们学习方式的改变,给学生一碗水,教师仅有"一桶水",已经远远不够了,难免捉襟见肘。教师要在自己的工作中左右逢源,游刃有余,就必须要具备"一潭水"。

"流水不腐,户枢不蠹"。教师的这"一潭水",当然必须是活水,不能是死水。死水一潭,既无法饮用,还臭不可闻。

教育是着眼未来的事业,是为未来培养面向未来的人才。教师只有知识新,才能教得新,学生才能学得新;教师只有拥有一潭知识的"活水",源源不断,取之不竭,用之不涸,变化多端,教学中才能灵活运用知识和教法,驾轻就熟,得心应手,学生才能够在学习中做到举一反三,触类旁通。教师拿旧知识,有限的知识,怎能去重复昨天的故事?怎能去登上明日的客船,怎能教出走向未来的学生,怎能做到"得天下英才而育之"?

苏霍姆林斯基曾说:"只有当每个少年从教育者那儿得到'活水',他们的才干才能够发挥出来。没有'活水',素质就枯竭衰退。"

"问渠哪得清如许,为有源头活水来"。教师只有树立终身学习观念,不断学习、不断充电、不断给自己"注水"、不断吸纳前沿知识、不断更新自己的知识,让自己的这"一潭水"始终与知识的湖泊沼泽相连,与知识的大江大河相通,与知识的汪洋大海相承,才能让自己在任何时候都拥有一潭奔流不息、永不停歇、澄澈透亮的"活水"。

"授人以鱼,不如授人以渔",与其送一条鱼,不如交给他捕鱼的方法。一条鱼只能饱一顿之肚,解一时之饥,而有了捕鱼的方法,便能随时吃到鱼,解决一生的吃鱼无忧。

同样,教师给学生传输知识,给学生以知识之"水",仅能满足一时之需,教师如若不供"一杯水"了,学生就会犯水之困,出现用水之荒。

所以教师的重要使命,不仅是被动地传授知识,给学生以"水",而是一方面要引导学生主动学习知识,主动探究知识,主动探索"水源",另一方面最大限度培养学生从河里、从井里等不同地方打水的能力,交给学生发现、开采、挖掘地下水的本领。

只有如此,学生就拥有了自己的"水"之天地,就能够独立地获取源源不断的活水,就再也不为"水"发愁，也远不止仅从老师那里获得"一杯水"了。

对于现在差不多的学生都习惯于依赖，让他们自己主动地去探寻"水"之源，从小培养他们"自己寻找水源"的能力，这很重要，会使学生终生受益。

要做到这一点，教师就要学会放手，解放学生的大脑、眼睛、嘴巴、双手、时间和空间；就要启迪学生的想象，发展学生的思维，激发学生的内生力，培育学生的创新精神和创造热情；就要用发展的、肯定的、差异性的目光看待个性鲜明的学生，力求多一把尺子，多一种标准、多一份期待、多一些等待；就要让学生站在课堂的中央，让他们成为课堂的主人、学习的主人，让他们在主动、生动、能动、合作、探究的状态和氛围下学习；就应该多一些不拘一格，少一些墨守成规，多一些百家争鸣，少一些噤若寒蝉，多一些交锋碰撞，少一些标准答案，多一些个性张扬，少一些桎梏压抑，多一些顺其自然，少一些拔苗助长……

（资料来源：搜狐网，2021-7-31.）

二、优化教师专业知识结构的基本途径

(一)坚持学习，善于学习

学习是教师吸纳新知识的重要途径，是教师专业成长不竭的动力。每位教师都必须养成时时、事事、处处学习的习惯。只有学习精彩，生命才会精彩；只有学习成功，生命才会成功。

【案例 3-3】

简论教师的终身学习

党的十六大明确提出要实现"形成全民学习、终身学习的学习型社会，促进人的全面发展"的宏伟目标，这既是教育的历史任务和光荣使命，又为教育的发展提供了良好的机遇。这一目标的确立标志着教育改革进入了新阶段，即树立终身教育、终身学习的理念，构建学习化社会。"百年大计，教育为本；教育大计，教师为本。"在传授人类积累的关于自身和自然的知识方面，在开发人类创造力方面以及在传播某些理念方面，教师将始终是主要的责任者，始终起主导作用。

21 世纪国际教育委员会特别强调教师终身学习的重要性，指出：面对世界如此迅速的发展，教师不接受这样的事实，即他们的入门培训对他们余生来说是不够的，他们必须在整个生存期间更新和改进自己的知识和技术。面对高速发展的时代与社会的需求，教师不仅要学习自己任教学科的知识，更要对广泛的相关学科具有浓厚的学习欲望。一个了解世界、了解社会、了解科技发展状况的教师，才能在教育教学工作中驾轻就熟。

（资料来源：李惠玲. 简论教师的终身学习[J]. 中国成人教育，2006(06)：100-101.）

教师的学习对象既可以是人——专家、同事、学生等，也可以是书本著作、报纸杂志，还可以是自己的亲身经验，从自身的经验和教训中汲取营养。教师学习的内容，既可以是对自己所从教专业学科知识的拓展，也可以是对教育教学理论的深入探索，还可以是对各种文化科学知识的广泛涉猎。从教师学习的目的来看，学习可以是目的性、针对性很强的学习，也可以是一种休闲式的学习。所谓休闲式的学习，指的是已经摆脱功利的牵绊和束

缚，以一种自由的、放松的心态，全身心沉浸其中，并从中获得较高精神享受的学习。

【案例3-4】

学习着，快乐着——做一名快乐的学习型教师

我听到老师们抱怨过，我也曾不止一次地抱怨工作的劳累，但是随着时间的慢慢推移和不断的自我完善，我强烈地感到快乐是一种心境，"境由心造"——只要我们带着平和、谦虚、积极向上的心，我们就能从工作中找到快乐。

"教育的根是苦的，但其果实是甜的。"记得在朱家角和老师们一起讨论"创新学"的时候，有一位保育员老师激动地拉着我的手说："陈琦，你讲得真好，我都听懂了，我还能把你讲的背出来呢。"说完，这位老师就在我面前复述起报告的内容来。当时我非常高兴，也非常感谢这位老师给我的鞭策和鼓励。要知道，为了这短短的10分钟报告，我花了整整半年的时间学习呀。就在那一刻，那些痛苦的双休日、圣诞节，不知怎地都变得甜蜜了。

古人云，"世事洞明皆学问，人情练达即文章"。我们认为，学习的对象是包罗万象的，学习的方式又是无所不在的。向日常生活学习，向大自然学习，向各种各样的媒体学习……只有最大程度地扩展我们的学习对象，我们的知识才会有深度、有广度。在教学工作中学习，在与家长的沟通中学习，甚至在和孩子们的游戏中学习……只有处处用心、日日积累，我们才会有专业可言。

(资料来源：学习着，快乐着——做一名快乐的学习型教师[J].学前教育研究，2004(06)：57-58.)

在这样一个终身学习的时代，教师理应成为学习的样样。学习、阅读应当成为教师的日常习惯。只有爱学习，教师才能在课堂上左右逢源、如鱼得水，才能让学生在听课时如沐春风，才能与学生产生心灵上的共鸣。只有持之以恒地学习，教师的精神和气质才能得到不断熏陶，智慧和思维受到更多的启迪，思想和理念得以持续提升。不学习、不读书，教师的知识积累就会越来越少，眼界视野越来越狭窄，越来越难以适应学生发展的需要。诚如苏霍姆林斯基所言："教师只有当自己的知识视野比大纲宽广得无可比拟时，才能成为教育的真正能手、教育艺术家。"

【案例3-5】

美与物理学

关于理论构架所具有的诗一般的深意，W. Blake 写下了著名的诗句：

To see a world in a Crain of sand

And a haven in a wild Flower

Hold Infinity in the palm of your hand

And Eternity in an hour

后来台湾的陈之藩把它译成了中文：

一粒砂里有一个世界

一朵花里有一个天堂

把无穷无尽握于手掌

永恒宁非是刹那时光

关于掌握理论架构之间所产生的威力，A. Pope 也写了一首诗：

Nature and nature's law hid in night

God said, let Newton here ! And all was light

我把它翻译成:

自然与自然规律为黑暗隐藏

上帝说,让牛顿来! 一切逐臻光明

然而,我认为这两首诗还不足以描述理论架构的美,它们缺少庄严感、神圣感和初窥宇宙奥秘的畏惧感。理论架构的美是筹建哥特式教堂的建筑师们所要歌颂的崇高美、灵魂美、宗教美和最终极的美。

(资料来源: 杨振宁. 美与物理学[R]. 在清华大学 90 周年校庆时为学生所作的学术报告.)

读书,使教师在与大师、名家的对话与交往中获得快乐、智慧、力量和方向。特级教师李镇西在他的《爱心与教育》中写道:"苏霍姆林斯基的思想,是在我教育生涯的早晨投下的第一缕金色霞光";"他几十年如一日每天早晨五点钟就起来写教育日记的精神和做法,也深深地影响了我"。另一位特级教师窦桂梅说:"阅读滋养底气,思考带来灵气,实践造就名气。"因此,教师应当让阅读、学习成为习惯,使之融入自身的生活。只有当阅读成为越来越多教师的日常,教师的专业才具有扎实的基础。

【案例 3-6】

做个终身学习的教师

说到学习,在今天除了阅读书本之外,还要在社会中去学习,根据观察社会人物的语言行为动向,或许你能发现点什么。

人们对优质教育的渴望,没有哪个时期有现在如此强烈,并且这种趋势在呈上升趋势。中国的教育正悄然地发生变化,教育在慢慢地向高端化发展。优质化、国际化学校将会迎来一个爆发的时期,国际化教师正呼之欲出。没有足够的知识与眼界,没有足够的格局与情怀,可能你会适应不了如此的教育。你可能还在传统的教育里徘徊不前。

身处教育一线的教师,其实学术业务型的思维正慢慢侵入到教师队伍,更多的老师在业务学术上追求卓越。网络信息时代,让我们更方便接触世界前沿的教育动向,更方便我们对于知识的学习与业务的交流。时代就摆在这儿,并不断前行。你命运需要什么样的时代不关键,关键是你要把握当下的时代。

那如何把握?就是做一个终身学习的人,不断更新升级自己的知识系统,做个思想敏锐、思维活跃的人。做好这个时代里,你自己的英雄。

(资料来源: 教育学. 2017 年 8 月. 作者: 顾启淋. 广东省深圳市大鹏新区亚迪学校.)

(二)在实践中反思

保持阅读、学习,将使教师获得较为系统、全面的显性理论知识,为教师实践性知识的形成和丰富提供必要的条件。但是,要让这些知识真正内化为实践性知识,对教师的实践产生指导作用,则必须通过教师长期的亲身实践,并在实践中不断地反思。通过反思,教师得以对自己的职业行为以及由此产生的结果进行审视和分析;通过反思,教师可以对自己从事教育教学的思想、言行、方式方法等进行有意识的自我调整;通过反思,教师可以使自己的显性、理论性知识得到内化、结构化,隐性、实践性知识得到丰富与提升,整个知识结构得以重构和优化。正因如此，美国心理学家波斯纳指出："经验+反思=教师成长"，反思被认为是"教师专业发展和自我成长的核心因素"。

【案例3-7】

真正优秀的老师，都是反思型教师

何谓"反思型教师"？简单地说，就是能够在日常的教育实践中保持冷静的思考，对自己的教育行为进行审视、追问、质疑、批判、总结、提炼、改进，从而不断超越自我、提升自己教育境界的教师。

有教师可能会问：教学工作本来就够累了，何苦那么折腾，和自己过不去？这听起来好像反思是为了别人。这样的心态，致使有些老师对"强制"进行的反思也是一味地应付。学校要求写工作反思、上课反思，那好，我从网上直接下载。这样做，是因为没有弄清楚反思的意义。反思不是为了给别人看的，反思是挑自己的"刺"，是使自己成熟起来，使自己从烦琐和疲惫中解脱出来。

每当聊起这个话题的时候，总有老师充满困惑：我也一直在反思啊。学校每学期都要交一篇教学反思，班主任也要交班主任工作反思……可我怎么觉得，写了半天，自己并没有从中受益啊。的确，很多学校为了促进教师的成长，采取了一些"强制措施"，要求教师完成多少字的学习笔记、多少字的教学反思，但这只是来自外部的"强制"。我们知道，外因必须通过内因才能发挥作用。

真正成为反思型教师，一定源于教师的自我修炼。如果一个老师缺乏内在的自我主动修炼的欲念，缺乏不断提升和完善自己的追求，那么做反思型教师的愿望必然落空。反思，更多时候体现的方式，我称之为教师的"个人奋斗"，是别人无法替代的。

"教然后知困"，在工作中遇到问题了，我们要坚持去摸索、去总结、去发现一个个"陌生的我""丑陋的我""残缺的我"。这样，我们才能使自己处在不断进化的状态之中。

反思的关键是学会思考。一个课例、一个教育案例、一个教学片段、一个课间剪影等，以及校园生活中的每时每刻、每个角落都有我们的观察点、思考点。但要特别提醒的是，不要把反思单纯地理解为"想"，否则容易变成"纸上谈兵"。一个真正的反思型教师应该具备四个"不停"：不停地阅读，不停地写作，不停地实践，不停地思考。

反思可以使我们拨开迷雾，看清"庐山真面目"。但反思也是一个艰苦的过程，只有具备坚强意志和美好理想的人才能做得更好。

(资料来源：《教师博览》(中旬刊). 2021年7月. 作者：王福强. 辽宁省海城市教师进修学校.)

教师反思的方法有很多，常见的有以下几种。

(1) 反思日记。就是教师对一天中所发生的各种教育行为进行记录，并将之与教育教学理论相对应，反省实践与理论的差距，分析自己的收获与不足，以便改进工作，扬长补短。

反思日记是一种能有效提升教师个人教学水平的好方法。它使教师教学不再"重复昨天的故事"，同时，它将使教师的理论水平得到不断提高，实践性知识得到不断的丰富和发展。一个教师若能进行习惯性的教学反思，坚持写反思日记，他必然在不断的记录得失与感悟中，在不断的审视自己的教育教学理念和行为中，完善和提高自身的教育教学水平，并在深层次上更新、丰富自己的教学观念。

【案例3-8】

在教育日记中反思成长

一次，我有幸聆听了《教育行动研究与教师专业发展》的专题报告，报告中的魏书生、苏霍姆林斯基都走过一条读书、实践、写作之路，靠着勤奋探索、靠着坚持不懈写教育日记而成为著名教育家。听后，我不禁怦然心动：写教育日记，我也来试试！迄今100多天80多页的日记里，随意涂抹着自己的反思与领悟、甘苦与收获，隐约显现着并不成熟的成长轨迹。

（资料来源：新浪爱问共享资料，2020-12-02.）

（2）教育叙事。叙事的本质在于讲述人类经验，即讲故事。某种意义上，人是生活在故事中的：在讲述自己的故事中体验生活、感悟世界，在倾听他人的故事中增长见识、获得智慧。教师正是在讲故事和听故事中编织教育之网、构建个人实践知识体系，并不断完善自身的知识结构和知识储备。中小学教师都擅长讲故事，乐于探究自己和别人的故事的意义。[1]有位中学体育教师讲述了以下一个教学故事。

常规的体育授课比较乏味，我尝试以新的方式去带体育课。在开始上课后，我拿出几分钟的时间让学生去讲，谈谈他们对某项体育运动的理解与体会。一次，一位同学饶有兴趣地讲述了"跨栏"这一运动的来历。他说，跨栏运动源于牧羊人的生活。你知道，狼是很狡猾的，它可以混进羊圈，可以在一夜之间咬死十几只羊。为了追赶并杀死这些可恶的狼，牧羊人必须快速跨越羊圈的栅栏。这样，跨越栅栏就逐渐成为一项体育运动，后来就演化为今天的跨栏。学生的很多讲述都非常好，他们的故事和评论促使大家对体育活动作深入的思考，体育不再仅仅是身体的锻炼，越来越成为一种文化。这也给学校体育增加了文化的色彩，而这也是我国学校教育中体育活动一直未曾涉及的。

这位体育教师的故事很简单，但反映出他对体育教学的一些思考以及改革传统体育教学的可贵思考。他通过让学生讲体育故事、评论体育活动为体育运动增加文化的色彩，并提出构建体育文化的祈愿。他的故事让我们看到了他对体育教学的理解，折射出独特的教学哲学。其他学科的教师听完后也表示得到不少的启发。

（3）成长自传。即教师通过对自己成长经历的回溯和叙述，对自己经历过的教学行为、教育教学理念进行回味、审视、反思，逐渐形成对教育的自我认识，并使自己内隐的、个人的、实践的知识逐渐显性化，成为可以分享与交流的知识，从而实现知识的重新构建。

【案例3-9】

对孩子要倾听

以前听说过这样一个故事：一个小孩有段时间上学总迟到，老师为此找其母亲谈话。母亲明白后，没有打骂孩子。在临睡觉前，她问儿子：告诉我，为什么你那么早出去，却总迟到？孩子先是愣了愣，见母亲没有责怪的意思，就说：我在河边看日出，太美了！看着看着，就忘了时间。母亲听后笑了。第二天一早，母亲跟儿子一齐去了河边看日出，应对眼前的景色，她感慨万分：真是太美了，儿子，你真棒！这一天，儿子没有迟到。放学

---

[1] 杨明全. 教师知识：来自实践的智慧[N]. 中国教育报，2004-01-20.

回家，儿子发现书桌上放着一块精致的手表，下面压着一张纸条：因为日出太美了，所以我们更要珍惜时间和学习的机会，你说是吗？爱你的妈妈!

分析：我不禁被故事中的那位深深懂得爱的母亲所打动。爱孩子，没有粗暴的责问、无情的惩罚，而是选取了倾听。倾听之中，融入了对孩子的爱、宽容、耐心和激励，给孩子创设了幸福、温暖的成长环境。试想，如果这位母亲听了老师的话后，不问青红皂白地将孩子打骂一顿，结果会是怎样呢？我想，那颗热爱生活、发现美、欣赏美的稚嫩的心可能再也找不到了吧。

反思我们的教育教学，很容易找到能说会道的教师，但却很难找到善于倾听的教师。我们把超多的时间用来训练自己的说话和演说潜力，却忽略了倾听潜力的培养。教育的目标是为了培养人，教师能否走进学生的内心世界，能否用心聆听学生的心声，是教育成功与否的关键。

从某种好处上来说，教育的过程也是教育者和受教育者平等对话、双向交流的过程，为实现平等对话，教师务必放下师者自尊的架子，主动接触学生。其次，教师务必认真倾听学生说话，为平等对话创设自由宽松的氛围。在倾听中要树立这样的信念：教师和学生是平等的，每个孩子都有被尊重和信赖的需要。只有让学生体会到老师对自己的尊重，学生才能更加信任老师，达到与老师以心换心、以师为友的程度。在这种条件下，学生对教师完全消除隔膜、敞开心扉，教育才会成为一种十分完美的享受。

(资料来源：金锄头文库，2020-02-14.)

(三)与他人交流与分享

一个人心灵的丰富与充盈，需要与众多的心灵碰撞、对话。对于教师而言，与包括同事、专业人士在内的人展开知识合作、交流与共享，是教师生成和发展知识的重要策略和有效途径。通过合作、交流、分享，教师不仅使自己的实践性知识获得澄清、改组、重构，而且使实践性知识在群体中共享和流动，从而促进自身的专业成长和群体的专业成长。

教师交流与共享的主要形式有以下几点。

(1) 说课。指某个教师在课前或课后，向校内外同事或教研人员讲述某节课的教学设计及其依据，听众提问，说课者答辩，共同讨论的一种教研活动。说课一般包括说教材、说教法、说学法和说流程四个环节。一次好的说课，可以从说教材听出说课教师对教材的理解——重、难点抓住了没有，是教教材还是用教材教等；可以从说教法听出说课教师对目标与手段的把握——选用的方法是不是最适合所学的内容，是不是最适合学生等；可以从说学法听出说课教师的学生观是怀疑学生还是相信学生，是控制学生还是引导学生等；可以从说流程听出说课教师对整个课堂的把控思想和能力——是否意识到了课堂的预设与生成，是否意识到了课堂的隐性教育作用等。教师的种种理解，正是他们的实践性知识。

(2) 集体备课。即学校中同一学科的教师聚集在一起，对某教学内容共同研讨，形成大家都遵从的基本教案的过程。在集体备课过程中，大家你一言我一语，从不同的角度讲述对教学各个方面(如知识、学生、教法等)的认识，不同观点、不同思想在相互碰撞、相互质疑中得到梳理和升华，从而实现实践性知识的外化。集体备课形成的教案只是一个基本教案，教师上课前还有一个再加工的过程。这个再加工的过程是一次再思考，一次实践性知识的重整和外化的过程。

(3) 观摩交流。即通过随堂听课或观看录像等，教师之间就观摩到的情境展开研讨、分析和相互切磋，以改进教学方法，提高教学水平。通过观摩同行上课，在对同行课堂教学行为的比较、分析中，在课后与同行的切磋、商讨和互动中，教师切实地感受到别人课堂教学与自己课堂教学不同的内容安排、组织形式、教学风格等，既可学习他人的成功之处，也可通过分析他人的不足之处，汲取教训，以免走弯路。实践表明，新手教师通过跟随、观摩专家教师的实际教学，能够较快获得关于课堂教学的"临床"知识，节省了自己摸索、试误而花费大量时间，从而缩短了专业成长的时间。

【案例3-10】

聚集体智慧，备精彩课堂
——徐州市后姚小学集体备课展示评比活动

海纳百川，一滴水只有融入大海才不会干涸。一个人只有不断学习，才不会停滞不前。为了教师集体备课的交流、互动、共同提高、共同发展，徐州市后姚小学开展了学科集体备课展示评比活动。参加本次活动的有我校校长张强，业务校长李允允以及各学科组教研组长和成员。

首先，业务校长李允允向大家阐述集体备课的目的和意义，学科组成员要将大家的个人智慧转化为集体优势，既要保证教学进度的统一，又要保障教学质量的整体提高。真正的实现资源共享，要有团队合作的精神。"一枝独秀不是春，百花齐放春满园"，只有搞好集体备课，才能整体提高教学质量。其次，根据集体备课存在的问题向各教研组提出了要求，不能只背不研、流于形式，不能将集体备课变成"教案之和""网上教案之拼盘"，照搬集体备课"成果"等，要结合班级实际，创造性选用，杜绝不加选择，"千人一面"的模式。接着李允允校长就备课的环节对大家进行阐述。最后各个学科组分组展示。

在集体备课中，每个成员都各抒己见，无论从复习课的方法、环节的设计、知识的重难点、考点题型等，教师们纷纷说出自己的意见和建议，让主讲教师通过集体备课，抓住复习课的重难点，把一堂精彩的复习课展现给学生，从而使集体备课有明显的成效。语文组主要围绕阅读方法、命题以及写作技巧展开，数学组由具体的练习、实例进行集体研讨，英语组根据学科特点及题型进行分析整理，科学组根据单元整体进行梳理、总结。

总之，集体备课是一项常抓不懈的工作，我们无论是从教材的分析还是课堂教法的研究，在集体备课中，发挥集体的智慧，落实课程改革，整体提高教师的专业素质真正实现有效教学，帮助教师更好，更快的解决在教学中遇到的问题。

(资料来源：徐州市后姚小学. 杨倩倩. 2021-06-23.)

(4) 建立教师博客。教师博客是教师利用互联网的博客技术，以文字、多媒体等方式，将自己日常的生活感悟、教学心得、教案设计、课堂实录、课件等予以归类整理，并迅速地发布，从而在促进教师隐性知识显性化的同时，也实现与他人的及时有效的知识交流与共享。博客具有以下功能：一是个人知识管理系统，将自己搜集到的资料、信息等进行选择、过滤、归类整理，形成个人电子文件夹；二是叙事反思的工具，将自己的教学体会、感想等以日志的形式记录下来，与他人共享；三是信息交流工具，充分利用网络双向互动、动态更新、覆盖范围广的特点，与其他人进行深度交流与沟通。由此，博客正为越来越多的教师所采用，成为教师增加知识储备，完善知识结构，促进自己专业成长的重要工具。

本章小结

本章对教师的专业知识进行了阐述，分别从以下两方面展开。

1. 分析教师专业知识结构的构成。这部分内容先从知识所属和知识存在的角度介绍了关于教师专业知识研究的不同观点，提出了教师从教的知识基础。阐述了教师专业知识结构的基本构成有普通文化知识、专业学科知识、教育学科知识、实践性知识。

2. 探讨教师专业知识结构的优化。提出教师良好知识结构具有综合性、独特性、实践性、开放性等基本特征，提出优化教师专业知识结构可以坚持学习，善于学习、在实践中反思、与他人交流与分享。

思考题

1. 一位合格的教师应具备怎样的专业知识素养？如何形成这些专业知识素养？

2. 良好的教师知识结构应具备哪些基本特征？教师应如何构建良好的知识结构？

3. 实践性知识对于教师专业成长有何意义？教师如何丰富、提升自己的实践性知识？

4. 为什么说阅读应成为教师的生活方式？谈谈你的理解。

5. 开展一次调查，了解教师对博客的认识和使用情况，并分析博客对教师专业发展的影响。

第四章 教师专业能力

学习目标

1. 明确教师的专业基本能力有哪些。
2. 简单阐述教师基本教学能力的内容。
3. 明确教师研究能力的作用和提升策略。

重点难点

教学重点： 阐述教师的专业基本能力都包括哪些内容。

教学难点： 掌握教师教学能力和研究能力的内容。

【案例导入】

北大荒的秋天

当学到北大荒的小河这一段时，突然有一个学生站起来问："老师，'明镜一样的小河'能换成'明净的小河'吗？"我愣了一下，这个问题多少让我觉得有些突然。我没有直接说不能。于是，我给了大家一个提示，在黑板上写了"明镜"和"明净"。果然，一个孩子说："不能，因为两个词虽然读音相同，但意思并不相同。"我为顺利解决难题而沾沾自喜。下课了，一位有丰富语文教学经验的老师对我说："现在，你看这两个词可不可以换呢？"我仔细一想，真的能换！"其实，这两个词的确可以换，但你可以提醒学生注意当'明镜一样的'换成'明净'，才读得通。当然，用'明镜'更形象一些。"我惭愧极了，原来最精彩的地方竟然是自己失误的地方！

思考：

走出失误来看失误，首先，这位教师潜意识里犯了简单武断的错误。要知道一名教育工作者，必须冷静、理智、思维缜密，只有这样，才能更好地发挥引导者的作用，才能敏锐地捕捉各种信息，并恰当地处理这些信息。其次，要想真正出精彩，就要抓住契机，大胆地让学生自己去感悟、辩论，也给自己赢得思考的空间。从教师专业能力的角度考虑，这位年轻教师的失误给我们带来了什么启示？

第一节 教师的专业基本能力

教师的专业基本能力内容非常广泛，这里主要介绍作为一名教师应该具备的阅读理解能力、写作能力、信息处理能力和逻辑思维能力。

一、教师的阅读理解能力

阅读是人获取知识、得到各种信息的重要途径，不会阅读就无法生存。阅读是所有人的基本能力。教师的职业活动中始终存在阅读，而阅读中又有多种能力因素发挥作用，因此，阅读能力是一种综合能力。教师尤其需要具备阅读能力，因为教师需要通过阅读来进行教育教学实践，通过阅读来丰富自己的知识，通过阅读来获得专业发展，教师阅读能力的提高可以更好地帮助学生发展。

阅读能力的基本要求是：理解阅读材料中重要概念的含义；理解阅读材料中重要句子的含意；筛选并整合图表、文字、视频等阅读材料的主要信息及重要细节；分析文章结构，把握文章思路；归纳内容要点，概括中心思想；分析概括作者的观点态度；根据上下文合理推断阅读材料中的隐含信息。

(一)理解阅读材料中重要概念的含义

概念反映客观事物的本质属性。某一事物的所有性质及其同其他事物的关系，是事物的属性，其中，为该事物所特有的并对该事物有决定意义的属性，是其本质属性。重要概念是指与整体文章密切相关或是文章重点论述的一个"概念性"词语。

重要概念一般包括：

——体现作者立场观点的词语。

——表现文章主题思想的词语。

——反映深层含义的词语。

——对文章结构起照应连接作用的词语(代词)。

——比喻、借代、反语等特殊的词语。

——根据语境而作别种义项的词语。

理解重要概念的含义可以从以下几方面着手。

(1) 阅读文章、把握主旨是解题的前提，整体把握文段的内容，是文段理解最基本、最重要的要求，也是理解词语的前提。

(2) 借助语境来推断词语的含义。对于文段中词语的理解，学生应该不仅要理解词语的原意，更要联系上下文，理解词语在句子中的意思。即学生不要把某个词语孤立起来理解，而要把词语放到句子中去理解，甚至放到文段中去理解，即通常所说的"词不离句，句不离篇"。

(3) 结合文体特点、修辞方法来理解词语。不同文体的词语运用是不同的，比如议论文的语言一般感情色彩比较浓，而说明文的语言一般比较客观，很少掺杂感情色彩。同时，一些运用了修辞方法的词语，其意义往往是隐含的，不能从字面意思去理解。

(4) 代词理解的"就近原则"。对文段中代词的理解，要依据上文，由近及远来分析。因为一般来说，代词的位置往往出现在指代的对象或内容之后，所以代词指代的内容，我们应当采用逆推法或顺推法，由近及远地查找。然后将所找出的内容代入原文，检验是否合适。

(二)理解阅读材料中重要句子的含意

所谓"重要句子"，是指在文中起重要作用的关键性语句，如果不理解这些句子，就难以理解文章。"重要句子"通常有下述几种：

——结构比较复杂，对理解文章有影响的语句。

——蕴含文章主旨的句子。

——内涵较为丰富的语句。

——文中的中心句、总结句、过渡句等。

那么，怎样理解阅读材料中重要的句子呢？

(1) 从句子中的重要词语入手。有些句子，只要把其中重要词语的含义弄清楚了，就可以推知整句的意思。

(2) 从分析句子的结构入手。有许多句子，需要分析其结构，如果是单句，先找准主、谓、宾，如果是复句，先找准其第一层，把握句子的基本意思。

(3) 从分析句子在文中的位置入手。句子在文中的位置，对理解句子的含意至关重要。具体来说，如果要理解的句子是总领句，就要结合其领起的范围作分析；如果是总结句，就要结合其总结的范围作分析；如果是重要的过渡句，就要联系其承上启下的文字作分析。

(4) 从分析上下文的语境入手。对句子在文段中的意思，要通过上下文的语境来正确理解和阐释。

(三)筛选并整合阅读材料中的主要信息及重要细节

所谓"筛选"，就是按照题目阅读要求对材料进行分析，准确、快速、有效地辨别并获取命题所要求的信息。所谓"整合"，就是对筛选所得的信息作出正确的认知，根据各信息材料的关系，按照题目要求进行分类集中、重新整合、粗略概括。

筛选信息主要掌握以下几个要点。

(1) 从名词概念出发，提取由名词概念生发的信息或包含概念的关键语句。

(2) 抓住重要的知识概念或重要语句，提取对其阐释的信息，其中包括体现概念和语句内容的若干要点(形成的条件、原因或相关因素)。

(3) 从文章主旨、作者写作意图、观点和情感的角度出发，寻找有关的词语或句子，或者按提供的例句去寻找同类的语句。

(4) 抓住语意含蓄的句子或在结构层次中起重要作用的语句，从上下文提取有关信息并转换，使这些语句的语意具体化和明朗化。

(四)分析文章结构，把握文章思路

文章结构是指对材料的组织和安排的方法，它是思路外在形式的表现。作者对事物内部联系的认识，思维的发展都要通过结构、层次和段落表达出来，因此，文章的结构安排是由思路决定的，思路是结构安排的依据。由于文章的结构和作者的写作思路密不可分，所以在阅读能力的要求上往往是两者并提的。

分析文章的结构有三个方面的要求：

(1) 能够分析段内的结构层次。

(2) 能够分析全篇的结构层次。

(3) 能够在把握结构层次的基础上，根据要求来归纳整理。

(五)归纳内容要点，概括中心意思

所谓"归纳"，就是把具体的内容加以抽象、提炼；所谓"要点"，就是事情涉及的重要方面，"内容要点"就是指材料的主要内容，或者说是材料内容的精要之处。

教师要具备在理解文意的基础上对文段进行归纳总结的能力，具备对文中信息进行提炼和综合，对所述事件或所说道理作出合理判断的能力。

(六)分析概括作者在文中的观点态度

观点态度指的是作者在文中对客观存在的人、事、物、现象、表现、做法等所持有的主张和看法。要求我们能准确分析作者对所论说事物的观点和态度是赞颂还是批评，是完全支持还是有一定的保留。

作者的观点态度，在不同的文章中有不同的表现形式，有的是直接表述的，有的则是分散在多处，需经过辨别、筛选后才能掌握。

二、教师的写作能力

写作能力，是现代人的基本能力之一。写作能力同阅读能力一样，是教师教学实践的基本能力。教师教学活动始终存在写作，教师在教育教学活动中要写作，在教育教学研究中也要写作。教师写作能力的基本要求是：掌握文体知识，根据需要按照选定的文体写作；根据文章中心组织、剪裁材料；具有谋篇布局，安排文章结构的能力；语言表达准确、鲜明、生动，能够运用多种修辞手法增强表达效果。

(一)教师教学活动所需要的文体

教师的写作能力体现在各种文本的写作中。文体，即文章体裁，是写作的形式。由于教师教学活动不会用到所有文体，因此也不要求教师掌握所有文体的写作能力。教师要掌握的文体知识，是教师教学活动中需要运用的文体知识，以便能根据需要按照规定的文体写作。

1. 议论类文体

教师教学活动中要求掌握的议论类文体大体有两种：一是一般议论文，二是科研论文。一般议论文指在日常生活或工作中，对日常生活、工作中遇到的具体问题发表见解，且篇幅短小的议论文。这些议论文，可以称为"时评""短评""短论"等，发表观点的"读后感"和"杂文"，都可归入此类。这些文章可以发表在学校的墙报、自办的学习园地上。写得精彩的文章，也可以寄给报社以求得发表。科研论文是呈现科学研究成果的议论文体。教师教学活动要求教师开展教育科研，因而教师有撰写科研论文的需要。科研论文有两个特点：一是这种文体的内容是科研成果；二是由于其内容的特点在写作规范上，科研论文也有自己的特点。因此，科研论文是经过严谨的科研实践和论证，是科研成果的呈现。科研论文要在科学或学术期产生的，不会如一事一议的短论那样一蹴而就。科研论文要在科学或学术期刊上发表，就必须按照期刊规定的论文写作规范来写。具体来说，论题、作者信息、摘要(有时要求中英文)、文献分类、关键词、正文、尾注(或脚注)、参考文献等都有规定。

2. 记叙类文体

教师日常工作中，记叙类文本的写作也是少不了的。为积累教学经验，进行教学研究，可以写教育叙事；平时所见、所闻、所感，也可以写下来；学生办墙报或自己的小刊物，或是学校各种活动需要学生撰写报道之类，也需要教师的指导，如散文、报道等。

3. 说明类文体

教师是科学知识的传播者。教师必须系统地、严谨地传播科学知识，但有时也需要做科学普及的工作，这就要用到科学小品这种文体。

科学小品以科学知识和科技成果为说明对象，但是科学小品不是说明书，科学小品更注意语言的形象性和文学性。因此，科学小品具有跨文体的特征。

4. 应用类文体

教师工作中经常使用的文体是应用类文体。应用类文体的范围极其广泛，包括机关往来的公文。不过，对于教师来说，经常使用的应用类文体主要有计划、总结、调查报告、述职报告等。

(1) 计划。学校教学活动不是随意进行的，教师的教学工作也不是随意进行的。在学期之初、学年之初，拟订一个计划，是教师的工作要求。因而，教师应当会写计划。

(2) 总结。计划执行完了，就要加以总结，以便后期工作的改进。

(二)写作的构思

1. 议论类文体的构思

一篇好的议论文一定是符合逻辑论证要求的，而运用逻辑论证知识来构思，也容易构建起一篇议论文的论证结构。

逻辑论证要求有以下三点。

(1) 有论点，且是明晰、正确的。

(2) 有论据，且可靠、合理，能证明论点。

(3) 论点与论据之间有论证关系，且符合逻辑推理的原则，这是证明的逻辑。如果是反驳，就按照反驳的逻辑来构思。

2. 记叙类文体的构思

记叙文以人、事物来表达思想，所以构思技巧包括以下三点。

(1) 写人要写魂，即抓住人物的思想品质和性格特点来写。

(2) 写事要典型，虚实结合，设置悬念等。

(3) 写景要做到景中有情、情中有景，水乳交融。

(三)写作中的语言表达

好的文章，不仅构思精巧，中心突出，结构清晰，而且要求语言表达准确、鲜明、生动，并能运用多种修辞手法增强表达效果，语言表达的效果，不是掌握一种修辞手法就可以达到的。语言的运用是写作的艺术，要达到艺术的境界，就要有写作实践，要想写好文章，大量阅读是必需的，练笔也是必需的。这里就增强语言表达效果提出些建议。

1. 议论文的语言表达

议论文语言要简洁、明了。议论文是要让人明理的，因而道理要说得清晰、明白。语言要简洁、明了，用短句，用语，用词不要重复，以形象的语言说理，做到深入浅出，也就是说，见解深刻，但表达要浅显明白。要做到这一点，比喻的修辞手法经常被用到，就是所谓的"打比方"。

2. 记叙文的语言表达

记叙文的语言特点是具有形象性，但好的记叙文也要求语言具有深刻性。语言形象、生动是记叙文的基本要求。记叙文的语言要形象、生动，写作者的词汇量必须丰富，词涩句枯，是写不出生动、形象的语言的。记叙文的语言若要形象、生动，作者就要会描写。无论是白描，还是比喻、拟人、借代、夸张、排比、重复等修辞手法，都能展现一幅让人赏心悦目的画面。

记叙文的语言要生动，还需要将各种语言表现手段加以综合运用。在记叙文中将记叙、议论和抒情结合起来，往往可以收到更好的语言表达效果。写作语言最基本的要求是：遣词造句准确、恰当，合乎语法，不写错别字；句与句之间，段与段之间，衔接自然流畅；文章段落分明，要有条理。

三、教师的信息处理能力

信息是以某种载体形式贮存、传播的文化。信息是人类社会生活的要素，也是教育活动的要素。信息可以使人不断地得到新的文化资源。从而使得自己的能力增强，以更好地解决各种问题。信息能力是信息素养的体现。信息能力包括获取信息的能力、运用信息的能力和处理信息的能力。信息运用能力，是将信息运用于教学活动及研究的能力。信息处理能力是指根据职业活动的需要，运用各种方式和技术，收集、开发和展示信息资源的能力。

教师的信息处理能力主要包括：运用工具书检索信息、资料的能力；运用网络检索、交流信息的能力；对信息进行筛选、分类、管理和应用的能力；运用教育测量知识进行数据分析与处理的能力；根据教育教学的需要，设计、制作课件的能力。

(一)信息检索能力

利用传统的信息检索工具(主要指纸质检索工具)和网络检索工具获取相关信息。

1. 利用工具书进行信息检索

工具书是指根据一定的查阅需要，系统汇集有关的知识资料或文献信息，按便于检索的方法编排的图书文献。工具书的种类很多，一般有字典、辞典、书目、索引、年鉴、手册、年表、图谱、政书、类书和百科全书等。

2. 利用网络进行信息检索

网络技术的发展，改变了人类生活，同时也改变了信息贮存与检索的方式。随着网络技术的发展，图书馆正在向电子化、网络化和数字化的方向发展。电子图书、网上图书馆或数字化图书馆，已经渗透到人们生活中，坐在家里就可以通过网络进入图书馆的数据库，查阅图书。检索和利用网络信息资源已成为教师专业发展的基本技能。

(1) 网上搜索引擎。网上搜索引擎，即网上检索工具。网上搜索引擎实际上是从网络获得信息的程序。当前最具代表性的搜索引擎是"百度(Baidu)"和"谷歌(Google)"。

谷歌的"高级搜索"功能提供了根据关键字、语言、文件格式、日期、字句位置和网域等将搜索范围限制在某个特定的网站中，进而将搜索限制于某种指定的语言，查找并链接到某个指定网页的所有网页，查找并与指定网页相关的网页。还可以查找一些特定网页，百度的"高级搜索"功能与谷歌高级搜索类似。例如，要找诗句"随风潜入夜"的下句，直接搜"随风潜入夜"，即可得到下句。搜索引擎有三种检索信息的方法：按专题检索信息、按关键词检索信息、按地区检索信息。

(2) 网上虚拟图书馆。网上虚拟图书馆，拥有并超过整个图书馆纸质图书的藏量，且检索利用网络，有着极大的便利。21世纪，不会利用网上虚拟图书馆，会落后于时代。

(3) 网上数据库与使用方法。网上的电子图书、电子期刊等就是文献资源的数据库。比较知名有中国期刊网(知网)、万方数据资源系统、超星图书馆等。

(二)信息交流能力

信息能力不仅指获取信息的能力，还有信息交流的能力。网络建立了信息交流新平台，中学教师应当学会运用网络交流工具。当前，网络信息交流方式有E-mail、BBS、MSN、QQ、博客、微信等。

(三)信息分析能力

获取信息的目的在于运用，因此通过文献检索获得相关信息后，需要进行信息的筛选、分类、管理和运用，这就是信息分析的工作。如果获取的信息是定性的，则可以运用逻辑分析的方法来处理；如果获取的信息是数据的，就要运用定量分析法来进行处理。进行信息分析，就是运用科学的理论、方法和手段，在对大量零乱的、无序的信息进行收集、挖掘、加工、整理与价值评价的基础上，透过由各种关系交织而成的错综复杂的表面现象，把握其内容本质，从而获得对客观事物运动规律的认识。

(四)教育测量数据分析与处理能力

教育测量是依据编制好的量表(测量工具)对学生的学习能力、学业成绩、兴趣爱好、思想品德及教育措施上许多问题的数量化测定，测量要具备单位、参照点、量表。教育测量中所使用的量表多以文字的形式出现，也有以图形、符号、操作要求形式出现的。教师主要借助于Excel和SPASS工具进行测量数据的分析和处理。

(五)多媒体课件制作能力

信息技术的快速发展，创新了教育教学手段，多媒体教学应运而生。多媒体教学改变了传统教学的线性信息传递方式，实现了网状沟通及人机交互，使信息传递发生了质的变化。

语文、数学、物理、化学等科目的教学，不再只是语言文字的叙述，或传统教具的演示。课堂扩展为声、图、文并茂和二维动画等近乎超越时空的多媒体表现模式。知识的连接有了类似于人类联想记忆的网状组合结构和检索方式，大大提高了人们阅读的兴趣与效率。

多媒体课件是以现代教学思想为指导，以计算机、多媒体和通信技术为支撑，具备一定教学功能的，以学生为中心的多媒体计算机辅助教学方式。它是现代教育技术在教学中运用的集中体现，课件已成为教师常用的一种教学手段。

1. 多媒体课件的教学功能

(1) 多媒体课件图文并茂、内容丰富多彩，能够更好地方便学生学习。多媒体课件对教学内容全方位的阐述，更能激发学生的学习兴趣，充分调动学生的主动性，真正体现学生的认知主体作用。

(2) 友好的交互环境，调动学生积极参与课堂。多媒体课件由文本、图形(图像)、动画、声音、视频等多种媒体信息组成，所以给学生提供的不是单一的外部刺激，而是多种感官的综合刺激，这种刺激能激发学生的学习兴趣和提高学生的学习积极性。

(3) 丰富信息资源，扩大学生知识面。多媒体课件提供大量的多媒体信息和资料，创设了丰富有效的教学情境，不仅有利于学生对知识的获取和保持，而且大大地拓展了学生的知识面。

(4) 超文本结构组织信息，提供多种学习路径。超文本是按照人的联想思维方式非线性地组织管理信息的一种先进技术。由于超文本结构信息组织的联想性和非线性符合人类的认知规律，所以便于学生进行联想。另外，由于超文本信息结构具有动态性，学生可以按照自己的目的和认知特点重新组织信息，按照不同的学习路径进行学习。

2. 多媒体课件设计的基本原则

(1) 教育性原则。要明确教学目标，突出重点、难点；要具有灵活的教学形式；教学对象要有针对性。

(2) 启发性原则。在课件的设计中要注意以启发式教学原则为指导，可以运用兴趣启发、比喻启发和设题启发等方式。

(3) 科学性原则。课件应能正确表达学科的知识内容。要求对概念的阐述、观点的论证等都符合科学逻辑。运用正确、可靠、与教材一致的学科术语。

(4) 艺术性原则。挖掘教学内容内在的亮点，通过美术设计，巧妙地运用动画和字幕将其表现出来：塑造美观、鲜明、富有表现力和感染力的人机交互界面；要求解说词和背景音乐悦耳和谐，声音处理和画面相辅相成，达到视听同步。

(5) 技术性原则。通过程序中各种数据结构、程序结构、控制技巧及运行的可靠性来衡量和判定。另外，要做到课件的开发环境与运行环境无关。

3. 常用的多媒体课件制作工具

(1) Microsoft Office PowerPoint(PPT)。PowerPoint 是 Microsoft Office 系列办公软件的核心组件之一。它是目前人们教学活动中最常用的制作演示文稿和课件的工具。Power Point

不仅可以制作文字、图片、影音、表格等静态课件，也可以制作动态展示教学内容的动画课件，还可以制作能与用户自由交互的交互课件。

(2) Flash。Flash 是 Macromedia 公司推出的网页动画制作软件，它的功能就是动画制作。以 Flash 作为课件制作工具，主要用于两种情况：一种是作为 PPT 的辅助制作工具，在演示文稿中插入动画，模拟特定的场景，以增强教学效果。另一种是作为独立的课件使用，充分发挥其动画功能，制作的课件能够很好地集成音频、视频、文字及图片。

四、教师的逻辑思维能力

人是有思维的动物，思维把人同动物区分开来。人同自己周围的世界建立起认识与被认识的关系，这种关系的建立是通过思维来实现的。"理性认识是对客观事物的本质、全体和内部联系的认识。理性认识的形式或思维形式就是概念、判断和推理。理性认识阶段就是运用概念以作判断和推理的阶段，也就是思维阶段。"[①]

人们总结的人类思维特点有以下三点。第一，思维具有间接性，即思维并非对客观世界的直接感知，而是通过感知材料经过加工以后形成的。第二，思维具有概括性，即思维超越了个别事物表面的东西，达到了对事物共同本质的把握。第三，思维借助于语言进行，即思维是通过语言来实现的。

帮助人们确保思维形式具有科学性的知识，就是所谓的形式逻辑知识。"形式逻辑是一门关于思维的科学，但它并不研究思维的一切，它不研究思维的具体内容，而是研究思维的逻辑形式及其规律。"[②]

形式逻辑是对思维的形式进行研究，揭示思维形式的规律。思维的形式包括概念、判断和推理。"任何人要进行正常的思维活动都必须运用这些共同的思维逻辑形式和遵守思维的逻辑规律。任何科学都要应用形式逻辑，以便做到概念明确、判断恰当、推理合乎逻辑、论证有说服力，从而构成一个思想有确定性、无矛盾性、前后一贯、有论证性，即合乎逻辑的科学体系。"[③]

逻辑思维能力是指正确、合理思考的能力，即对事物进行观察、比较、分析、综合、抽象、概括、判断、推理的能力，采用科学的逻辑方法，准确而有条理地表达自己思维过程的能力。

教师的思维水平、思维质量不仅影响教师自身的知识水平，也影响教师的教学质量。教师逻辑思维能力培养的基本要求是了解一定的逻辑知识，熟悉分析、综合、概括的一般方法；掌握比较、演绎、归纳的基本方法，准确判断、分析各种事物之间的关系；准确而有条理地进行推理、论证。

第二节　教　学　能　力

课堂教学既是一门科学，又是一门艺术。教学实践证明，课堂教学质量的提高，必须

① 中国人民大学哲学系逻辑教研室. 形式逻辑(修订本)[M]. 北京：中国人民大学出版社，1984.

② 中国人民大学哲学系逻辑教研室. 形式逻辑(修订本)[M]. 北京：中国人民大学出版社，1984.

③ 中国人民大学哲学系逻辑教研室. 形式逻辑(修订本)[M]. 北京：中国人民大学出版社，1984.

在尊重和体现教学科学性的基础上，系统地研究和提高课堂教学的水平。本章将从课堂教学的导课、提问、结课、板书等方面入手，探讨课堂教学的基本技能。

一、导课技能

导课是教师在一项新的教学内容或活动开始前，引导学生进入学习状态的行为。导课虽然在一堂课中只占很少的时间，但是它关系整个课堂教学的效果，好的导课能够引起学生强烈的求知欲，激发学生学习的兴趣，启迪他们的心智，产生学习动机，拉近学生与教材的距离。精心研究导课方法，是每个教师需要重视的首要问题。

(一)导课的方法

1. 直接导课法

直接导课法是一种最为简单、常用的导课方法，就是开门见山，单刀直入，不做过分的渲染，直接揭示课题，在最短的时间内阐明学习目的和要求，点出相关教学内容和教学程序的导课方法。

例如，在讲《光合作用》前，有位教师是这样导课的：

生你者父母，养你者植物(学生笑)。你吃的穿的，呼吸的都是植物给你的(学生哗然)；没有植物，你父母也没有办法给你吃饱穿暖。绿色植物是通过光合作用给你生产吃的、穿的和呼吸的(学生点头称是)。这节课我们要掌握的是光合作用的过程及意义。

教师利用植物光合作用与生活的关系简明扼要地导入新课，使学生很快明确学习内容。

2. 温故导课法

温故导课法是一种利用新旧知识之间的联系，通过温习旧课达到启发新知的导课方法。教育心理学研究表明，在新的教学情境中，能与已有知识建立联系的知识往往更能激发学生的学习兴趣。知识本身具有严密的逻辑关系，各种新知识都是在已有知识的基础上发展起来的。在上新课之前，将所学的知识与学生共同复习，在此基础上顺势导入新课。这既使学生复习了已有知识，又使学生找到了新旧知识的关联，使新旧知识形成一个初步的体系，起到了"架桥铺路"的作用。

例如，人教版二年级下册语文第一课《燕子》，由于这是本学期的第一课，学生经过漫长的寒假，一些知识已经忘记。教师是这样导入的：

先要求学生回忆并背出学过的描写春天的古诗，学生一下子就背出了孟浩然的《春晓》、白居易的《赋得古原草送别》，教师顺势揭题："今天我们也来学习一篇关于春天的课文，只不过它写的是春天的一种活泼机灵的小动物，请大家翻到第一课大声齐读课题。"教师板书课题进入新课。

教师抓住新旧知识之间的联系，通过复习描写春天的古诗导入新课，为学生做好心理铺垫，激发了学生的学习兴趣。

3. 悬念导课法

悬念是戏剧表演常用的方法，教学一开始，教师有意识地设置一些悬念，使学生处于一种急于求解、欲罢不能的状态，促使他们带着问题全神贯注地投入学习。

例如，一位老师在讲《相似三角形》时是这样导入的：

学了这节课，同学们不上树就可以测出树高，不过河也可以量出河宽。

短短一句话激起了学生的新奇感和学习欲望，一个个跃跃欲试，急切地等待老师揭开"谜底"。

4. 演练导课法

演练是数学、物理和化学常用的导课方法，即在上课时，教师选择实物、标本模型等进行演示，或利用做实验、练习等调动学生学习的积极性，引入新课。演练导课比较直观，容易激发学生浓厚的兴趣，便于活跃课堂气氛，有助于学生理解抽象的知识。

例如，在讲《大气压》一节课时就可以采用实验导课：

教师将一只玻璃杯灌满水，用一张硬纸片盖在杯口，再按住纸片把水杯倒过来，问："当手移开后，会产生什么现象？"同学们各抒己见，提出以下几种看法：(1)纸片会掉下来；(2)水会流下来。学生期待看到最终的结果，登上兴趣之舟后进入本节课的学习。

通过实验的方式直观演示，有助于引发学生思考，调动学习积极性。

5. 故事导课法

故事导课法是一种适当运用故事创设情境引入新课的方法。由于故事生动、活泼，富有趣味，所以故事导课是学生比较喜爱的一种形式。这种导课形式不仅能培养学生的思维能力，而且能激发学生对本学科的兴趣。

例如，《重力》一节课教师是这样导入的：

据说孔子周游列国时，一天在鲁桓公庙宇里，发现一个奇怪的水壶，把它丢在水中时会自动灌水，水到一半时壶会自动站立，当水灌满时水壶又会倾倒。孔子看到后对弟子说："人不能自满啊，自满的人没有不摔跤的。"这个道理大家都明白，那么这个水壶是怎么回事呢？这节课我们就学习"浮力"。

教师通过历史典故引入新课，不仅可以创设活跃的学习情境，也可以激发学生的学习热情和爱国热情。

6. 情境导课法

情境导课法，就是教师在教学中利用语言、音乐、绘画等手段，创设一定的情境，激发学生的兴趣，启迪学生思维，使学生不知不觉、潜移默化地受到教育、获取知识。具体、生动的情境，能加强学生的情感体验，带给学生愉快的心情。学生一进入情境，就会与画面、老师的语言产生情感上的共鸣，学起来必然有兴趣。

例如，《生物因素对生物的影响》一节课的导入：

教师在黑板上展示一幅《蛇岛的春天》彩图，用生动的语言加以描述："这是蛇岛的春天，满山春色，鸟语花香，一片生机盎然的景象。但是，你们没想到吧？在这百花盛开的密林里却存在着残酷的斗争。"紧接着，播放一段《动物世界》录像作为引导，使学生有身临其境之感。然后教师引导学生逐步分析这里的动植物以及它们之间的关系。

教师通过图片、视频等直观方式创设情境，在调动学生情感体验的同时，拉近了学生与教材的距离。

7. 游戏导课法

一个好的游戏导入，集新、奇、趣、乐、智为一体，它能最大限度地活跃课堂气氛，消除学生因准备学习新知识而产生的紧张情绪，可以为学生营造一个轻松愉悦的学习氛围。编演课本剧，也属于游戏导课法。特别是中低年级的小学生，注意力集中时间短，稳定性差，分配注意力的能力弱，注意范围小，比较适合这种导课方法。

例如，在教学《找规律》时，可设计如下导入方法：

教师先邀请学生一起做游戏，仔细观察教师的动作：教师拍手一次，拍肩两次，重复做三次，然后问："谁知道接下去怎么拍，为什么？"学生高兴极了，纷纷拍了起来，教师让学生说说他是怎么知道这样拍的。此时，学生已经感悟到动作是有规律的，师生一起边拍边说。接着教师导入，"在我们日常生活中，也有很多像这样按照一定顺序、有规律的排列，今天就让我们一起来找规律。"

游戏符合中低年级学生形象思维的特点，在轻松的活动氛围中，学生初步感受规律，进而探索规律。

8. 审题导课法

教材中有些题目经过作者精心的构思，能反映文章的中心思想或主要内容，可以借助题目，通过分析题目来导入新课。

例如，有位教师在讲《中国人失去自信力吗？》一文时，就是用审题法来导课的：

一上课，教师在黑板上书写了标题：中国人失去自信力吗？然后说：文章的标题是通过哪个词来鲜明表达作者观点的？大部分学生答"吗"。"那么'吗'字前面的论点是否正确？""不正确，是荒谬的。"为了弄清作者的观点，请打开书看课文……

标题是文章的"眼睛"，引导学生抓标题中的关键字词导入新课，有利于展开整个篇章的学习。

9. 比较导课法

教师用现学的知识与以往的知识进行比较，从而导入新课。

例如，在教学《翠鸟》一课时，教师先出示课件：

一身乌黑光亮的羽毛，一对俊俏轻快的翅膀，加上剪刀似的尾巴……问学生描写的是哪种鸟？学生齐答：燕子。再出示课件：一双红色的小爪子，头上橄榄色的羽毛，翠绿色的花纹，背上披着浅绿色的外衣，腹部穿着赤褐色的衬衫，小巧玲珑的身子，透亮灵活的眼睛，又尖又长的嘴……这还是燕子吗？那是什么？从而导入新课——《翠鸟》。

利用新旧知识的异同导课，有助于激发学生的学习兴趣，加深对新知识的印象。

(二)导课的原则

1. 针对性原则

导课的针对性原则，是指教师在教学中要考虑教学内容的特点和学生的特点。第一，导课设计应该以教学内容为基础，针对教学内容的实际需要去设计导课形式，斟酌导课的用语。如果偏离了这个原则，再好的导课也无助于教学的有效进行。第二，导课要考虑学生的特点，不同阶段的学生要采取不同的导课方式。如小学低年级多采用生动、直观的形式，而在中学则采用联想类比、启发谈话等。

2. 启发性原则

导课要有利于集中学生注意力、激发其兴趣，激发其动机，启迪其智慧，尽量做到"导而弗牵，开而弗达"，尽量以生动、具体的事例和实验为依托，引入新知识、新观念。导课能否引起学生积极思考，能否为学生创造思维的矛盾冲突，能否使学生产生新奇感，是导课成败的关键。

【案例 4-1】

启发式导课示例

在教五年级下册《体积和体积单位》这堂课时，我以亲近的谈话交流的方式拉近师生之间的心理距离，启发学生从联系生活中的数学知识，发现数学问题。

师：同学们，老师非常想和大家交个朋友，愿意吗？

生：(非常高兴地齐答)愿意。

师：是朋友就应该相互了解，相互信任。老师想了解一下大家，可以吗？

生：(非常高兴地齐答)可以。

师：我在家里，我的女儿非常爱穿我的衣服，你们在家是不是也这样呢？

生：是的。

师：穿上你爸爸的衣服有什么感觉？

生 1：很大。

生 2：非常宽松。

生 3：很温暖、很舒服。

生 4：很温馨，感觉自己长大了。

……

师：你爸爸穿你的衣服吗？(学生个个很惊讶，大多数笑)

师：你们笑什么？

生 1：我的衣服太小，爸爸穿不上的。

生 2：爸爸太胖，会把我的衣服涨破。

师：你的衣服，你爸爸穿不上，为什么呢？像这样日常生活中看起来非常简单的问题，实际上包含着丰富的数学知识。每个同学都应该善于从生活中发现数学问题。今天我们一起研究"体积和体积单位"，相信通过学习大家会理解的更清楚。

(资料来源：百度文库. 五年级下册《体积和体积单位》课堂导入. 2021-11-22.)

3. 整体性原则

导课不是孤立的教学环节，它与其他教学环节一起构成一个教学整体。在设计导课时，应该有教学的整体性观念，避免为导课而导课。那种仅凭教师兴趣而夸夸其谈的导课是没有实际意义的。课堂教学中要注重导课这一重要环节，并精心设计导课环节，使学生在短时间内稳定情绪，进入状态，让学生有目的地参与课堂教学，实现思维定向、内容定旨、感情定调，最终提高课堂教学的质量和效率。

二、提问技能

提问是教学过程中教师和学生之间常用的一种相互交流的教学技能，是通过师生相互作用，检查学习、促进思维、巩固和运用知识、实现教学目标的一种教学行为。[①]有效提问是提高课堂质量，促进学生思考的重要保证。提问也是教师最重要的语言活动，是教师教学技能的重要组成部分。

(一)课堂提问的类型

课堂提问的类型有很多，从不同的角度可以进行不同的设计。许多研究者对提问类型进行了设计，其中以美国教育家特尼(Turney)创设的"布卢姆—特尼"提问设计模式最为著名。在这种设计模式中，提问被分成由低到高六个不同的层次水平：知识(回忆)水平提问、理解水平提问、应用水平提问、分析水平提问、评价水平提问、创新水平提问。每个层次水平的提问都与学生不同类型的思维活动相对应。

1. 知识(回忆)水平提问

知识(回忆)水平提问，是要求学生通过回忆检索已有知识来回答问题。这类提问一般有两个特点：一是答案具体；二是答案唯一。教师通常使用的关键词有"谁""是什么""在哪里""有哪些""什么时候"等。例如："三角形的计算公式是什么？""中国的首都在哪里？""《西游记》的作者是谁？"知识水平的提问可以用来检验学生是否掌握了所学内容。此类提问留给学生思考的空间较少，学生不需要进行深入思考就可以回答，课堂上不宜过多使用。一般在课堂引入阶段教师检查学生已学知识情况，或课堂讲授阶段教师了解学生对新内容的掌握情况时，适合使用此种提问方式。

2. 理解水平提问

理解水平提问，要求学生用自己的话对事实或事件进行叙述，对照、比较事实或事件的异同，能把知识由一种形式转变为另一种形式。教师通常使用的关键词有"用自己的话叙述""比较""对照""解释"等。例如："你能用自己的话说出课文的主要内容吗？""平行四边形与矩形的共同点与不同点有哪些？"理解水平的提问一般用于检查学生理解掌握知识的情况，帮助学生组织所学知识，进一步加工学习内容。此种提问一般用于讲授新课之后。

3. 应用水平提问

应用水平提问要求学生把所学的概念、规则、理论等知识应用于某些问题。学生要能把先前所学知识迁移到新问题情境之中。教师通常使用的关键词有"应用""运用""分类""分辨""选择""举例"等。这种提问方式在理科教学中常使用，例如：利用加法来学习乘法；由三角形的面积公式来学习平行四边形的面积公式等。它可以用来考查学生对程序性知识的掌握情况，一般在课堂新内容的讲授、练习中常使用此种提问。

[①] 皮连生. 教学设计心理学的理论与技术[M]. 北京：高等教育出版社，2009.

4. 分析水平提问

分析水平提问要求学生运用已学过的知识来分析新学知识的结构、因素，理清事物的关系和前因后果。教师通常使用的关键词有"为什么""哪些因素""什么原理""什么关系""证明"等。例如：教师在讲解《圆明园的毁灭》后，设计这样的问题：课题写圆明园的毁灭，可是课文为什么却用大量的篇幅描写圆明园的辉煌？这种问题要根据所学内容，分析资料，理解知识结构，找出事物间的联系，以确定原因，进行推论。此种提问方式对学生的要求较高，一般适合高年级具有一定分析能力和批判思维能力的学生。教师在学生回答这类提问时，应给予鼓励和帮助，使学生在教师的帮助下提高分析能力。

5. 评价水平提问

评价水平提问要求学生针对材料给出自己的价值判断和选择。这种提问方式是最高水平的提问，它能帮助学生根据一定的标准评判事物的价值，从不同角度认识和分析问题。教师通常使用的关键词有"判断""评价""证明""你认为"等。例如："你认为某位同学的观点怎么样？""你认为这篇文章写得好在哪儿？"学生要对事物进行评价，必须对相应的知识有深入的理解，并能分析、综合所学知识，产生新的知识及发表自己对某事物的独特看法。

6. 创新水平提问

创新水平提问是为了培养学生的求异思维能力，要求学生发现知识之间的内在联系并在此基础上使学生将教材内容的概念、规则等重新组合。它们是开放性的，正确答案不止一个，并且通常不大可能事先预测正确答案究竟是什么。教师通常使用的关键词有"如……会……""根据……你认为……""总结""预见"等。例如："你对这篇文章有怎样的看法？""我们可以通过什么样的方法来提高学习效率？"这种提问方式有利于学生深入思考，对学生思维能力特别是创造能力的培养具有重要作用。这种提问方式适合在课堂讨论、合作学习、探究学习等学习中运用，在提问后教师应留给学生足够的时间去思考。此外，教师应注重学生之间的合作和探究，使学生不仅能综合利用已学知识来解决问题，还能利用同伴资源进行社会构建，用新的想法来解决问题。

(二)课堂提问的原则

1. 综合性原则

前文六个层次的提问都与学生不同类型的思维活动相对应。为了促进学生心理健康发展，在提问时，教师应该兼顾各种类型、层次的问题，不宜偏重某类问题。尽可能在开放性问题和封闭性问题之间保持平衡，在记忆性问题、理解性问题、应用性问题、分析性问题、评价性问题、创造性问题之间保持平衡。

【案例 4-2】

小学语文教学中提问的方法

1. 问在"关键处"

"关键处"就是"牵一发而动全身"的地方，是课堂学习的中心、重点所在，是文眼、题眼、诗眼。出色的教师要明白课堂的关键处在哪里，要善于在关键处设问，切中肯綮，而不是平均用力、到处提问。

特级教师于永正讲授冯骥才的散文《珍珠鸟》一课时，抓住文章开头"真好"一词，提出一个问题："你从文中哪些地方感受到'真好'，好在哪里？"这样的提问，使得课堂教学集中于关键一点，深入下去，突出重点、突破难点，真正达到"一课一得"的目的。

2. 问在"空白处"

绘画艺术特别讲究留白，文章也是如此，要留给读者无限想象的空间，言有尽而意无穷。教师的提问就要瞄准文章的空白处，瞄准学生思维、认识、理解、感受上的空白处。

我在讲授冯骥才的《珍珠鸟》一课时，针对第 4 自然段中空白部分提问："小珍珠鸟一点点与'我'亲近，在这一过程中，'我'可能会有哪些反应与表现呢？"依托这个问题，课堂教学这样展开：首先，让学生仔细阅读文章的相关内容，品味"小珍珠鸟与'我'亲近的过程"，重点体会"哪些文字写得特别细腻入微、生动逼真"。学生自然聚焦到这些细节描写："只在笼子四周活动""一点点挨近""再偏过脸瞧瞧我的反应""索性用那小红嘴，'嗒嗒'啄着我正在写字的笔尖""我用手抚一抚它细腻的绒毛，它也不怕，反而友好地啄两下我的手指"。之后，我让学生找出"我"的反应——课文中只有"见我不去伤害它""我用手抚一抚它细腻的绒毛"两处。于是，学生开始想象当时的情境，补白"我"的反应。学生移情入境，把自己当作作者，补白得生动细腻。最后，我出示原文语段，让学生在对比中进一步体会这些精彩的细节以及细节背后的人物内心世界。

3. 问在"困惑处"

"困惑处"就是学生的疑问处、困难处、似懂非懂处，是学生通过自己的学习思考后仍然疑惑不解之处。有一些问题，学生似乎懂一点，但似乎又并不真懂、全懂；也有一些问题，学生自己以为懂，其实并不真正懂。

我在讲授《宋庆龄故居的樟树》一课时，针对课文题目引导学生质疑，学生根据自己的困惑提出："天下樟树那么多，为什么偏偏要写宋庆龄故居里的那两棵樟树？"我将问题引向深入："是啊，看来宋庆龄与樟树之间，肯定有一些不一般之处。那么，同学们想一想，两者之间有什么内在联系呢？"当学生品读完描写樟树的语段后，我进一步提问："人们怀着崇敬的心情来瞻仰宋庆龄故居，为什么总爱在樟树前留影纪念呢？你能查查宋庆龄的资料，结合课文对樟树的描写，谈谈自己的理解吗？"

特级教师王崧舟在讲授《桃花心木》一文时，结合课前的学情调查，发现许多学生对文章最后总结的道理似懂非懂。于是，他引导学生："为什么在不确定中生活的人就能经得起生活考验，就会锻炼出一颗独立自主的心，就能把很少的养分转化为巨大的能量？"——以这位学生似懂非懂的关键问题统领教学，可以让学生的课堂学习更集中、更高效。

4. 问在"最近发展区"

"最近发展区理论"认为学生的发展有两种水平：一种是学生的现有水平，指独立活动时所能达到的解决问题的水平；另一种是学生可能的发展水平，也就是通过教学所获得的潜力。两者之间的差异就是最近发展区。教学应着眼于学生的最近发展区，为学生提供带有难度的内容，调动学生的积极性，使学生发挥潜能，超越其最近发展区而达到下一发展阶段的水平，然后在此基础上进行下一发展区的发展。

只有针对最近发展区的教学，才能促进学生的发展；而停留在现在发展区的教学，只能阻碍学生的发展。当然，过犹不及——如果完全超越学生的最近发展区，超越学生当下能力发展的上限，就成了无效的教学，难以促进学生成长。

课文《少年王冕》节选自吴敬梓的著名讽刺小说《儒林外史》。课文第 5 段对雨后美景作了具体精彩的描写，许多教师在教学时，总是不停地追问"为什么作者要花这么多笔墨来写景，为什么写荷花？"，希望通过这些问题，引导学生认识到写景与写人的统一。

我听过许多节公开课，大多数学生都回答："写这段美景是为了具体说明王冕被这里的美景所吸引，因此王冕才想到学画荷花，为后面'王冕画荷'的故事情节做铺垫。"这时，教师往往穷追不舍地问："那为什么要写荷花呢？"学生答："因为书上说'正值黄梅时节'，正好是荷花开放的时候。"

教师远未满意，不达目的不罢休："这段景物描写除了过渡到下面情节之外，还有什么作用？写景为的是写人，再想想王冕与荷花有什么共同之处？"每当问到此处，课堂多半会陷入一片沉寂，学生往往什么也讲不出来了。教师只好自说自话，或出示早已准备好的相关资料："荷花出淤泥而不染，是花中君子，是君子的象征。

所以，荷花代表了王冕，写荷花是突出王冕的精神与品格。"有的教师还进一步介绍："王冕是吴敬梓在《儒林外史》中刻画的少有的几个正面人物之一，被作者称赞为'儒林楷模、学者典范'，其他人物则是一些灵魂扭曲、腐化堕落的读书人，因此，王冕就像荷花一样，出淤泥而不染，作者运用象征的手法……"可惜，我观察学生的表情时，他们还是一脸茫然，难以理解教师在讲什么。

这是对最近发展区的"越位"。《王冕画荷》是小学五年级的课文，对于小学生而言，能够联系上下文体悟到"景物描写是为后面的故事情节打基础"，其实就已经达到"在阅读中了解文章的表达顺序"的要求。而这节课的教学目标也不应该是"掌握象征的手法、体会荷花的寓意"，而应该是"在了解景物描写为上下文所起的衔接过渡的作用外，重点学习、体会作者是如何写景的"，以及"这段景物描写何以写得这么美、这么生动、这么有层次，哪些词语运用得特别好"。

荷花"出淤泥而不染"的象征意义，应该是第四学段的"目标与内容"。不仅是因为周敦颐的《爱莲说》到了初中才学到，学生才有相关积累；更主要的原因是，第四学段才有这样的目标，"欣赏文学作品，初步领悟作品的内涵""了解课文涉及的重要作家作品知识和文化常识"。教师一厢情愿地超越学生的年段学习能力和学段目标，人为地拔高对学生的要求，这种做法肯定得不偿失。

5. 问在"学科特质处"

语文学科的独特性即其"特质处"所在，要让学生在课堂上得到一种与众不同的训练——学习语言文字运用，以及以文字运用为中心的表达训练、思维训练。《语文课程标准》指出，"语文是一门学习语言文字运用的综合性实践性课程"，语文课程应"致力于培养学生的语言文字运用能力"，语文教师的提问最终都应自觉地指向这一核心任务与目标。

特级教师于永正讲授《黄河的主人》一课时，紧扣文章最大的表达特色"侧面烘托"。学习了描写黄河的文字后，于永正问道："黄河的主人是艄公，为什么这里要写黄河的气势？"学习了描写羊皮筏子的一段后，于永正问道："黄河的主人是艄公，为什么这里要花这么多笔墨描写小小的羊皮筏子？"学习了描写乘客的一段后，于永正问道："黄河的主人是艄公，为什么这里要写乘客的谈笑风生？"这些提问让学生在思考文章内容的同时，自然而然地体会到文字运用的妙处。

(资料来源：语文学习网，2021-08-22.)

2. 层次性原则

在提问时，教师应遵循从简到繁、从易到难、由浅入深、由此及彼的顺序逐步深入，层层递进，不可忽难忽易，忽深忽浅。问题的层次性应该兼顾两方面因素：一是学生的思维水平，二是知识的内在逻辑。问题力求准确、简洁、清晰，与学生对问题的认知程度相符合，在现有基础上能启发学生的思维，符合知识点之间的先此后彼的逻辑关系。只有将二者整合在问题中，才可以达到降低学生的学习难度、提高课堂提问质量的目的。

3. 公平性原则

课堂提问的公平性，主要体现在提问权上。教师提问时应平等地向每位学生提供回答问题的机会，促使所有学生共同思考。学生的参与度不仅取决于问题的数量，还取决于问题类型，总认为基础薄弱的学生回答不了有难度的问题，长此以往会降低这部分学生的课堂教学的参与度，挫伤他们学习的积极性，加剧学生的两极分化。在课堂教学中，教师应该营造积极、活泼的课堂气氛，鼓励学生提出问题。

4. 反馈性原则

在提问时，教师要慎重对待学生的回答，适当地评价学生的回答，及时给予反馈。评价的方式包括：重复学生的回答，表示予以确认；强调学生的观点和例证，使学生表达的意思更明确；归纳学生回答的观点，对学生的思考和语言表达加以规范；对某一问题进行延伸或追问，促使学生理解。学生回答得不正确，说明学生没有掌握这个内容，也反映了他们学习上的具体困难。在评价学生的回答时，要奖励为主，尤其对于基础较薄弱的学生更要不失时机地对他们答案中的闪光点加以鼓励，消除他们思想上的惰性和心理上的障碍。教师也要给予学生发表不同意见的机会，形成一种和谐、宽松的教学氛围。

三、结课技能

结课是教师在一堂课的最后几分钟对本课教学内容的阶段性了结，是课堂教学中不可忽视的环节。成功的结课，不仅对教学内容起梳理概括、画龙点睛的作用，还能激发学生继续学习的欲望，从而达到"课虽结而意犹未尽"的效果。

(一)结课的方法

根据课堂教学的独立性、相关性、动态性和情境性等特点，结课方法可分为终结式结课、承启式结课、延伸式结课和情境式结课等四类。

1. 终结式结课

终结式结课，即教师在教学结束时用准确、精练的语言，对课文的精要之处进行点化、揭示、总结。其特点是就课论课、戛然而止、干脆利落。

(1) 归纳法。归纳法是一种比较常见的结课方法，即教师在课堂教学结束前用较短的时间，用简明扼要、有条理的语言，提纲挈领地把整节课的主要内容、知识结构、学习方法进行概括、归纳。归纳法结课给学生以系统、完整的印象，使教学内容更为条理化、系统化，便于学生将感性认识上升为理性认识。

(2) 谈话法。谈话法是一种运用对话形式进行结课的方法。谈话法以对话为载体，在师生问答的过程中引导学生层层深入理解所学内容。

2. 承启式结课

无论是课与课之间，还是一节课的各环节之间，联系都是十分密切的。承启式结课，就是抓住课与课之间的某种具体联系进行连接的一种结课方法。就课堂教学的整体性而言，其方式特点是承上启下、藕断丝连。

(1) 悬念法。讲究教学艺术的教师一般都深知："下课是一节课的结束，但最忌讳的是真的结束了。"教师可以在"结课"时使用设立悬念的方法，使学生在"欲知后事如何"时，嘎然而止，给学生留下一个有待探索的未知，激起学生学习新知的强烈欲望，进而产生学习期待。尤其对上、下两节课的内容和形式均有密切联系时，更适用于悬念式结课。但是，悬念式结课切不可泛用，教师一定要具体章节具体分析，制定悬疑点，如此方可起到事半功倍的效果。

(2) 比较法。比较法是把新学知识与原有知识进行对照、比较，找出它们的联系与区别，使学生对所学知识理解更准确、更清晰，运用更恰当。如生物课学完"鸟类的生殖和发育"后，让学生分析昆虫、两栖类动物和鸟类在生殖和发育方式上有哪些相同点和不同点？可采用列表法进行分析、比较，让学生更加明确所学的内容。这既是课结，又是课始。它成了两个课堂的纽带，促使学生运用已知去获得未知，通过部分而知整体，既有联系又有拓展。

3. 延伸式结课

事物是联系的，又是变化的。课堂教学也是如此，其联系并不是孤立的、静止的，而是运动的、发展的。延伸式结课就是引导学生运用本课所学知识向课外延续、向实践伸展的一种教学方式。就课堂教学的动态性而言，其特点是由知识到能力的转化、由课内到课外的联结、由校内到校外的拓展。

(1) 巩固法。巩固法是抓住一堂课的教学重点、难点，通过测验以及作业等引导学生巩固本课知识，以达到知识积累和应用的目的。通过练习，让学生动脑、动口、动手，强化和巩固所学内容，实现知识向能力的转化。

例如：《迷人的张家界》可这样结课：

"同学们，刚才我们兴趣盎然地游览了迷人的张家界，是否觉得意犹未尽呢？那好，课后我们到图书馆或网上查阅资料，了解张家界的其他风景名胜，然后选择自己喜欢的一个景点，设计一段导游词，下次活动课，大家一起'天南地北游一游'，好吗？"

这样结课，既扩大学生的阅读量，又拓展学生思维，让学生把眼光从课内伸向课外，把语文教学与生活实际联系起来，提高了学生的语文素养。

(2) 迁移法。迁移法是把课尾作为联系课内外的纽带，引导学生将所学知识拓展、迁移到现实生活中，为学生开辟"第二课堂"。

例如：《蝙蝠与雷达》一课，在结束时是这样设计的：

"人们从蝙蝠身上得到启示,发明了雷达。你还知道人们从什么地方得到启示,发明了什么?"孩子们争着回答:"人们从荷叶得到了启示,发明了伞。""人们从火药得到启示,发明了火箭。""人们从大脑得到启示,发明了电脑。"一下子举出十多个例子。尽管有的讲得不是十分准确,但说明学生对这个问题非常感兴趣。教师趁着学生兴趣正浓时,又提了一个问题:"你从什么得到启示,觉得可以发明什么?"要求学生积极开展科技小发明、小创作活动。

这样结课,就把学生从课堂上激起的兴趣延伸到课外,沟通了课内外的学习,鼓励学生迁移所学知识,进一步探究新知。

4. 情境式结课

情境式结课是以教学情境为凭借,在课末创设出和谐、浓厚的教学气氛的一种教学方式。就教学的非智力因素而言,其方式特点是以情感人、以意境陶冶人的心灵。

(1) 创设情境法。创设情境法,即充分运用教学语言或教学媒体构成课堂教学的情境,使学生有上课是一种艺术享受的体验、感受。

【案例 4-3】

"平均数、中位数、众数的使用"的结课

在学习"平均数、中位数、众数的使用"这节课时,教师创设了这样一个情境:"在本课即将结束之际,老师很想了解同学们对我的这节课的评价。请你根据自己的实际收获给老师打个分数,记住一定要实事求是哦。"学生听了,大多显得很兴奋和惊奇(这个情境已经触发了学生的兴奋点),教室里稍稍有点乱,2 分钟后,课代表把打分情况汇总在黑板上。

师:"非常感谢大家,请你们通过观察和计算把老师最后得分告诉我,好吗?

生 1:"你得 95 分。"

师:"说说你的理由。"

生 1:"我用众数,因为打 95 分同学最多。"

生 2:"用平均数你的得分是 92.11 分。"

生 3:"我觉得去掉一个最高分 100 分,去掉一个最低分 79,再算平均分这样老师得分 92.22 分。"

师:"很好,这种评分在电视里看过。"

生 4:"用中位数,中位数 95 分处在中等水平,不受最低分、最高分的影响,同时它是众数,又反映大多数同学的想法。事实上打 95 分以上的同学有 29 个,已经超过一半,所以老师您得 95 分。"

师:"如果老师随机问一个同学给老师打了多少分,最有可能回答是几分。"

生:"95 分。"

师:"为什么?"

生:"看众数。"

师:"谢谢同学们,给我如此高的评价,说句心里话,我也特别感谢那位打 79 分的同学,他让我清醒地意识到课堂上老师对他的关注太少,可能老师忽视了他,从这点上讲,

我只能得 79 分，他是一个有主见，而且实事求是的人，我会记住这一分数，并努力在今后的课堂上关心每一位同学的成长，谢谢大家!"

(资料来源：周青. 初中数学情境式课堂结课初探[J]. 中学课程辅导，2014(8): 127~128.)

(2) 拈连移用法。拈连移用法是指借用修辞的"拈连"作用进行结课，把甲、乙两事物连着说时，顺势把原来适用于甲事物的词语拈来巧妙地连用于乙事物。

例如：讲授《质数》时，一位教师在课尾说：

"我国著名数学家陈景润研究哥德巴赫猜想，在国际上享有很高的声誉。现在我们根据已学知识也来做道'哥德巴赫猜想'题。出示 24=(　)+(　)=(　)+(　)=(　)+(　)。请找出不同的三组质数，使它们的和都为 24。"

学生积极动脑，踊跃发言。看似教师信手拈来，实乃匠心独用，教学艺术魅力无穷。

(二)结课的原则

1. 目标性原则

无论是导课还是结课都是为教学服务的，教师应该以教学目标为依据选择结课方式。结课要紧紧围绕教学内容的重点、目的和知识结构等，针对学生的学习状况和课堂教学情境，或对知识总结概括，或对教学内容进一步延伸，扩展学生的知识面。结课的首要出发点是为教学目标服务、偏离了这个方向，就会影响课堂教学的效果。

2. 简洁性原则

课堂结尾不是对教学内容的讲解和重复，语言必须精练、概括，使学生抓住重点、掌握要点。下课在即，结课的时间不宜过长，否则会拖堂。事实表明，学生不赞成拖堂，因为它不仅侵占学生的休息时间，影响学生的身体健康，还会影响下一节课的学习。

3. 灵活性原则

学生注意力的保持时间是有限的，课堂尾声的四五分钟，是学生注意力分散和疲乏的时刻，这段时间，结课的方式应该灵活多样，教师在教学时要根据不同学科、不同课型、不同年级的学生采用不同的结课方式。如果结课形式单一，学生就会感到枯燥，影响学生学习的积极性。

结课的方法有很多，在教学实践中，我们不仅要根据教学内容和对象灵活运用、机智应变，更应根据实际需要探索求新，创造出有效的结课方式，只有这样，结课阶段的教学才能真正提升学生的主体地位，激发学生的创造性。

四、板书技能

板书是教师在教学过程中，配合语言、媒体等，运用文字、符号、图表向学生传播信息的一种教学行为。板书包括主题板书和辅助板书。主题板书是教师在对教学内容概括的基础上，提纲挈领地反映教学内容的书面语言，要求写在黑板的左半部和中部，又称正板书。主题板书是教师备课中精心准备好的。辅助板书是教师为了吸引学生的注意力或是解释难以理解的内容，临时写在黑板右侧的书面语言。这里主要介绍正板书的设计。

(一)板书的类型

1. 提纲式板书

提纲式板书是指运用简洁的重点词句，分层次、按部就班地写出课文的知识结构的提纲或者内容提要。这类板书适用于内容比较多、结构层次比较清楚的教学内容。其特点是：条理清楚、从属关系分明，给人以完整的印象，便于学生加深对教材内容和知识的理解和记忆。例如《神奇的货币》一课的板书如 4-1 所示。

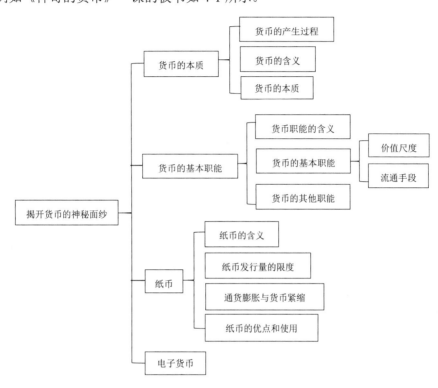

图 4-1　提纲式板书

2. 词语式板书

词语式板书通过摘录、排列教学内容中几个含有内在联系的关键性词语，将教学的主要内容、结构集中地展现出来。特点是简明扼要，富有启发性，能够引起学生连贯性的思考和对教学内容的整体把握与理解，有利于学生思维能力的培养。例如《桂林山水》的板书：

水：静　清　绿

山：奇　秀　险

3. 表格式板书

表格式板书是将教学内容的要点与彼此的联系以表格形式呈现的一种板书。它根据教学内容可以明显分项的特点设计表格，由教师提出相应的问题，让学生思考后提炼出简要的词语填入表格，也可以由教师边讲解边把关键词语填入表格，或者先把内容有目的地按一定位置书写，待归纳、总结时再形成表格。这类板书能将教材多变的内容梳理成简明的框架结构，增强教学内容的整体感与透明度，同时还可以加深学生对事物特征及其本质的认识。例如《物理变化和化学变化》一课的板书如表 4-1 所示。

表 4-1　《物理变化和化学变化》板书

实验编号	变化前的物质	变化时的现象	变化后产生的物质	结论	
				有无其他物质生成	属于什么变化
1	液态的水	沸腾时生成水蒸气，水蒸气遇玻璃片又凝结成液体	变成液态的水	无	物理变化
2	蓝色块状的胆矾	在研钵中研磨后成粉末	变成蓝色粉末状的胆矾	无	
3	银白色的镁条	能燃烧放出大量的热，同时发出耀眼白光，银白色镁条变成白色粉末	变成白色氧化镁粉末	有	化学变化
4	绿色粉末状的碱式碳酸铜	加热后，绿色粉末变成黑色，试管壁出现小水滴，生成气体能使澄清的石灰水变浑浊	生成三种物质：氧化铜(黑色)、水、二氧化碳	有	

4. 线索式板书

线索式板书是围绕某一教学主线，抓住重点，运用线条和箭头等符号，把教学内容的结构、脉络清晰展现出来的板书。这种板书指导性强，能把复杂的过程化繁为简，有助于学生了解事情发生发展的前因后果，对内容有较全面的理解。

例如：讲解《人的消化》一课时，教师可设计以下线索式板书如图 4-2 所示，使教学内容条理清晰，一目了然，便于接受。

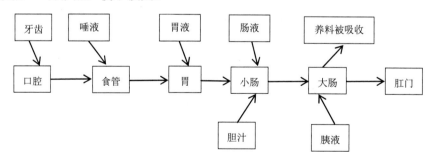

图 4-2　线索式板书

5. 问题式板书

教师可以将教学内容设计成问题的形式，给学生留有思考余地，更好地激发学生积极动脑，主动地获取知识。例如《群英会蒋干中计》一文中，课题只标明了中计者的姓名，而没有标明谁用的计。上课伊始，教师可以引导学生设计如图4-3板书，以引导学生阅读课文。

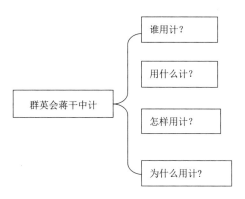

图4-3　问题式板书

6. 分析式板书

分析式板书，是从教材的层次结构出发，逐步分析教材内容的板书形式。这种板书形式以直观图形表达思维过程，其逻辑关系直观明了，便于学生掌握，如图4-4所示。例如，有一道数学应用题：两个筑路队修一条公路，甲队每天修650米，乙队每天修520米，两队合修18天，共修多少米？设计以下板书，可以使学生很快地解题。

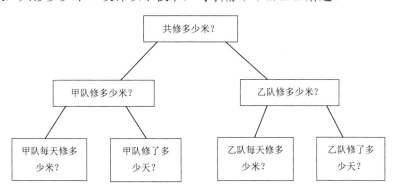

图4-4　分析式板书

7. 图文式板书

教师边讲边把教学内容所涉及的事物形态、结构等用图画出来(包括模式图示意图和图画等)，形象、直观地展现在学生面前。这种板书图文并茂，容易吸引学生的注意力，激发学习兴趣，较好地培养学生的观察能力和思维能力，如图4-5所示。

如讲解《桂林山水》一课时，教师通过以下板书把"桂林山水甲天下"形象地展现在学生面前。

8. 辐射式板书

以某一知识点为辐射源，向四面八方散射开去的板书。如在教小学一年级思想品德课《冬冬有礼貌》时，教师可采用板书把冬冬的礼貌用语全面地展现出来，如图4-6所示。

以上板书形式，有时是互为交叉的，在设计板书的时候，不可能孤立地只用一种形式。需要注意的是，所介绍的某一课的板书形式，不能理解为只能有这样一种板书模式，这里介绍的只是某种板书应具有的框架格式，对某一教学内容来说，不应是固定不变的。

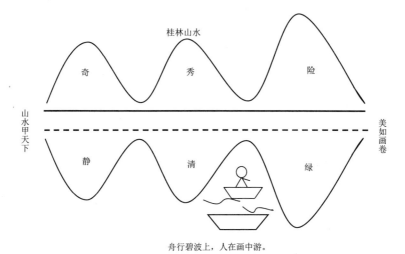

图 4-5　图文式板书

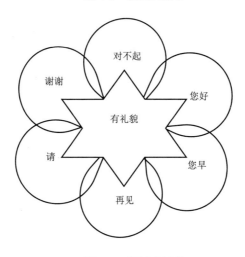

图 4-6　辐射式板书

(二)板书的原则

1. 准确性原则

好的板书，是一个"微型教案"，可以帮助学生理解教学内容，培养学生的分析、概括能力。板书设计应遵循教材的逻辑顺序，紧紧把握教学的重点和难点。一般说来，应抓住以下重点内容：

(1) 能引导学生思路发展的内容，如必要的标题、问题的衔接和核心点。

(2) 能引导学生由形象思维向抽象思维过渡的内容。

(3) 能引导学生产生联想，便于记忆的内容。

2. 适时性原则

板书呈现的适当时间是，教师讲解到某部分时，立即写出相应的板书，即边讲边写，这种板书的方式特别适用于教授新内容。由于教学任务不同，每位教师在使用板书时，具有很大的灵活性。可以先讲再写，可以先写再讲，还可以边写边讲。

先讲再写是教师先进行详细的讲解，再对教学内容总结、归纳，展示板书。这时，板书起到总结的作用，加深学生对问题的理解，有一定难度的教学内容适合使用此法。先写再讲是先完整地展示板书内容，教师再进行详细讲解，这时，板书主要起引导学生跟随教师思路的作用，一般在理科教学中，教师要讲解例题时，基本上采用此种板书。而边讲边写的板书能起到控制作用，能吸引学生的注意力，激发学生的兴趣，使教学内容的思路、教师的思路和学生的思路同频共振。可见，呈现是否适时，直接影响学生的学习效果。

3. 规范性原则

规范的板书设计应注意以下五个问题。第一，板书在色彩的使用上要注意协调和醒目。关键字词教师应使用彩色的粉笔书写，以提示学生注意。第二，板书的空间布局要体现整体性。板书的标题、内容的先后与详略，各部分板书的空间排列，主板书、副板书的空间位置等要仔细考虑，切忌随意涂鸦，破坏整体性。第三，板书设计要注意使用留白。并不是板书所有的内容都要写实、写满，适当地留给学生一些思考的空间，让学生自己去探索空白的内容，使学生进行深层次的认知加工，加深对知识的理解和掌握。留白一般设置于教学的重点、难点、关键点、对比点，起到引起学生注意并引发学生思考的作用。第四，板书用语要规范，板书用语既要简约，又要合乎逻辑，合乎语法规则，避免语病。第五，板书的写与画要规范，文字要正确，字迹要工整，图形要准确。

第三节　教师研究能力

研究能力.mp4

教师工作的对象是充满生命力和个性的青少年，传授的是不断变化的科学知识和人文知识。所以，教师不能千篇一律地、机械化进行教育，而是要不断反思、探索自己的工作，灵活机智、创造性地开展教书育人工作。教师应该积极地参与教学研究、教学实验与改革，不断地提高自身的教育理论水平和教育质量。

教师的研究，不仅是对科学知识的研究，更是对教育对象即学生的研究，对教师和学生交往的研究等。这都需要教师终身学习，更新自己的知识结构，以便使教育教学建立在更宽广的知识基础上，适应学生的个性发展、自己的专业发展和教育教学改革的需要。

当前，教师也在尽力探索适合自己的工作方式，搜寻着与教育实践质量提升相一致的研究成果的表达方式。教育日志、教育叙事、教育反思等，都是比较常见的表现形式。这些形式，或自由表达，或理性提高，或问题取向，或直抒胸臆，是教师进行专业研究的基本形式。

一、教育日志

教育日志，也称为教学日志、研究日志、工作日志、教师日志。教育日志作为表述教师研究成果的重要形式之一，引起了教师的极大重视。以往，人们常常有意无意地把这种研究方式排除在专业研究之外，觉得写写日记，做做记录，难登大雅之堂，算不得专业研究。如果我们认可教师的研究是对自身实践所做的持续不断的反思，根本上不同于专门研究者的研究，那么，就没有理由不把日志这种形式纳入专业研究的范畴。因为，日志是教师对教育生活事件的定期记录，在教师把真实的教学场景转化为文字、语言加以记载的时候，教师也在梳理着自身的行为，有意识地表达着自己。国外的一位中学教师，曾经这样来描述日志伴随自己成长的经历："日志是一种有价值的工具。我经常读读过去的一周发生了什么，能够注意到一些关于我教学的事情，例如有用和无用的教训。我每周做四次记录，这看起来，能够使我专注于教学实践问题。"

通过撰写研究日志，教师可以定期回顾和反思自己日常教学的情境。在不断地回顾和反思中，教师对教育教学事件、问题和自己认知方式与情感的洞察力，也会不断得到加强。具体而言，教师将会更加深入地理解学生的问题，从不同的维度来认识教育中的特殊现象；教师将更加了解自己是如何组织教学的，了解最适合自己的教学方式，了解如何获得支持教育教学的各种资源等。与其他的研究方法和成果表现形式相比，日志的撰写最为简单、便捷，可以说是随时随地都能进行的。

一般地说，日志不仅仅是罗列生活事件，还通过这些事件让教师更多地了解自己的思想和行为方式，了解自己教学实践的变革和专业发展的轨迹。日志通常需要每天或者几天记录一次，至少每周记录一次。在日志中，记录的是教师实践中和教师专业发展中，所观察到的、所感受到的、所解释的和所反思的内容，是教师所见所闻所感所思的自由写作。日志的主体部分是教师对观察的记录和白描。每次撰写日志，都包含一些基本的信息，如事件的日期、脉络性资料，即时间、地点、参与者以及其他看起来可能重要的研究信息。如果以这样的方式来记录日志，日后重读日志，会大有收获。

日志常用的形式包括备忘录、描述性记录和解释性记录。这三种形式在记录的侧重点以及文体的表现形式方面有一定差异：备忘录很多时候等同于一篇日志，而描述性记录和解释性记录，通常只能作为一篇日志的组成部分。

1. 备忘录

备忘录是最常见的日志形式。它通过研究者去回忆、写下特定时间的经历，而再现教育实践中的生活场景。在备忘录中，通常有比较明显的时间提示。在撰写备忘录时，要注意以下几点。

(1) 在一个事件后，备忘录越早写越好。

(2) 在靠记忆写备忘录前，不要和任何人讨论，因为这样，有可能影响自己的记忆。

(3) 最好是依照事件发生的先后顺序写记录。完整记录很重要，所以日后想起任何片段，都可以把它附记在后面。

(4) 可以在活动过程中缩写符号、言语来简要记下一些重点，可以摘要记录某一时间段，有助于记忆。

(5) 早一点进行回忆，记忆会更清晰。写得越晚，需要的时间越长。

【案例4-4】

教室 8:15 语文课

七彩的课堂(每天课前5分钟)总是弥漫着花的馨香、草的翠绿,小家伙们都说他们是七彩的孩子。是呀!七彩的孩子总是有七彩的梦。"放飞你的希望在春天的早晨,让春姐姐的花瓣雨长上翅膀……"我告诉孩子们:"你们的希望一定是多彩的。"一会儿,孩子们的话匣子打开了:

"我的梦想是全世界的闹钟都走慢一点,这样,我的美梦就不会被吵醒了。"

"我希望月亮是我家的电灯。"

"如果我的梦,是常人想不出的萤火虫,亮着灯光,在老师的窗前。"

"我希望妈妈的嘴巴变小,骂我的时候,声音就不会太大。"

"月亮的梦是弯的。花儿的梦是红的,小草的梦是绿的,奶奶的梦是老的。"

我告诉他们:有梦的孩子就会飞。语气中饱含着自豪、钦佩和共勉。

办公室 9:10

改了20本《语文伴你成长》,虽然只完成一半,但成就感依旧悄无声息地滋生。看来,人的需求层次不是特别高深莫测。读了几则我和学生在作业中的对话:

① 几日不见,白云姐姐和陈老师都认不出你的字了,好样的。(老师)

我也发现进步了,谢谢老师。(浩川)

② 这么棒的书法作品,为什么只给自己四颗星?(老师)

因为我不够优秀,所以另一颗星跑了。(沈超)

③ 你猜猜今天的苹果姐姐是伤心,还是快乐呢?(老师)

是快乐的,因为我今天很开心,妈妈带我去肯德基。(静茹)

④ 小主人,忘了写作业啦?我很难过!(老师)

对不起,我昨天看电视了,我下次再和您小手牵大手(拉手),说到做到。(慧娟)

大院子 9:45

这些小家伙,老是能把吃点心的盒子敲出那么刺耳的音乐来。他们笑着,挤着,好像不是等着我给他们盛点心。

孩子们玩着古老的"闯关"游戏,一会儿便笑倒在地上。害得旁边的我心惊肉跳,好几次我都念叨着,不让他们做这种"可怕"的让老师惴惴不安的游戏。一个小女孩一本正经地说:"老师真的太慈祥了,我们答应您只在草地上轻轻地玩。"我吃惊地发现,不知从什么时候开始,孩子们的各种游戏不再令我痴迷,其实这是我告别童年的一个确切标志。

(资料来源:福建省厦门市同安第二实验小学陈束贤撰写.)

以上这个案例是作者一天经历的备忘录。在这份备忘录中,事件发生的时间、地点的体现是十分鲜明的。可以看出,这是作者当天晚上对一天事件的回忆记录,而且是按时间的前后来记录一天中发生的许多事情。我们也可以发现,在这篇备忘录中有不少简单的语句,并用只言片语来记录一些重点。例如,"语文课""放学了""备课"这些词语。此外,这篇备忘录虽然经过整理,但还是保留了一些自由写作的痕迹。

2. 描述性记录

描述性记录包含研究活动的说明，教育事件的描述，个人肖像与特征(如说话与动作的风格)的叙述，对话、手势、声调、面部表情的描写，时间、地点的介绍等。而作为参与行动的人，特定的情境、个人的言行，当然是描述的重要内容。在任何描述的段落，细节的深描比摘要记录更重要，典型的事件比一般的事件更重要，活动的描述比活动的评估更重要。

同样需要强调的是，任何时候，有人说了什么话，最好直接记录，并用引号表示，或者用独立的一段文字说明。即使当时的情景不允许即时记录，也要尽可能在事后第一时间凭记忆细节、研究对象的话语记录下来，用来描述一个人、一个群体、一个情境的文字与措辞，最能呈现其特性，最能从中反映个体或群体行为背后的态度，然而，想要达到最好的效果，只有尽可能地精确记录。

【案例4-5】

早上，窗外的阳光有点朦胧。

灌了一碗豆浆，快步向学校走去。一辆辆自行车从身边疾驰而过。"老师您好"的问候声，在早上的阳光里飘荡。

今天我值班，到年级各班检查了"早读"和"晨扫"后，拿起教科书备课。今天，我要教《我为少男少女们歌唱》，理了理上课思路，我想到了一个学生。"今天的诗歌朗读要让××表现表现，好久没有听到他在课堂上快言快语了。"我有点兴奋，"用这首充满青春活力的诗，来唤醒他的学习热情，拂去他这一阶段的消沉和忧伤。他期中考的成绩太不尽如人意了。"

伴着上课铃声，站到讲台上。播放《我为少男少女们歌唱》的录音范读，学生齐读全诗，略加范读指导；学生自由朗读"现在，请××同学朗读。"我向他投去鼓励的目光。一秒、两秒、三秒……好一会儿还不见他起来。"许××"我的音量略有提高。他不情愿地站起来。"老师，我不愿意朗读。喉咙有点疼，再说，我有权利选择不读书……不等我反应，他已经坐下了。全班同学的目光都聚焦到我脸上。我微微一笑："我尊重你的选择。现在请另一个同学来朗读。陈××，你来，好吗？"课上得还算开心。下课铃响了。我走到许××的身边，暗示他跟我走。

走廊上，我把手放在他的肩上。他跟我差不多高。正要开口，他抢先说了："老师，我不是故意顶撞您，我……"欲言又止，又低头。

"老师不是批评你。你说得没错，你有权利选择读书方式。但是，以后课堂上要注意语言表达方式……"

"老师，可能没有以后了。"

我不解地看了看他。"你期中考试成绩很不理想，前阶段，上课老是走神儿，是什么原因？老师是想用这首诗来激发你学习的热情，课堂上能积极发言。"

他抬起头，看了我一眼，眼角有点泪光。

"我最近忙着准备迎接"两基"验收的材料，没时间找你聊天，晚上到你家，找你父母聊聊，怎么样？"

"谢谢您的关心！老师，您去了也没用！"

孺子可教，言语不那么生硬了。

他继续说，并且有点激动："晚上，我父母没空，您不要去了。"

"为什么，给老师一个机会吧。"我拍了拍他的肩膀，他无奈地答应了。

(资料来源：福建省东山县石斋中学黄建成撰写.)

上述案例，也是一篇日志，描述的是黄老师在课堂上发现许××的问题，以及课后的师生交流。日志中，黄老师记录了大量的对话，也适当地描写了讲话者的神态和动作等细节。例如，日志中有这样的描述："我的音量略有提高。他不情愿地站起来。""他继续说，并且有点激动。""我拍了拍他的肩膀他无奈地答应了。"这些细节的描述，为了解当时发生的事件提供了较为具体的信息。

详尽记叙事件场景，有两点值得注意：第一，要重视日常观察。日志的写作始于观察，并把观察到的事实记录和表达出来，就大致形成了教育日志。在日志文字表述中，要尽力把零碎的片段和事件整合在一起。第二，对于需要记录的一些重要细节，最好在口袋里准备一本小本子，做到及时记录。在很多时候，不要过于相信自己的记忆，如果时间许可，越快记录越好，记得越详细越好。即使是只记录了只言片语，对日志的撰写来说，也是很有帮助的。如果是过了一段时间再来写日志，可以着重描写记忆中特别深刻的细节。

3. 解释性记录

在日志中，除了描述性记录，还有解释性记录，如感受、解说、思索、推测、预感、假设以及反思等，也包括理论的阐述。

任何日志的撰写都宜于日后重复阅读，如此可以发现和修正错误，许多事也会变得更为清晰。在重复阅读所写的内容时，会比在撰写时更容易判断哪些资料是重要或是不重要的。同时，也可能会发现某些观念之间的联系，通常一些新的体悟也喷涌而出，开放式问句会浮现，并且容易看到哪些仍然是学生要去做的事。原先在文章中的思想表达，可能被重新构建。

通常而言，解释性记录不能单独构成一篇完整的研究日志。解释性记录可以是一个短句或几个短句构成，也可以由一个段落或几个段落组成。

对于教师专业研究成果的教育日志，撰写时还需要注意以下几点。

(1) 有些教师不喜欢写教育日志，并不是因为他们没有能力撰写而是因为习惯性因素的阻碍。要破除这些障碍，最好的方法就是硬着头皮去写日志，在撰写日志的过程中，体会日志带给研究者在整理思路、积累资料等方面的重要作用。同时，以写日志的方式获得成就感。当然，要达到这样的状态，需要长期努力。

(2) 日志具有隐私的特性，其中有些内容，不宜直接公布于众。当教育日志出版时，对于其中的隐私部分，必须征得研究对象的同意，或者做一些隐私保护处理。

(3) 要注重分享。如果可能的话，教师可以和同事分享日志。可以是直接给同事看，也可以在休息时与别人讨论日志内容。这是因为，通过与别人的讨论和交流，可以帮助日志撰写者理清思路，找到解决问题的方法。这是由于撰写者通常是"当局者"，往往会"迷"于事物之中，难以看到问题的本质。

(4) 教育日志的书写要持续(两次记录的时间间隔不能过长)地写，不能"三天打鱼，两天晒网"，最好每天或隔几天安排一个特定时间来写教育日志。教育日志的撰写，可以紧紧围绕某个主题，也就是说，可以结合某个研究的重点来写作。例如，可以探究某种教学方式对调动学生积极性的影响，每一节课，可以就这种教学方式引起学生的变化、自己的感受、课堂气氛等来撰写教育日志；也可以定期记下与班上某位学生的接触；还可以每天或隔几天记录新接手的一个班级学生的情况；等等。

(5) 撰写教育日志要把事件记录和事件分析结合起来，在形式上有一定质量的分析。如果用笔记本来记日志，要在笔记本每页的右边留下一些空白，日后整理日志的时候，这些空白处可用来记录新增的内容，比如变化、附录等相关信息，而且，在对日志资料进行分析时，也会有所用。在这些留白之处，可以简单记录一些分析，这部分内容可以作为这一段记录的解释。如果是直接用电脑来记研究日志，日后整理日志时，新增的内容，可以用不同的字体标出来。需要强调的是，对日志记录做一些暂时性的分析是非常必要的。这样做可以减少研究的最后被资料"淹没"的危险，而教师在对资料进行分析时，有时需要发挥直觉的作用，而不能仅仅依靠理性。因为，仅仅依靠理性来分析，很有可能会被烦琐的细节束缚，从而失去偶尔闪现的灵感。

二、教育叙事

近几年，叙事研究是我国教育界颇受关注的研究方法之一，而教师以研究者身份从事叙事研究是其重要的组成部分。教育叙事(教学叙事)可以看作一种研究方式，也可以看作研究成果的表达方式。作为专业研究成果表述形式的教育叙事既指教师在研究过程中用叙事的方法所做的某些简短记录，也指教师在研究中采用叙事方法写作的研究成果。

(一)教育叙事的特点

叙事长期而广泛地存在于日常生活，在文化艺术领域，其是人们表达思想和情感的主要方式，也是人们基本的生活方式。它陈述的是人物、宇宙空间各种生命事物身上已经发生或正在发生的事情，是人们将各种经验组织成有现实意义事件的基本方式。简单地讲，叙事就是"讲故事"，讲述叙事者亲身经历的事件。

教育叙事，尤其是教师做的教育叙事，陈述的是教师在日常生活、课堂教学、教改实践活动中曾经发生的或者正在发生的事件，也包括教师本人撰写的个人传记、个人经验总结等各类文本。这些"故事"样式的实践记录，是具体的、情境性的，活灵活现地描绘出教师的经验世界，记录的是教师心灵成长的轨迹，道出的是教师在教育活动中的真情实感。

教师自我叙述教育教学故事，既不是为了检验某种已有的教育理论，也不是为了构建某种新教育理论，更不是向别人炫耀自己的研究成果。教师叙事研究的主要目的，是以自我叙述的方式反思自己的教育教学活动，并以此改进自己的教学，不断提高教学质量。

教育叙事研究的基本特点是研究者以叙事、讲故事的方式表达对教育的理解和解释。它不直接定义教育是什么，也不直接规定教育应该怎么做，它只是给读者讲一个或多个教育故事，让读者从故事中体验教育是什么或者应该怎么做。教育叙事研究主要具有如下特点。

第一，叙述的故事是已经过去或正在发生的教育事件。它所报告的内容是实际发生的教育事件，而不是教师的主观想象。它十分重视教师个人的处境和地位，尤其肯定教师的个人生活和个人生活的意义。在教育叙事研究中，教师既是说故事的人，也是自己故事中或别人故事里的角色。

第二，叙述的故事要包含与事件密切相关的人物。教育叙事研究，特别关注教师的亲身经历。不仅把教师置于场景之中，而且注重对教师个人或者学生的行为做出解释和合理说明。

第三，叙述的故事具有一定的情节。叙事谈论的是特别的人和特别的冲突、问题或使生活变得复杂的任何东西，所以叙事不是记流水账，而是记述有情节、有意义的相对完整的故事。

教育叙事研究，非常重视教师的日常生活故事和故事的细节，不以抽象的概念或符号替代教育生活中生动的情节，不以苍白无力的语言来描述概括的教育实事。这种研究方式和成果表达方式，对教师来说，有着显而易见的优点，同时，其局限性也非常明显。一般说来，其有以下七个优点。

(1) 易于理解。

(2) 接近日常生活与思维方式。

(3) 可以帮助读者从多个侧面和维度认识教育实践。

(4) 更能吸引读者。

(5) 使读者有亲近感，具有人文气息。

(6) 能创造性地再现事件场景和过程。

(7) 给读者带来一定的想象空间。

教育叙事的局限性，主要有以下五点。

(1) 一旦与传统的研究方式混淆，容易遗漏事件中的某些重要信息。

(2) 收集的材料，可能不太容易与故事的线索相吻合。

(3) 读者容易忽略对故事叙述重点问题的把握。

(4) 难以使读者有身临其境的感觉。

(5) 结果常常不够清晰、明确。

(二)教育叙事的类型

教育叙事有各种的角度和立场。教师在研究中，可以根据需要来选择和运用。下面是常见的几种叙事类型。

(1) 按照事件发展的时间顺序逐件陈述，注重突出关键部分。

(2) 着重强调个人对问题的认识，夹叙夹议地陈述事件的全过程。

(3) 从学生的角度陈述故事，注意使用学生的语言。

以上三种教育叙事的方式各有特点，第一种注重还原事件的原貌，使用的是白描的记叙方法，尽量原原本本地展现事件本来面貌，但在记叙时，写作者无法面面俱到、事无巨细，而是只关注事件的核心、问题的关键。第二种注重教师个人对事件的判断，虽然它少了第一种方式的客观和平实，但写作者密切关注对问题的看法和感受，无形之中形成自我反省意识和对事件的深层洞察能力。第三种方式，在一定程度上转变了教师角色，是站在叙述对象的立场记叙事件的，翔实、具体、生动、有感染力，它提示我们：多立场、多角度、多侧面记叙教育事件，把握教育事件的每一个细节，使教育叙事成为提升教师教育教学质量的重要前提。

教育叙事的方式很多，除了上述三种方式，也存在其他的形式，如写作者提供的故事，有时就像一幅彩图，可能有清晰的开始和结尾，可能没有；叙述的故事可能从某一众所周知的价值观和认识出发，充满解释和思想的律动，也可能只陈述客观事实，提供事件的某些片段。教育叙事的方式无好坏之分，重要的是要根据所叙述的情况加以选择和运用。

(三)撰写教育叙事的注意事项

教育叙事研究和写作要注意以下事项。

1. 多层面收集资料

教育叙事的写作，离不开丰富的素材和详细的原始记录，而且在资料的收集与整理中，或许会形成教育叙事报告的初步思路。

资料收集的研究方法通常是观察、访谈和问卷。教育叙事研究作为一种质的研究，在收集资料时所使用的具体研究方法主要是参与式观察和深度访谈。在研究中，教师可以密切地接近被观察者，细致地观察研究对象的行为和神情；也可以与研究对象进行非结构性的、自由且较为深入的访谈，把握研究对象的深层信息。

在参与式观察和深度访谈的基础上，教师可以及时地做一些记录，这些记录也可以被看成"教育日志"。通常而言，撰写教育叙事报告需要积累大量的第一手的记录，除教师自己的记录外，还应包括教师的周记、各种活动的图片、相关的文件等。

2. 把握事件的主线

对收集的各种材料进行仔细比较、筛选和辨别，从中发现可用之处，是撰写教育叙事的第一步，接下来要根据故事内容安排的需要将材料连缀起来。而一个完整的故事，应有一个明确的主题，而且，这个主题应该体观相关的教育教学理念，一定是从某一个或一连串的故事中产生。

教师在讲故事的时候，还需要展现真实的自我，展示出具体的、独特的、情景化的日常教育生活。这样，才会使讲述的故事生动、形象、富有感染力，才能紧紧吸引读者的眼球，深深打动读者的心，并引起读者的共鸣，避免落入惯常的经验窠臼，使用大众化的话语产出"千篇一律"的文章。

3. 注重事件细节的描述

教育叙事的对象是教师自己和学生(师生都存在教育事件之中)，所"叙"之"事"，就是教育事件和生活事件。事件在教育叙事报告中，有着极其重要的地位，发挥着不可替代的作用，可以说，教育叙事报告，就是由一系列事件和事件细节组成的。因此，撰写教育叙事报告必须时刻注意回到事件本身，用"事件"来说话，来讲故事。

对事件细节的关注和描述，本身就能给读者提供丰富的意义生成空间。以电影中的叙事方法为例，"电影画面既有一种明显表面内容，也有一种潜在的实质内容。第一种内容是直接的、可以明显看到，而第二种内容是虚拟的，是由导演赋予画面的或观众自己从中看到的一种象征意义所组成的。"与之相同，在教育叙事报告中，对事件细节部分的精雕细琢，除了能使读者了解故事的来龙去脉，还能提供给读者隐藏在由细节组成的画面之中的潜在含义。如此一来，教师通过讲述自己的故事，叙述教育事件，描绘事件细节，就能显现出某种有价值的成分，甚至不需要用过多的理论来阐述事件的意义。

4. 注重对事件的分析阐释

毫无疑问，教育叙事的写作以叙述为主，否则，便不能称为教育叙事。但是，对所叙之"事"进行分析与解释，在很多情况下也是必不可少的。从研究成果的表现形式来看，教育叙事报告，既有对故事细致的描述，又有洞悉事件的深刻阐释；既要把日常的教育现象详尽地展现出来，为读者创设一种身临其境之感，又要解析教育现象背后的教育本质，使平凡的教育故事蕴藏不平凡的教育智慧。

与教育日志一样，教育叙事是教师用自己的语言记叙身边的事情，虽然它没有抽象的概念、专业的词语，显得"理论性不强"，但正是在鲜活的语言和生动的事例中，教师在自我成长和发展着，这也是我们所期待的。

三、教育案例

现在，"案例"已经成为广大教师的常用"词语"。若说近几年来教师专业研究及教师教育领域有什么新动向，案例研究与开发，应该是最突出的代表。案例正越来越密切地与教师教育结合为一体，在教师专业研究中，占据了重要地位，扮演着越来越重要的角色。

(一)案例的运用范围

其实，案例在一定意义上，并不是一个新的事物，对案例的关注，也并不仅限于教育领域，甚至教育领域对案例的研究，远远迟于其他相关的领域。

之所以说案例不是一个新事物，是因为案例所反映的教育事实以及列举的形形色色的教育问题，并不是今天才出现的，有些是以前就出现并存在的，只不过没有用"案例"这个字眼来描述，没有用"案例"的形式来表达而已。案例存在于教育事实之中，隐藏于教育现象的背后，只要存在着教育现象，并且，这种现象中存在一定问题，也就存在案例的素材。既然案例早已存在，那么今天提出案例是否就没有意义了呢？在这个问题上，重要的是要认识到存在事实与观念形态上揭示这种事实，并不是同一回事。将以往案例的实事与现象做"概念化"处理的时候，实际上也是在思想上进一步显示其独特意义和作用的时候。

之所以说对案例的关注研究，并不仅仅局限于教育领域，是因为案例的收集与开发在法学界、医学界和工商管理学界，早已成为惯例。在这些领域中，案例成为专业人员发展不可或缺的中介。一般而言，案例在医学界使用最早，后来，随着社会对法律法规的强调，被引入法学界，现在在法学界中，大陆法系和英美法系的最大区别之一就是后者常常是以案例来立案的。案例引入工商学界，是 20 世纪初的事情，其间，哈佛工商学院扮演着重要角色。培养工商管理硕士，是哈佛工商学院的主要任务，当时，该学院管理者及教师意识到，一味地讲授各种的管理理论，并不为学生所接纳，学生也缺乏相应的兴趣，掌握的相关理论也很不牢固。如果请当地的工商管理人士走进课堂，向学生现身说法，展示自己管理中遇到的种种问题及解决问题的种种对策，学生兴趣盎然，印象深刻。1921 年，律师出身的校长多汉姆注意到案例在管理情境中运用的重要性和可能性，于是推动全校教师写作并使用案例进行教学。到目前为止，运用案例进行教学在工商管理学界最为彻底，案例经典的写作方式对案例本身的研究也主要来自工商管理学界。

目前教育界，教师写作案例，并将案例运用于教师培训是 20 世纪 70 年代的事情。在西方教育理论与教育实践之间存在鸿沟，在这种情境中，教师如何研究，用什么样的方式展示自身的研究就成了一个问题。显然，长篇大论的理论探讨并非教师所长，而生动鲜活的事例，才是教师宝贵的资源。认识到这一点，以发生在教师身边的事件为研究对象的案例，就逐渐进入了研究者的视野。另外，在教师培训领域，西方教育界也遇到了一些问题，一个突出的问题，就是培训效能低下，不能适应教师的实际需要，不能真正培养起教师解决实际问题的能力，并且，教师培训的教学场景与实际的工作场景之间差异悬殊，培训中所教的东西，不能真正运用到实际的课堂中去。培养医生不能简单地让他们背诵理论化的条文，还需要亲身去分析、收集各种各样的病例；培养律师既要让他们熟悉相关的法典，也要能够分析、收集各种典型性的案例；而培养工商管理硕士的成功经验，更是说明案例分析的重要与珍贵；由此，案例也就逐渐进入教育中工作者的视野，成为教师培训重要的工具和手段。

(二)案例的含义

虽然案例已经较为广泛地被不同领域关注，并且其也存在有了一段相当长的时间，对于什么是案例，衡量案例的标准等远没有达成一致共识，即使在案例已经成为"家常便饭"的工商管理学界，也是众说不一、莫衷一是。

汇总相关研究，在案例的理解上，有这样一些方面大致是人们共同认可的。

第一，案例是事件，是对一个实际情境的描述。案例讲述的应该是一个个的故事，叙述的是故事产生、发展的历程，是对事物或现象的动态把握。

第二，案例是包括问题或疑难情境在内的事件。事件只是案例的必要条件，而不是充分条件，换句话说，事件还只是案例的基本素材，并不是说所有事件都称为案例，能够称为案例的事件，必须包含问题在内，也可能包含解决这些问题的方法。

第三，案例是典型的事件。除了"问题或疑难情境"这样一个基本要素，作为案例的事件还需要具有一定的典型性，要能够从这个事件的解决当中说明、诠释类似事件，要能够给读者带来这样或那样的启示、体会。

第四，案例是真实发生的事件。案例虽然展示的是一个饶有趣味的故事，要与故事一样生动、有趣，但案例与故事也有一个根本性的区别，那就是故事是可以杜撰的，而案例是不能杜撰的，它所反映的是真实发生的事件，是事件的真实再现。

概括地说，案例是包含问题或疑难情境在内的真实发生的典型性事件。这一概括性的论述，总体上反映了案例的内涵。从这一概述中可以知道，对事物的静态的缺乏过程描述的，不能称为案例；没有问题或疑难情境的事件，也不能称为案例；没有客观真实为基础，缺乏典型意义的事件，也不能称为真正的案例。

确切地理解案例的含义，是开发案例、从事案例研究的基本前提。如果将案例的含义无限扩大，混淆案例与非案例的界限，案例作为一种独到的研究成果的表现方式，其地位和作用也就大打折扣了。认识案例的基本含义后，还需要进一步明确案例的标准，以便为案例的开发提供可以衡量的基本的参照框架。什么样的案例才是一个适宜的、好的案例？美国的一些学者通过调查，提出了好案例的标准：一个好的案例应该讲述一个故事。像所有好故事的标准一样，一个好的案例，必须要有有趣的情节。要把事件发生的时间、地点、人物等展示出来，当然在这其中，对事件的叙述和评点也是不可或缺的。

一个好的案例，要把注意力集中在中心论题上，要突出一个主题，如果有多个主题，叙述就会显得杂乱无章，难以把握事件的主线。一个好的案例，描述的是现实生活场景，应该反映的是近五年发生的事情，因为这样的案例，读者更愿意接触。一个好的案例，可以使读者有身临其境的感觉，对案例所涉及的人产生移情作用。一个好的案例，应该包括从案例反映的对象那里引述的资料。例如，反映某所学校或某个班级的案例，可以引述一些口头或书面的、正式或非正式的材料，以增强案例的真实感。一个好的案例，需要对面临的疑难问题提出解决方法。一个好的案例，需要有对已经做出的解决问题决策的评价。也就是说，一个好的案例，不仅要提供问题及问题解决的办法，也要有对这种解决问题方法的评价，以便为新的决策提供参照。一个好的案例，要有从开始到结束的完整情节，要包括一些戏剧性冲突。一个好的案例，叙述要具体、有特质。也就是案例不应是对事物大体如何的笼统描述，也不应是对事物所有总体特征所做的抽象的、概括的说明。一个好的案例，要把事件置于一个时空框架之中，也就是要说明事件发生的时间、地点等。一个好的案例，要反映教师工作的复杂性，揭示出人物内心世界，如态度、动机、需求等。

(三)案例的撰写

案例的写作没有一个统一的格式，即使是在哈佛商学院，也没有一个为人人所遵循的模式化的"写法"。但是，从案例所包含的内容来说，一个相对完整的案例，大致都会包含以下几个方面。

第一，标题。案例总是有标题的，总是要借助标题反映事件的主题。有些教师，不给案例定标题，或者标题就叫《案例》，这就不能发挥标题的作用，不能通过标题提供信息，反映主题。一般地说，案例有两种确定标题的方式：一是用事件定标题，即用案例中的突出事件作为标题，如反映课堂教学事件的《哄堂大笑之后》，反映与学生交往行为的《闷葫芦会讲话了》等；二是用主题定标题，把事件中包含的主题提取出来，作为案例的标题，如反映课堂教学过程中，教师受学生启发的《学生给了我启示》，反映教师引导学生行为转变的《化解学生对学校生活的恐惧》等。两种定标题的方式都是可以的，也各有千秋，前者体现的是事件，吸引读者进一步了解事件的信息；后者反映的是主题，能使读者把握事件要说明的内容。

第二，引言。引言也可以说是开场白，一般一两段话就可以了。只要描述一下事件的大致场景，隐晦地反映事件可能涉及的主题。在案例中，之所以有"引言"，一是有些案例篇幅较长，事件以及主题都需要详尽阅读和分析后才能把握，引言可以使读者对案例的事件和主题大致有些了解；二是案例的叙述都相对较为详细，引言可以起一个"先行组织者"的作用，使读者有一种阅读前的"心理准备"。

第三，背景。案例中的事件，是发生在一定背景下的。案例叙述时，对背景的交代之所以重要，是因为对案例中问题解决方法的分析、评价离不开背景，是因为完整地把握事件的原委离不开背景。背景的叙述有两个组成部分：间接背景和直接背景。所谓间接背景，是与事件发生，但是关联程度并不直接的背景；所谓直接背景，是直接导致事件发生，与事件联系至为密切的背景。一些教师善于描述事件，但常常有意无意地忽略对背景的描述，他们把注意的焦点主要集中在问题的发生与解决上。实际上，背景的描述同样重要，不同背景解决问题的方式与方法会有很大差别，而且案例写成以后，读者在分析案例时，也需要参照背景对解决问题的方法做出评论。

第四，问题。案例区别于一般事例的最大特点就在于有明显的问题意识，是围绕问题展开的。在讨论中，需要讲明问题是如何发生的，问题是什么，问题产生的原因有哪些？这部分内容主要是展示问题。在案例撰写的初期阶段，可以较为鲜明地提出问题，让读者直接获得有关发生的各种信息；而随着案例撰写的深入，就需要逐渐把问题与其他事实信息交织在一起，通过读者的分析再确定问题的所在。

第五，问题的解决。问题发现以后，解决问题就成了重要任务。这部分内容需要详尽地描述，要展现问题解决的过程、步骤，以及问题解决中出现的反复挫折，也会描写问题解决的初步成效。这部分内容，一定程度上是整个案例的主体，切忌把问题解决简单化、表面化。案例这种文体之所以与其他文体不同，一个突出的特点就在于它对事实记叙的详细，对问题解决过程的细致描述。当然，在教育教学中也会遇到一些尚未解决的问题，这样的问题形成案例时，虽然真正解决问题的过程还未出现，但是可以把解决问题的种种设想和打算罗列出来，以供读者参考、评论、研讨。

第六，反思与讨论。在工商管理的案例中，大多没有反思与讨论的内容，常是在案例后列出的思考问题中，反映案例作者的一些想法与思考。而教育教学的案例，不像工商管理案例那样由专业研究者撰写，而是由工作、生活在教育教学第一线的教师自己完成撰写案例的过程，也就是对自己解决问题的心路历程进行分析的过程，同时也是梳理自己相关经验和教训的过程。因而，系统地反思自己的教育教学行为，对于丰富教育智慧、形成自己解决教育教学问题的独特艺术、提高相关能力，都是至关重要的。反思与讨论的主要问题有：问题解决中有哪些利弊得失，问题解决中还将发生或存在哪些新问题，在以后的教育教学中如何解决这些新问题，问题解决中有哪些体会、启示等。

第七，附录。并不是每个案例都有附录部分，是否安排附录，要视案例的具体情形而定。附录中的内容，是对正文主题进行的补充和说明，若放在正文中，会因篇幅过长等问题，影响正文的叙述。例如，在以课堂教学改革为主题的案例中，可选取较典型的课堂教学设计，或者选取某位学生的作业置于文后作为附录。

上述案例的内容不是案例的形式结构，也就是说，不是每篇案例各组成部分的题目都按上述来确定，只要在案例相关内容的叙述上，考虑到以上几方面，并按照一定的逻辑结构加以组合就可以了。

(四)案例的作用

每一位教师的教育教学生涯中，都会遇到这样或那样的事情，可能会面对一些学习困难的学生，也可能会面对一些学业成绩优良的学生；有些某一门或某些课程较好，而其他学科薄弱；有的则是认知与情感发展不均衡。教师也会在课内外的组织教学中遇到这样或那样的难题，在与同事和学校管理者交往中有时会应对自如，有时也难免会不知所措。诸如此类的事件，都可以经过一定的思维加工，以案例的形式体现出来，大家共同探讨。可以说，案例性事件，在教学生涯中是层出不穷的，从清晨跨进校门，到傍晚离开学校，都会有一些值得回味的事情。这些事情，就完全可以以案例的形式表现出来，教师把事件转化为案例的过程，也就是重新认识这个案例、整理自己思维的过程。具体来说：写作案例，对教师有很多好处，具体如下。

其一，案例写作为教师提供了记录自己教育教学经历的机会。教师在日常教育教学中遇到的一些事例，通过案例写作再现出来。实际上也就是对其职业生涯中一些困惑、喜悦、问题等的记录。如果说每个教师展示其自身生命价值的主要所在，是在课堂、学校、与学生交往，那么案例在一定程度上就是教师生命之光的记载。在案例中，有教师的情感，也蕴含着教师无限的生命力。每时期、每阶段处理事件的案例，在很大程度上可以折射出教育历程的演变，它一方面可以作为个人发展的反映，另一方面也可以作为社会大背景下教育的变革历程。

其二，案例写作可以使教师更为深刻地认识到自己工作的重点和难点。能够成为案例的事实，往往是教师工作中难以化解的难题，教师自己在对教学经历的梳理过程中，头脑中印象深刻的常常是那些自己感到困惑不解的事实材料。这样一个梳理过程，会强化教师对自己教学能力的认识，让教师把注意力集中在一些根本性问题上，同时也帮助教师认识自己在处理这些问题上所具有的学识还有哪些不足。

其三，案例写作可以促进教师对自身行为的分析，提升教学工作的专业化水平。许多教师只有在期末或年终学校评价自己的工作时，才会系统反思自己的教育教学行为，关于自己教学工作中的"是什么""为什么""如何做"等问题，极少有意识地加以探究，而案例写作，很大程度上可以扭转这种现象。它虽然不是与教师职位的升迁相联系。但是，它通过促使教师反思自己工作中的某些不足来发现某些问题，进而澄清有关问题。这实际上可以大大促进其专业发展，促使其向专业化水平迈进。

其四，案例为教师之间分享经验、加强沟通提供了一种有效的方式。教师工作主要体现为一种个体化劳动过程，平时相互之间的交流相对较少，案例写作是以书面形式反映某位或某些教师的教育教学经历，它可以使其他教师有效地了解同事的思想行为，使个人的经验成为大家共享的经验。通过案例，教师可以知道自己的同事在想些什么，做些什么，面临的问题是什么，提出的问题是什么，相应对策有哪些。在这种情况下，他也会思考，假如他面临同样或类似的问题该如何处理。这种做法，可以形成一种新的教师文化。大家通过分析、小组讨论等，认识到自己所从事工作的复杂性，以及所面临问题的多样性和歧义性，可以把自己原有的缄默的知识进一步系统化，把自己那些只可意会不可言传或不证自明的知识、价值、态度等，通过讨论和批判性分析，上升为意识。

(五)案例素材搜集的途径——实录、访谈

(1) 案例素材的获得，应当是全方位的。

(2) 课堂教学案例素材包括课堂教学实录内容和访谈内容两个方面。

(3) 在案例素材的采集中，与案例当事人建立较为亲密和融洽的合作关系是非常重要的。

(4) 在案例素材搜集时，需要合理使用现代信息技术。

(六)案例资料的分析与整理的重点——确定案例主题

(1) 在搜集到的众多资料中取舍信息、寻找主题。

(2) 案例主题确定的原则。

(3) 案例主题应当是事件发生中最突出、最鲜明的内容。

(4) 案例的主题要有一定的普遍性，能引起读者共鸣，给读者带来启示。

(5) 案例中的矛盾冲突要明显、精彩。

围绕以上案例主题的确定原则，案例开发与编写大致有两种不同的主题确定和选择方法：一种是在广泛搜集案例素材的基础上，从中选择主题；另一种是事先确定好主题，再根据主题内容的要求，有目的地去搜集素材。

一个课堂教学案例的基本素材是课堂教学实录。但是，阅读一篇课堂教学案例，并不是观看一盘教学录像带，由实录到案例的过程是一个再创造的过程。课堂教学案例写作时，应当避免以实录代替案例。将课堂教学实录转化为案例的写作过程，是对实录内容进行编辑、加工的过程，是案例的进一步开发的过程。在这个过程中，关键仍然是突出案例主题、体现事件矛盾冲突，只有这样，才能使案例的典型性进一步凸显出来。

案例的采集和写作过程，不仅仅体现在完成案例，它也是写作者与案例主人公同时发展的过程，是教师进行教学反思的一个途径，也是案例教学的过程。作为案例撰写者与研究者，我们在整个案例资料的搜集和写作中，也感悟到了许多东西，除了以上对案例写作的体会外，也使我们对一些问题产生了进一步的思考，如课堂讨论中，学生主体作用的发挥、师生关系等问题；也更加深刻地体会到，课堂教学改革研究的主阵地在课堂，脱离课堂教学的教学研究是苍白无力的；作为课题研究，教师对于行动研究这种教育科学研究方法的体会，也更加深刻。在如何开发与编写课堂教学案例的研究与思考中，渐渐认识到以下几点：第一，行动研究中的研究问题来自实践；第二，行动研究让行动者多参与到研究中来，实际工作者与行动者共同研究；第三，通过对行动的研究，使教师的教学成为一种改进教育教学的模式和策略；第四，在行动研究中，研究者与行动者共同发展。

四、教育反思

区分一个教师是感性的实践者还是理性的研究者，根本在于教师是否能够对自己的教育教学行为进行持续不断的反思。从这个意义上说，教育反思应该是教师的基本研究行为，涵盖范围广，教育日志、教育叙事、教育案例等无不包括。本书的教育反思概念，更多的是狭义上的，指的是教师以体会、感想启示等形式对自身教育教学行为进行的批判性思考。它不同于日志叙事的一般性的记录和白描，也不同于案例有着明确的问题发现、分析、解决线索，而是在记录教育事实基础上所进行的思考和评判。这种非日志、叙事、案例的形式，在教师的教育研究中占有很大的比重，尤其在研究的初期更是如此。

教育反思是一种批判性思维活动，而把这些思维活动记录下来，就可以视为一种写作文体，它作为研究方式，运用简便，可贯穿教育教学过程的始终，它作为教师专业研究成果的表达形式，写法灵活，是教师专业发展的忠实记录和反映，因而，在教师研究中广泛应用。

(一)教育反思的类型

教育反思应用范围广泛、形式多样，从日常教育教学研究行为来看，至少有以下几种不同的类型。

1. 专题反思与整体反思

专题反思有着明确的问题取向，大多围绕一个特定的问题进行多方面的思考，这种反思目标明确，针对性强，分析也较为深入。在教育教学中，可作为反思对象的专题很多，比如，从教学各构成因素的角度来看，可以是教育任务的完成程度，或是教学内容确定的适宜程度，或是教学策略选择的得当程度；从教学实施的具体要求来看，可以是教学与学生生活实际相联系的程度，或是学生自主支配时间和空间的程度，或是信息技术与学科教学整合的程度等，凡是教育教学中存在的问题，都可以成为专题反思的对象。

有位语文教师围绕学生与文本的互动对自己的教学进行如下反思。

【案例 4-6】

阅读过程中，学生首先与文本开展对话，解读作品字面的意思，通过这种对话，达到与作者心灵的对话与交流，达到与作者就这个世界的某个方面(主题)开展对话与交流的目的。可是，学生的认识毕竟有限，很难达到真正的阅读目的。因此，学生探究文本的同时，教师也应适时地调控，给学生提供帮助和引导，尽可能地架设教材走向学生的桥梁。如在教《白杨树》一课时，由于课文的寓意深刻，离学生的生活实际也较远，要使学生理解白杨树的生命力顽强已属不易，再深一层去领会边疆建设者那种服从祖国需要，扎根边疆就更容易了。这时，我们就必须设法在教材和学生之间，架设一座桥梁，使教材走向学生，把学习的主动权还给学生。我做了这样的尝试：在教学"火车窗外是茫茫的大戈壁，也并不是那么分得清晰，都是浑黄一体"，一段时间后，让学生自己找出重点的句子或重点词语，体会大戈壁的特点，结果学生纷纷道出了大戈壁的荒凉及其环境的恶劣，甚至有个学生在谈及自己的感受时说"假如前面有个火坑，我宁愿往火坑里跳，也不愿意前往大戈壁，因为大戈壁滩是那样的无边无际，苦海无边啊！"当然，这一说法当即就遭到大部分同学的反对，并说他是个"懦夫"。可是，顺着这个观点，学生能较快地领会到白杨树的坚强，以及边疆建设者献身边疆、扎根边疆的伟大精神，于是，我顺着他的思路，让学生自己再去课文中找出描写白杨树的句子读一读，并对比刚才的观点体会，说说自己对白杨树、对边疆建设者有什么看法。就这样，只需找到教材和学生的联结点，让教材走向学生，让学生主动地去探究教材，并且在学生自主探究生成问题的基础上，进行课堂教学的延伸，这样，学生就能很快地领会文章的内涵、文章的主旨，很显然在这样的过程中，学生的阅读理解能力得到了培养。

(资料来源：浙江省东阳市外国语小学 许丽华撰写.)

上述反思，教师以学生与文本互动为主题，围绕新课程标准提出的"学生是探究者，阅读教学的本身也是一个主动探究的过程，阅读时学生个性化行为不应以教师的分析来代替学生的阅读实践"这一基本主张进行的。

整体反思常常不把反思的对象集中在教育教学的某一个具体问题上，而是总体把握教育教学各方面的行为，就其中突出的问题进行思考。比如，一堂课后，教师可以分析自己教学中行为。

其一，这堂课是否达到了预期的教学目标。如果说达到了，标志是什么；如果说没达到，标志又是什么。

其二，这堂课在哪些方面是成功的，在哪些方面还可以进一步改进，后续的教学打算有哪些。

其三，这堂课的教学设计与实际教学行为有哪些差距，课堂上如何处理这些差距，处理的方法是否恰当。

其四，课堂上发生了哪些令我印象深刻的事件，这些事件对我来说意味着什么，我以后需要关注什么。

以上行为涉及教学的各个方面，虽然缺乏专题反思的针对性，但是，可以对自己的教育教学有较为完整的认识，有利于改进日后的教育教学行为。

2. 即时反思与延迟反思

即时反思是教师在教育教学活动结束后，立即对活动过程中的现象、问题或活动的效果等进行反思。这种反思，紧跟着教育教学活动进行，反思者可以在头脑中详尽地再现活动的场景等细节，对活动本身做出分析和评价。

【案例4-7】

一天下午，第一节语文开课不久，我正认真实施教学，讲授的是一篇文言文，发现有个学生将头伏在课桌上。出于对他身体状况的猜测，也由于不想因此而打断教学进程，我没有过多在意。可是，没过一会儿，伏案的同学队伍在壮大，男女生都有，其中，个别学生已经进入半睡眠状态，半梦半醒中不由自主地很快有了鼾声，引得其他学生寻声窃笑，最后哄堂大笑起来。到底为什么学生提不起精神，瞌睡泛滥？或者说，为什么语文课变成了"催眠课"？

课后，我找到那些伏在桌子上的同学，询问他们为何不能坐直听课，他们垂着头述说的理由大多都是昨天晚上睡得很晚，很累。看着他们耷拉着脑袋等着挨批，我总觉得原因没那么简单。

休息时间，我与这个班级其他任课教师交流了班级上课情况，得知理科教师上课时基本没有此类现象。我提到的几位伏案同学有的还是思维活跃反应敏捷的。这样看来，身体因素并非主要原因，也许根本不是原因，我想，或许是他们面对老师有所顾虑的一个借口。很多时候，老师被学生的谎言蒙蔽了，往往是批评教育学生，没有从多方面、多角度去调查研究，反思自我。

于是，我想通过本周的随笔来了解学生对语文课的看法。因此，我不失时机地布置了随笔作业，题为"我眼中的语文课"。从作业反馈的情况，我了解到了诸多学生的真实想法，也找到了问题的症结所在。那就是文言文上课形式与学生的精神状态直接有关。的确，回想以往，文言文教学时，课堂气氛总是死气沉沉，如一潭死水，越来越严重，也就发生了哄堂大笑的一幕……

(资料来源：上海市通河中学，施晓莺撰写.)

上述事例展现的是一位教师在课上注意到学生伏案的表现，并及时对这一现象背后的原因进行调查分析的过程。教师及时发现课堂上学生出现的问题，将问题作为反思的着力点，力求使自己的教学以后避免类似的情况。整个反思的过程与教学问题的发现、分析解决过程共始终，一定程度上强化了教学的针对性和有效性。

有的时候，教师可能由于这样或者那样的原因，不是马上对课堂或其他教育情境中的事件做出系统思考，而是以后结合其他教育事实对其进行综合性的批判性分析，这种反思因其反思时间的滞后，称为延迟反思。

【案例4-8】

在教学过程中，我逐渐发现这样一种现象：学生年级越高，举手回答问题的就越少，进入高中后，几乎没有学生主动举手回答问题了。因此，我在课堂上常常无奈地采取"点将式""火车式"等方式提问。这加重了学生对回答问题的抗拒心理。一些学生也承认自己有心理障碍，手就是举不起来。那么，如何改变这一情况，激发学生的学习积极性呢？

围绕这一问题，我结合新课程的学习，觉得学生在课堂上应该享有一定权利。首先，他们应该有犯错误的权利，在以前的课堂提问中，我一般都比较重视纠正学生的错误，忽视了学生应有的犯错误的权利。其次，学生有自由选择的权利，即有选择回答教师提出问题的权利，对于自己不感兴趣的问题，他可以不回答或拒绝回答。而在以前的课堂教学中，对于我的提问，学生是没有这样的选择权的。最后，学生应该有评价权。过去学生回答问题，主要是我进行评价，作为主体的学生是没有评价权的。这种不合理的状况亟待改变。

(资料来源：上海大境中学美晓晶撰写.)

这位教师的反思，不是事件发生后马上做出的，甚至不是针对某个具体的教育事件的，这种事后反思常常通过汇总多个类似事件后综合分析得出，是对不同事件相同意义的挖掘和整理。

3. 课前反思、课中反思和课后反思

反思可以体现教学的全过程，贯穿在教育活动的始终，在课堂教学实践中，既可以在备课时思考是否遇到什么困惑，是否对教材进行了二次开发，对学生实际需求的估计是否合理，是否为学生留足了实际支配的时间和空间，能否联系实际，实现知识与态度相统一，过程与方法相统一，即课前反思；也可以在上课过程中思考学生在课堂上实际参与的热情与程度如何，师生或生生互动是否积极有效，课上是否发生了意想不到的事情，如何利用课上资源改变原有的教学设计进程等，即课中反思；也可以在上课之后思考课堂教学效果如何，存在哪些需要改进的问题，有哪些需要关注的地方或有什么困惑，课堂上的一些事件对日后的教学有何意义等，即课后反思。

【案例4-9】

高一上学期期中考试后不久，一天下午，我批阅学生的随笔，看到了这段令我诧异的文字"老师，您不要生气，我觉得最近几天，语文课上得沉闷了一些，我总想睡觉。《荷塘月色》完全没有必要上那么多节课，我们很多同学远没有您那样喜欢朱自清，也远达不到您理解的深度。虽然说，语文课上您也让我们畅所欲言，可是，您不觉得那离我们太遥远了吗？什么大革命失败呀，知识分子苦闷呀，我们没兴趣。有那么多时间让我们对这些遥远的事情发表意见，倒不如将这些时间放在一些更有价值的事情上。免得课上不发言，又浪费时间。望老师考虑。"说实话，我当时有些悲哀，也有些埋怨：学生的阅读能力、鉴赏水平到底怎么了？

事后，我到班里做了一个阅读调查，进一步了解了同学们的阅读需要、兴趣，我自己也静下心来反思了一下阅读教学过程，不得不承认学生说得是有道理的。有时候，我将自己的感知强加给学生，限制了学生的自由。或只强调阅读技法，忽视了个体的情感体验；或以群体阅读代替个性阅读；或以作者的感受来人为提升学生的领悟。这种不从接受者的角度引导学生阅读的教学，造成了主体的错位，使学生认为阅读就是应付教师的提问，就是琢磨问题的答案，以致迷失了自己，丧失了阅读兴趣。

经过思考和探索，我开始实践"个性化阅读教学"。个性化阅读，也就是引导学生遵循基本的阅读规律，运用基本的阅读方法，尊重他们阅读习惯、思维方式，允许他们在已有的知识系统、情感体验、智力水平基础上，对作品做或深或浅，或多或寡的感悟，最大限度地发挥他们的阅读能动性。在生生互动、师生互动中实现认知教学、智能训练和人格教育三位一体的阅读功能。"个性化阅读教学"大体采用"整体感知—互动感悟—重点突破—训练语言"的操作策略。作为语文教师，我的主要任务就是根据阅读材料的性质和阅读主体的情趣、心理创设氛围，提供自主阅读和训练的机会与环境。我的这一尝试，取得了较为明显的效果。

比如，《天山景物记》是一篇文质兼美的散文，处处洋溢着浓郁的诗意，我先用一课时，让学生充分阅读、鉴赏品味、互动感悟，然后再用一课时，教学生以文"对""歌"(作对联、写诗歌)，收到了很好的教学效果。第二课时我是这样安排的……

(资料来源：江苏省张家港梁丰高级中学，张兰芬撰写.)

案例中的教师在教学准备阶段遇到了一些问题，从改进教学效果的立场出发，她对自己的教学定位作了重新思考，对自己已有的教学理念作了重新认识，确定了新的教学出发点——个性化阅读教学，从而使教学呈现出新的气象。

(二)教育反思的注意事项

反思本身并不是一件复杂的事情，只要具有批判性分析的眼光善于发现教育教学过程中存在的问题，随时随地都可以开展相关的反思工作，使自己的教育教学活动，变得更有理性色彩。但是，为了使反思更好地为教育教学服务，切实成为教师专业发展的工具和桥梁，在反思过程中，还应该注意以下几个方面。

1. 秉承新教育理念，形成反思参照标准

反思只是教育教学的一个手段，可以用来达到教育教学的目标，成为素质教育的辅助；也可以成为背离素质教育的意识。教师在开展反思活动的时候，要以新教育理念为出发点，以新课程的基本主张为参照点，注意形成反思的框架标准，对教育教学活动进行评判、思考活动。以下案例就说明了这一点。

【案例4-10】

语文课上，通常是一个教师一班学生，坐在一个教室里，以语文课文为范文，进行着或教师讲授，或师生互动，或"茶馆式"讨论等多种形式的教学活动，不折不扣地学习着教学大纲规定的内容。这可以说是几十年不变的课堂教学模式。我们以这种方式实施着教学，也认为学生在学习过程中完成了学习任务。但是，学生的"活学"体现在哪里呢？语

文学"活"了没有？会用了没有？学生的创造性思维到底有没有发展？这些问题常被我们有意无意地忽略了。

新课标、新大纲都指出，语文教学是大语文活动，应突出语文中的参与性，注重创造性阅读。但是，如何在语文学习中体现这一精神，如何在教学活动中灵活把握，把语文教"活"，让学生学"活"，并充分发挥学生的主动性和教师的主导作用，是笔者近来一直苦苦思索的问题。

2. 具有鲜明问题意识，捕捉反思对象

有问题，有障碍才会有思考，有分析，教师在开展教育反思活动时，要注意形成自己的问题意识，要善于在稍纵即逝的现象中捕捉问题，在貌似没有问题的地方发现问题，有问题的系统的反思，是研究性反思区别于日常反思的重要标志。就拿教学来说，如果教师有明确的问题意识，就可能在教学的方方面面发现问题，比如在教学目标方面，可以反思教学目标是否完成，如果没有完成，原因是什么，教学目标设置得是否合理；在教学内容方面，可以反思教材内容重点、难点的处理方法是否适合学生的实际情况，单元教学内容在学科体系中的位置是否合理，能不能补充些新的教学内容，什么样的教学内容是学生感兴趣的；在教学方法方面，可以思考什么样的方法比较适合本节课的内容，学生对于讨论法、小组学习法等是否适应，在选择、使用不同的教学方法时，要注意什么样的策略；在教学程序方面，可思考各个教学环节是否连接得恰到好处，各个环节花费的时间是否合理；在师生互动方面，可以反思教师是否过多地占用了课堂教学的时间，是否过度使用了预设，是否过分地强调了课堂纪律，学生在课堂教学中，是否积极参与，学生在课堂上是否敢于提出不同于教师和不同于同学的看法、观点和问题，学习困难的学生，是否处于师生互动的边缘；等等。

3. 联系已有经验进行综合分析，构建个性化理论体系

反思是针对某一现象或问题进行的，但是并不意味着反思是就事论事的思维活动，它可以完全引申开来，在思维深处将自己以往的经历，包括与他人相关的经历联系起来，或者将已有的理论知识与当下问题的思考联系起来，这样的反思，才更有深度，更能提升自己的智慧水平，丰富自己的教育机制。在教育反思中，反思者要致力于形成自己对问题的看法，提升自己理性分析问题的能力，构建个性化理论体系，而不是一味地认同他人的观点和认识。

如果这位教师能够结合自己的教学实践，不断对课堂讨论与自己的角色定位问题进行反思，就会形成自己的独到看法和认识。这些带有人性化色彩的看法和认识，虽然不会放之四海而皆准，但是对改进自身实践，使自己的教学行为更加具有智慧，无疑大有益处。

4. 要对教育教学行为进行持续不断的系统化思考

偶尔的反思并不困难，也是绝大多数教师能做到的，但是持续不断的系统反思，却不是每个人都可以做到的，作为研究的反思，应该是持续的、不间断的、系统的，它摆脱了零散片段反思的状态，将反思渗入教育教学的全过程，从而很大程度上保证了教育教学的针对性和有效性。

5. 教师要注重将反思的结果用于实践之中

反思本身不是目的，其目的在于切实变革实践，提升教师的教育教学水平。因此，教师一方面要注重对教育教学现象或问题的反思；另一方面，也要将反思的成果用于后续的教育教学活动，不断改进实践状态，增加教育智慧。

 **本章小结**

本章主要阐述了教师的专业能力，从以下三个方面进行叙述。

1. 研析教师的专业基本能力。主要包括教师的阅读理解能力、写作能力、信息处理能力、逻辑思维能力四个部分。

2. 研析教师的教学能力。教师的教学能力也称教学技能，主要包括导课技能、提问技能、结课技能、板书技能等方面。每个方面又进行了具体的分类，各个技能有不同的方法和使用原则。

3. 研析教师的研究能力。一些研究方式和成果的表现形式进入了教师的视野：教育日志、教育叙事、教育反思等都是比较常见的表现形式。这些形式，或自由表达，或理性提高，或问题取向，或直抒胸臆，成为教师立足岗位进行专业研究的基本形态。

 **思考题**

1. 简要阐述教师的专业基本能力有哪些？

2. 谈一谈教师基本教学能力都包括什么？

3. 导课包括哪些方法？结合自己所学学科，完成导课设计。

4. 试根据下面的内容，设计不同类型的问题。

人教版小学语文五年级下册《金色的鱼钩》课文第二自然段：炊事班长快四十岁了，个儿挺高，背有点儿驼，四方脸，高颧骨，脸上布满皱纹，两鬓都斑白了，因为全连数他岁数大，对大家又特别亲，大伙都叫他"老班长"。

请针对老班长的外貌，设计不同问题。

① 利用网络资源，查找并分析优秀教师常用的结课方法。

② 结合自己所学学科，完成一个板书设计。

5. 和同桌交流，探讨提升教师研究能力的作用和策略有哪些？

第五章　教师专业素养

学习目标

1. 了解教师教育理念的相关含义及特点。
2. 熟悉并掌握教育观、学生观和教师观。
3. 了解教育智慧的基本含义、表征，掌握教育智慧生成。
4. 通过人物事例的辅助以及理论的学习，体会教育情怀的价值。

重点难点

教学重点： 1. 掌握终身教育观下的教育观、学生观和教师观。
　　　　　　2. 了解教育智慧的基本含义、表征，掌握教育智慧生成。
教学难点： 通过对教育情怀理论和经典人物的学习，体会教育情怀的价值。

【案例导入】

特级教师于漪曾经遇到这样一件事：有一次，她教《木兰辞》，听到有个学生嘀咕："写得倒蛮好，不过是假的，吹牛。"别的学生也跟着七嘴八舌："同行十二年，这么长时间不知道木兰是女郎，根本不可能。""一洗脚，小脚就藏不住了"。

在一片喧嚷声中，于老师说："南北朝时妇女还不裹小脚。"谁知这个回答还不能消除学生的疑问。

一位学生又问："那么，中国妇女什么时候开始裹小脚的？"其他同学也跟着问："是啊，哪个朝代呢？"这一来，可把老师给问住了，谁会想到从木兰从军竟会牵出妇女缠足的问题呢？

于老师老实地说："这个问题老师也不知道，课后请同学们帮老师一起解决，好吗？"

课后，于老师立即查阅了好些书，方从《陔余丛考》中查到"弓足"的说法，知道了中国妇女早在五代便有缠足之事。后来，她把这一知识告诉学生，学生也为她的求知精神所钦佩。

思考：

无论是一名语文老师还是其他科任老师，教育机智对于每个教师来说都很重要。知识或者经验我们不可能都知道，当遇到像于老师课堂上的类似情况，对我们不了解或者不甚了解的知识，与其用教师的权威压制学生，或者用其他的内容来搪塞学生，不如实事求是地告诉学生，老师现在对这个知识也不太清楚，课上或者课后师生共同解决。让学生感受到老师对知识的尊重，对自己的尊重和责任。同时也可以潜移默化地培养学生实事求是、真诚对人的品质，强化学生的求知和探索精神。

第一节 教师的教育理念

"转变教育理念"是目前教育领域出现频率很高的话语，然而对很多工作在教学一线的教师来说，什么是教育理念，更新什么样的教育理念，剔除什么样的教育理念，树立什么样的教育理念，并不是很清晰或者能够全面理解的。

理念，一般是指看法、思想、思维活动的成果。《辞海》是这样解释的："理念"，旧哲学名词。柏拉图哲学中的"观念"通常被译为理念，康德、黑格尔等人的哲学中的观念是指理性领域内的概念，有时也译作"理念"。

要理解教师的教育理念，首先要弄清教育理念。王冀生教授在《现代大学的教育理念》一文分析教育理念与教育思想、教育规律的联系和区别中，给教育理念下了这样的定义：教育理念是人们追求的教育理想，它是建立在教育规律的基础之上的。他又补充说明，"科学的教育理念是一种'远见卓识'，它能正确地反映教育的本质和时代的特征，科学地指明前进方向，当然，教育理念并不就是教育现实，实现教育理念是一个长期奋斗的过程……"；李萍在《教育的迷茫在哪里？——教育理念的反省》一文中认为："教育理念是关于教育发展的一种理想的、永恒的、精神性的范型。教育理念反映教育的本质特点，从根本上回答为什么要办教育。"；陈桂生教授则认为，教育理念则是关于"教育的应然状态的判断"，是渗透了人们对教育的价值取向或价值倾向的"好教育"观念，我们比较认同陈桂生教授的观点。

教师的教育理念，是指教师在教育教学实践中形成的，对相关教育现象，特别是对自己所教的学科、对自己的教学能力和所教学生的主观认识。它直接影响教师对教学问题的知觉判断，进而影响教师的教学行为。其表现形态就是各种教育观点，比如素质教育理念(教育观)、"以人为本"的理念(人本观)、"全面发展"的理念(发展观)、质量观等。教育理念存在于人们的头脑中，它可以通过各种载体，例如文字、声音及实际教学行为等物化的形式存在。教育理念对不同的教师来说，可以是系统的、完整的，也可以是零散的、局部的。教师教育理念作为教师所具有的一种认识现象或者心理现象，具有如下几个特点。

第一，教师教育理念具有主体性、个体性。它是一种微观的理念，与平时所说的"转变教育理念"中宏观的"教育理念"有所不同。教育理念是教育主体对教育及其现象进行思维的概念或观念的形成物，是理性认识的成果。

第二，教师的教育理念具有情感性和评价性。与知识相比，一般认为理念具有明显的情感参与和主观判断。教育理念包含了教育主体关于"教育应然"的价值取向或倾向，属于"好教育"的观念。

第三，教育理念不是教育现实，但源于对教育现实的思考，是教育主体对教育现实的自觉反映。例如，1999年的一项关于中学教师状况的调查指出，有96.9%的教师认为，"应试教育"必须向"素质教育"转轨，但却有70%以上的教师认为，素质教育虽然重要，却很难做到，实际教育中的教育目标仍是升学考试。因此，理论上它们是理念载体，即理念持有者对教育的清醒认识，是他们关于教育的真知灼见。教育理念之于教育实践，具有引导定向的意义。

第四，教育理念是外延比较宽泛并能反映教育思维一类活动的观念，诸概念共性的普遍概念或上位概念，如教育思想、教育观念、教育主张、教育看法、教育认识、教育理性、教育信念、教育信条等都属理念范畴，而理念本身也包含了上述诸概念的共性。此外，教育理念还以上述概念的外在形式表现出来，以示其抽象性和直观性，如教育宗旨、教育使命、教育目的、教育理想、教育目标、教育要求、教育原则等。

第五，教师的教育理念具有情境性。任何教师的教育理念都是相对于特定的教育教学情境而存在的。脱离了具体的教育教学情境，教师的教育理念就无从谈起。

教育是一个非常复杂的社会工作，涉及的因素很多，因而教育理念的内容也非常庞杂，但是从教育理念的内容结构上看，教育理念主要分为两部分：一部分是核心性的、决策性的教育理念，主要是指教师观、学生观、教育价值观、教育功能观等，这些理念主要指引教育的方向；另一部分是边缘性的、可操作性的教育理念(如学科内容观、学科教学观、教育体制观等。

一般来说，教师的这两类理念存在一定的差距。造成这两种理念不一致的原因主要有以下四点：一是教师对新的、所倡导的教育理念的本质内涵缺乏深刻理解；二是教师可能并没有看到用所倡导的教育理念指导教育行为的必要性；三是教师可能不知道如何将所倡导的教育理念具体运用到教学实践中；四是教师可能并没有意识到自己所采用的教育理念与所倡导的教育理念之间的不一致。

要使所倡导的教育理念与所采用的教育理念一致，就必须了解当前倡导的教育理念是什么，并准确分析采用的教育理念，在教育教学实践中找到恰当的结合方法。

当前我国所倡导的教育理念主要包括：素质教育观，以人为本，全面发展的学生观、教师观、主体观、个性观、生态和谐观、创造观、系统观等。本章我们主要介绍教育观、学生观和教师观。

一、教育观

一般来说，教育观就是人们对教育所持的看法。具有一定知识和经验的人，都会依据自己的知识和经验对教育活动做出判断，从而形成自己的教育观。教育观的核心是"教育为了什么"，即教育目的。人们在一定的

教育观.mp4

社会里、一定的历史时期开展教育活动，必然要思考教育活动"是什么""为什么"，以及"怎样开展教育活动"。对上述问题的回答，就形成了影响一定社会、一定时期教育活动的教育观。

教育观同一定的社会政治制度有关。在不同的社会中有不同的教育观，因此有不同的教育。在少数人统治多数人的社会，教育被认为是为培养统治者服务的。这种教育就是为少数人服务的教育。在社会主义社会里，教育是为人民普遍的教育需要服务的，这种教育是人民的教育。

树立正确的教育观，需要正确认识教育的发展规律，正确认识教育活动的各种内部关系。违背教育发展规律或不能完整认识教育内部的各种关系，都会导致错误的教育观，进而导致错误的教育结果。在我国教育发展中，人们对教育内部各种关系的认识并不一致，甚至出现了把教育活动目的指向考试，也就出现了应试倾向，进而产生了"应试教育"观。

我国现阶段建立了与社会政治、经济制度相对应的教育制度，也形成了相应的教育观。

(一)素质教育观

20世纪80年代正式提出 "素质教育"的概念，由此引发了一场轰轰烈烈的教育改革运动。在这场教育改革浪潮中，教师教育理念的转变成为教育改革的重中之重。真正决定课程的不是书上的各种理念与规定，而是天天和学生接触的教师。尽管专家花了大量的精力制定了课程标准和教材，但具体到学校，是在一课堂上，教师掌控着一切。而教师的教育理念引导着教师的教育实践和教育行为，只有教师真正树立了正确的教育理念，包括正确的学科观、学科教学观、学生观、人才观、质量观等，素质教育才能真正落到实处。

"素质"一词有两种不同的含义。一是指个人先天具有的解剖生理特点，包括神经系统、感觉系统和运动系统的特点，其中脑的特点尤为重要。它们通过遗传获得，故又称遗传素质，亦称禀赋。二是指公民或某种专门人才的基本品质，如国民素质、民族素质、干部素质、教师素质、作家素质等，都是个人后天形成的。

人的后天素质发展离不开先天素质的基础，因此需要把素质的两种含义结合起来理解。那么，素质就既包括先天的生理素质，又包括在后天环境和教育影响下形成并发展起来的心理素质和社会文化素质。

素质教育，指依据人的发展和社会发展的实际需要，以全面提高全体学生的基本素质为根本目的，以尊重学生主体性和主动精神，注重开发人的智慧潜能，注重形成人的健全个性为根本特征的教育。素质教育观，也就是将教育活动目的指向"素质"——人的全面素质的一种教育观。

(二)终身教育观

终身教育观(lifelong education)是20世纪60年代形成和发展起来的一种国际性教育思想和理念。

1. 终身教育的特点

(1) 终身性。终身性是终身教育最大的特征。它突破了正规学校的框架，把教育看成个人一生中连续不断的学习过程，是人们在一生中所受到的各种培养的总和，实现了从学前期到老年期的整个教育过程的统一。既包括正规教育，又包括非正规教育。它包括了教育体系的各个阶段和各种形式。

(2) 全民性。终身教育的全民性，是指接受终身教育的人，包括所有的人，无论男女老幼、贫富差别、种族性别。当今社会中的每一个人，都要学会生存，而要学会生存就离不开终身教育，因为生存发展是时代的主流，会生存必须会学习，这是现代社会给每个人提出的新课题。

(3) 广泛性。终身教育既包括家庭教育、学校教育，也包括社会教育。可以这么说，它包括人的各个阶段，是一切时间、地点、场合和方式的教育。终身教育扩大了学习天地，为整个教育事业注入了新的活力。

(4) 灵活性和实用性。现代教育具有灵活性，体现在任何需要学习的人可以随时随地接受任何形式的教育。学习的时间、地点、内容、方式均由个人决定。人们可以根据自己的特点和需要选择最适合自己的学习。

2. 终身教育理念的主要观点

(1) 从胎儿到坟墓的人生全程教育。终身教育认为学习是人持续一生的活动，学习将从胎儿时起，伴随人的一生，直至人们走向坟墓的全过程。在现代社会"教育+工作"模式被各种终身教育模式、终身学习模式替代。

(2) 超越学校围墙的教育。实施教育的渠道和方式是多元且具有弹性的。全面整合教育资源，将家庭、社会和学校教育统一起来。终身教育冲破了原有教育体系的樊篱。

(3) 自我导向的学习方式。自我导向学习包含两方面内容：其一，强调学习者对学习负有大部分的责任；其二，学习者要知道如何学习，也就是要学会学习。在自我导向学习中，学习不再是社会或其他成员外部施加强制力的产物，而是学习者自主选择的活动。学习者在学习的过程中逐渐养成良好的学习态度、动机和方法，要能够根据自己的兴趣和发展可能性设定学习目标、学习策略，自己选择教育资源、安排学习活动，甚至自己进行学习评估。

(4) 无所不包的学习内容。从促进人的全面发展的终身教育目标出发，终身教育的内容远超过了目前人们所熟悉的教育内容体系。从学习新的科学文化知识和各种职业技能，到学习社会的伦理道德规范、发展学习者的身体和心理健康；从学习如何建立良好的人际和社群关系，到学习各种艺术和在生活中体现的文化；从学习如何对待工作和生活，到学习如何面对困境和死亡等，终身教育的内容可以说是无所不包的。

(5) 以"完善的人"与"和谐的社会"为教育目标。从个体发展的角度看，终身教育的目的在于帮助个人不断适应社会的变迁和完成社会化的过程，使每一个社会成员成为一个完善的人。从社会发展的角度看，终身教育的目的在于完成社会的改造与发展，使社会在全体成员不断学习的基础上更加快速、有效、和谐与圆满地发展。如何谋求个体和社会健康而圆满地发展，构建学习型社会就成为终身教育的一个长远和终极理想。

二、学生观

学校教育是现实的实践活动，主要是在教育者与受教育者之间，或者说在教师与学生之间进行。学生是教育活动的重要构成方面，是教育活动的直接指向。教育者与受教育者之间的关系，或师生间的关系，是建立在一定认识基础上的。教育者对教育活动中学生的认识，构成了教育者的学生观。

学生观.mp4

学生观就是教育者对学生作为教育活动对象的性质、地位和特点的认识。从教师角度来说，这种关系是受一定的学生观支配的。教师有怎样的学生观，就会有怎样的师生关系，也会有怎样的教育活动，并产生相应的教育结果。正确的学生观，有利于建立和谐的师生关系，有助于正确地开展教育活动，因而，也能够取得积极的教育效果。

有怎样的学生观，就会怎样开展教育活动。如果在教育活动中把学生看成可支配的对象，那么教育者就会把学生看成教育活动中被动地接受知识的容器；如果在教育活动中把学生看成只是有单方面需求的教育对象，那么教育者就只会关注学生某个方面的发展。

(一)全面发展的学生观

一定的学生观是一定的教育观的有机组成，也受一定的教育观影响。我们倡导素质教育观，在素质教育观中包含着素质教育的学生观。素质教育的学生观，是以一定的教育思想为基础的。素质教育学生观的思想基础，就是人的全面发展思想。

教育的目的是培养人才，提高人的素质。我国教育目的蕴含着全面发展的要求。马克思关于"人的全面发展"的思想学说是我国确立教育目的的理论依据。

人的全面发展作为一种教育思想，其核心是对教育活动的对象——学生，所做的完整认识。根据人的全面发展思想建立起来的学生观，就是把教育活动中的学生看作生活中的人，是有着全面发展需要的人和完整的人。

1. 学生是主体性的人

全面发展的学生观，把教育活动的对象——学生，看作具有主体地位有着主体需求、能够主动发展的人，学生主体性必须得到尊重。

在教育实践中，作为教育对象的学生是人，这是毫无疑问的。但是，有一些教育者被批为"目中无人"。因为知道教育对象是人，同真正认识学生在教育活动中作为人的存在，了解学生作为人的发展需求，按照学生的成长规律开展教育活动，真正把学生作为"人"来对待，并不是一回事。

学生不是被动的加工对象，具有主体性。所谓主体性，就是指学生在教学中的主观能动性。

2. 学生作为完整的人

全面发展的学生观，把学生看成身心诸方面都需要发展的完整的人。

心理学对人的研究，揭示了人具有"身"和"心"两个方面。"身"是人的生理方面，"心"是人的生理和人所受到的社会文化影响相互作用的方面。社会学、文化学对人的研究，揭示了人的社会性或文化性。人具有生理性、心理性和社会文化性，完整的人是这三者的统一。如果在认识学生的时候，只看到学生作为人的某一个方面，就容易产生片面的学生观。

全面发展的学生观，把学生看作发展过程中的存在，即是从完整的发展过程来看待学生的。人的完整性，还体现在人的生理方面、心理方面和社会文化方面，也还有具体的构成：人的生理包括了人的生理构造的各个方面，不能只注重其中一个方面；人的心理有认知、情感、个性等不同方面，也不能只注重其中一个方面；人的社会文化性涉及社会文化对人所要求的德、智、体、美、劳等各个方面，不能有所偏倚。

3. 学生是具有发展潜能的人

青少年学生正处在发展阶段，他们的世界观还没有形成，品德、观念、习惯都还处于不稳定时期，在他们身上潜藏着向各方面发展的极大可能，他们的身心已经出现的某种发展的不足，思想行为上的缺点和错误，较成年人来说，一般都有较大的可塑性。面对青少年，任何无能为力的消极教育观点都是不对的。整个教育活动中应该特别重视对青少年的基础教育，错过这一阶段，损失是难以弥补的。

4. 学生是以学习为主要任务的人

学生是教育的对象，其学习具有特殊性。

第一，以学习为主，这是学生质的规定。这种特点区别于日常生活和工作中的学习，也是学生区别于社会上其他人的特点。学生的主要任务是学习，这就决定了学生在社会结构中的地位，决定了他们参加社会生活的方式。具体来说，就是赋予他们认真接受教育的社会义务，以及不断促进自身发展的意愿和责任感。

第二，学生在教师的指导下学习。学生的学习是在教师的指导下进行的，这是学生与从事学习活动的其他社会成员的区别之一。教师的指导不仅使学习更具成效，也是特定情况下学习活动得以产生的前提条件。

第三，学生进行的是一种规范化的学习。学生的学习是有目的、有计划、有组织地进行的，它是由一定的教育制度及学校的各项规章制度所规定的。因此，作为学生的一系列行为模式的规范不仅要受到社会传统观念、文化习俗等影响，还要为确定的制度所规定。师生之间存在着制度化的关系，各自都负有制度所规定的权利和义务，甚至负有法律上的责任。

第四，学生以系统学习间接经验为主。在教学中，学生认识的对象主要是前人实践总结的认识成果概括化的经验体系，它主要以书本知识的形式体现出来。学生学习的内容是经过严格挑选的、为人的发展和社会发展所必需的文化知识，包括自然科学知识、社会科学知识、思维科学知识、人文科学知识。学生之所以以间接经验的掌握为主，首先，是由教学活动的任务决定的，教学要解决学生的认识问题，即使学生从不知到知，从知之不多到知之较多，要尽可能缩小与人类认识的差距，就必须先掌握人类文明的精华；其次，学生学习的时间是相当有限的，不可能凡事都经讨实践来获得直接经验；最后，学生以系统学习知识经验为主，可以缩短学生的不成熟期，有利于其今后顺利发展。

(二)"以人为本"的学生观

"以人为本"的教育理念在教育教学实践中就是以学生为本。国家教育方针要求教育要促进学生全面发展，教育的基本功能是"一切为了学生、为了学生一切、为了一切学生"，这些都是教育以学生为本的具体体现。

1. "一切为了学生"，教育必须以学生的发展需要为本

教育中的以人为本，就是以学生为出发点，以学生作为人的成长需要为出发点。以学生作为人的成长需要为出发点的教育，不能把一种既不符合学生成长规律，也不符合学生成长要求的东西强加给学生，更不能扭曲学生的发展。应试教育就是把"应试"作为教育的出发点：大量的重复性的练习，沉重的学业负担，牺牲学生的睡眠，牺牲学生的视力，牺牲学生的生理和精神的健康，扼杀学生的学习兴趣与个性……所有这些都是与学生的成长需要相背离的。

在中小学教育中，以中小学生发展需要为本，就是以中小学生作为特定发展阶段中人的特定发展需要为本。中小学生的特殊成长需要，就是为他们成年后的健康自主发展奠基。因此，中小学教育的性质是基础性的。

2. "为了学生一切"，教育必须以学生全面发展需要为本

以学生的全面发展为本，包括两方面内容：一是以学生的个性为本，学校教育不应像花匠摆弄盆景那样，按自己的意愿去随意"剪裁"学生，而是从学生的个性和兴趣爱好出

发，给学生留有自我发挥的空间和余地；二是要在以学生为本的基础上，给予学生充分的指导，有目的、有计划、有组织地培养学生，遵循学生的个性发展，绝不是放任不管，让学生像野花那样自然成长。

人对教育的需要，是由诸方面构成的统一体。但是，教育实践出现的一种偏向是，认为学生在某些方面有教育的需要，在其他方面则没有教育的需要。譬如，应试教育的观点会认可学生有接受知识的需要，却不认可其他方面的需要，或者认为学生其他方面的需要，不如知识的需要重要。

我国的教育教学改革朝着素质教育的方向努力，培养全面发展、适应社会主义所需的人才，教师必须树立新型的学生观，"为了学生一切"。作为一名教育工作者，教师要进一步增强事业心、责任感，以促进学生的全面发展、个性发展和可持续发展为己任，把素质教育落到实处。只有坚持以学生为本，遵循教育教学规律和学生身心成长规律，才能促进学生的全面发展，从而真正把"以人为本""以学生为本"的教育理念落到实处。

3. "为了一切学生"，教育必须以全体学生的发展需要为本

教育以学生的发展需要为本，还包含着以全体学生发展需要为本。人有教育的需要，这个命题是指所有人均有教育的需要，而不是只有某些人有教育的需要。但是，在现实的教育活动中，由于学生存在着发展的差异和发展需要的差异，便导致了这样一种观点：有些学生有特别强烈的教育需要，而另一些学生的教育需要则不那么强烈，所以教育应给予那些有强烈教育需要的学生多一点关注。

(1) 一视同仁，公平公正。在中小学教育活动中，以所有中小学生发展为本，就必须坚持"教育公正"原则。

首先，应该对所有学生一视同仁。作为教师，要对学生持民主与尊重的态度，对不同出身、性别、智力、相貌、年龄、个性不同的学生能够做到一视同仁，同等对待，对每一位学生都要关心、爱护、不偏见、不偏袒、不以个人的私利和好恶作标准。师爱是"泛爱"，而不是"偏爱"。教师要爱全体学生，而不是一部分学生。教师无论教哪个班级，无论所教的学生优秀与否，都应一视同仁，待之以爱，不能依据教师个人喜爱、利益来选择，否则就不是真正的"师爱"。

其次，教师对学生应当是职业的、无私的、公正的，是面向全体学生，遵循"教育公正"的原则。教育公正，在教育活动中的体现就是所有的学生都能够获得同样的教育机会，或者说教育机会对所有学生都是均等的。

教育机会均等，就是要公正地对待学生，不因性别、民族、地域、经济状况、家庭背景和身心发展状况而不同地对待。换句话说，无论学生有怎样的差异，给予他们的受教育机会都应当是均等的。

教育机会均等，应当包括两个方面：一个是入学机会均等，另一个是教育过程中机会均等。入学机会均等，就是无论学生的性别、民族、地域、经济状况、家庭背景和身心发展状况如何，都享有同等的入学机会。真正的教育机会均等，不仅是入学机会的均等，还有教育过程中实现机会的均等。

在班级授课制为基本教育组织形式的情况下，教育者面对的是学生群体。教育者的教育过程，不只是传递知识的过程，也是分配教育资源的过程。学生在教育过程中受到教育

者的关注程度，是学生重要的教育机会。学生坐在同一个教室里，听同一个教师授课，受到教师关注的学生，就获得了比未受教师关注的学生更多的教育机会。

在确保入学机会均等的情况下，教育过程中的教育机会均等，比入学机会均等更重要。因为有了入学机会，但没有获得教育的均等机会，依然不是合格的教育。

(2) 正视差异，因材施教。如前所述，教育必须对所有学生一视同仁。教育以全体学生的发展需要为本，强调不能因为学生有发展差异，而给予不同学生以不同的教育关注。但是，又必须承认学生发展需求存在着差异，必须正确认识这种发展需求的差异。

教育要从促进个性发展、挖掘发展潜能出发，为不同的学生获得最佳发展提供条件。美国心理学家加德纳的多元智能理论认为，每个个体都具有自己独特的智能结构形式，即都具有自己的智能强项和弱项。这种差异并不是好坏、高低、贵贱之间的差异，而是多样化的表现。每一个学生都有其独特的价值，教学中教师应该承认其差异，适应差异，追求多样性，尽可能地提供适合学生发展的机会，保证学生有机会获得适合其特点的教育。

在教学中，教师面对的是千差万别的独立个体，他们每个人都是独一无二的。由于遗传、后天环境等因素的不同影响，形成了学生自己的个性，教育要真正做到"以人为本""以学生为本"，就必须因材施教，针对不同学生设置不同的教学内容，制订不同的教学计划。教师在教学中要根据不同学生的认知水平、学习能力以及自身素质，选择适合每个学生特点的学习方法来有针对性地教学，发挥学生的长处，弥补学生的不足，激发学生学习的兴趣，树立学生学习的信心，从而促进学生全面发展。

(三) "权利主体"学生观

相对于成年人来说，学生是不成熟的青少年和儿童，是未正式进入成人社会的"边际人"。因此，长期以来，学生没有被看作个性的独立存在的人，他们在社会上处于从属和依附的地位。要改变这种状况，关键是承认和确立儿童在社会中的主体地位，并切实保障儿童的合法权益。

青少年、儿童是未来社会的主人，有着独立的社会地位，并依法享受各项社会权利。要确保儿童的主体地位，关键是看儿童的合法权利是否得到保障。

世界各国都非常重视儿童权益问题，也都制定了相应的法规。1959 年，联合国通过了《儿童权利宣言》；1989 年，又通过了《儿童权利公约》。公约明确指出：18 岁以下的任何人都是具有积极性和创造性的权利主体，拥有生存、发展和充分参与社会、文化、教育、生活，以及个人成长与福利所必需的其他活动的权利。青少年和儿童是权利的主体，是社会的未来，有着独立的社会地位，这正是《儿童权利公约》的核心精神。体现这一精神的基本原则有儿童权利最佳原则；尊重儿童尊严原则；尊重儿童观点与意见原则；无歧视原则。

我国学生法定的权利包括两部分。一是国家宪法和法律授予所有公民的权利。如《宪法》第四十六条规定"中华人民共和国公民有受教育的权利"；第四十九条规定"父母有抚养未成年子女的义务"。二是教育法律、法规授予尚处于学生阶段的公民的权利。根据《教育法》第四十二条规定"学生享有教育教学权、经济资助权、学业证书权、申诉起诉权和其他法定权等五项权利"；根据《中华人民共和国未成年人保护法》第三条规定"未成年人享有生存权、发展权、受保护权、参与权等权利，国家根据未成年人身心发展特点给予特殊、优先保护，保障未成年人的合法权益不受侵犯""未成年人享有受教育权，国家、社会、学校和家庭尊重和保障未成年人的受教育权""未成年人不分性别、民族、种族、家庭财产状况、宗教信仰等，依法平等地享有权利"。

■ 三、教师观

学生观是教育者对教育对象的认识，而教师观则是教师的自我认识。教师观是教育观的组成部分，受教育观的制约。

教育主要是在师生关系中进行的，教师在教育活动中不仅要正确地认识学生，也要正确地认识自己，即要确立正确的教师观。

教师观即教师的教育观念，是教师对教师职业的特点、责任、教师的角色及科学履行职责必须具备的基本素质等方面的认识。它直接影响着教师的知觉、判断，进而影响其教学行为。通过教师观的论述，使教师了解教师职责和特点，明确现代社会对教师的期望和要求，提高教师的现代意识，使教师树立正确的教师观，实现教师角色的准确定位。提高教师的素质，以便全面地履行教师的职责，成为符合新世纪素质教育要求的优秀教师。

(一)教师劳动观

任何劳动都有其特点。教师劳动的特点是在长期教书育人的实践中形成和发展起来的，是由教育目的和教育对象的特殊性所决定的。认识教师劳动的特点有助于我们更深刻地理解教师的职责和作用。

教师劳动是一种特殊的劳动，主要体现为劳动工具、劳动对象、劳动产品的特殊性。教育以人为对象，教育的产品是人。学生的身心发展尚未成熟，具有多边性、发展性和很大的可塑性，而且具有独特的个性。教师劳动的目的是把全体学生都培养成德、智、体、美、劳各方面都健康发展的新人。

(二)教师角色观

作为未来的人民教师，不能不了解自己将要从事的职业，积极而有成效地扮演好教师这一角色，使教师这一太阳底下最崇高的职业，散发出更加璀璨的光芒。

1. 教师的"角色丛"

角色是指与人们的某种社会地位、身份相一致的一整套权利、义务的规范与行为模式，它是人们对具有特定身份的人的行为期望。每个人作为社会中的一员都要扮演相应的职业角色。现实生活中，处于一定社会地位的个体通常都不只扮演一种角色，而是同时扮演好几种角色，这是由他的社会地位和社会关系的丰富性所决定的。

例如，一名中学教师，对学校领导来说，他是一个被领导者的角色；对他的学生来说，他又是教育者的角色；对他的家庭来说，他又可能是父亲或母亲、丈夫或妻子等角色。这就是"角色丛"。实际上，每个人都有自己的"角色丛"。仅就教师与学生的关系而言，教师就要扮演丰富多彩的角色。

教师劳动的特点、价值与社会地位，最终都是通过其扮演的角色及其形象来表现。要成为一名合格、称职的教师，就必须正确地理解教师角色，合理地解决教师角色间的冲突与矛盾。

2. 教师角色的冲突

由于个人在社会不同群体中所处的地位不同，往往需要同时扮演若干个角色。当这些角色与个人的期待发生矛盾、难以协调一致时，就会出现角色冲突。教师职业常见的角色冲突主要有以下几种。

(1) 社会"楷模"与"普通人"的角色冲突。社会期望教师"为人师表"，成为学生的表率、社会的楷模，但这种期望对教师要求过严、过高，许多教师做不到也不愿意扮演这样的角色。他们认为自己也是一个普通的、活生生的社会人，应当用对其他职业的同样标准来要求他们。为什么教师就不能穿着时髦？不能随意嬉笑？这种心理冲突尤其在青年教师身上有所体现并相当突出、典型，在一定程度上影响着教师的心理完善和角色扮演。

(2) "令人羡慕"的职业与教师地位低下的实况冲突。一方面，教师身上有许多令人羡慕的荣誉；另一方面，教师的社会地位并不是很高。一方面，教师被誉为"人类灵魂的工程师"；另一方面，教师在经济上并不宽裕，许多教师的心理及生活都处于矛盾之中。

(3) 教育者与研究者的角色冲突。教师作为现代社会的一员，也有实现自我和超越自我，进行研究与创造的需要。然而，教师角色却要求他与"一群儿童"时时维持一种密切而持久的关系，这种时间与精力的全身心、较持久的投入，使许多教师产生"被抽空""被耗干"的感觉，形成教师教书育人与自身的发展及研究创新的矛盾。

(4) 教师角色同家庭角色的冲突。教师是需要做出奉献和牺牲的职业。教师在学校紧张工作一天，下班之后并不能放松、休息，还要伏案备课、批改作业或进行家访等。因此，教师角色常常与家庭成员角色产生矛盾和冲突。教师在为事业和学生献身的同时，可能因为自己没有尽到或丈夫，或妻子，或父母，或儿女的责任而引起家庭纠纷和矛盾，使教师内疚、不安和苦恼。

(三)教师法制观

教师劳动价值的体现与教师角色的实现，不仅要求教师具备职业道德、专业素养，还必须具备一定的法制观，知法、懂法、守法，并依法从教。在法治社会中，知法、懂法、守法是对公民的基本要求，这也是教师作为公民的基本要求。教师要熟悉这个教育领域内的特殊法制要求。法制，是指法律制度，包括两个方面的理解：一是指一个国家的全部法律、法规以及立法、执法、司法、守法和法律监督等各项制度；二是指严格依照法律治理国家的一种方式(或原则)。法制观就是人们对法制的观点和态度，其核心是对依法办事的态度。法制观的实质是法律至上及依法治国的理念、意识与精神。在法律文化中，最重要的因素就是法律意识，也称为法制观念。

教育法制，一般指教育的法律制度。教师法制观是指教师具有教育领域的法律制度意识或观念，并依法处理有关问题或行为，保护学生或教师自身的权益不受侵犯。

第二节 教师的教育智慧

【案例 5-1】

美国课堂上的《灰姑娘》教学实录(节选)

这是一节阅读课，他们学习《灰姑娘》。老师先请一个孩子上台给同学讲《灰姑娘》

这个故事，孩子讲完后，老师对他表示了感谢，然后开始向全班提问。

老师：你们喜欢故事里面的哪一个？不喜欢哪一个？为什么？

学生：喜欢辛黛瑞拉(灰姑娘)，还有王子，不喜欢她的后妈和后妈带来的姐姐。辛黛瑞拉善良、可爱、漂亮。后妈和姐姐对辛黛瑞拉不好。

老师：在午夜12点的时候，如果辛黛瑞拉没有来得及跳上她的南瓜马车，你们想一想，可能会出现什么情况？

学生：辛黛瑞拉会变成原来脏脏的样子，穿着破旧的衣服。哎呀，那就惨啦。

老师：所以，你们一定要做一个守时的人，不然就可能给自己带来麻烦。另外，你们看，你们每个人平时都打扮得漂漂亮亮的，千万不要邋里邋遢地出现在别人面前，不然你们的朋友会被吓着。女孩子们，你们更要注意，将来你们长大和男孩子约会，要是你不注意，被你的男朋友看到你很难看的样子，他们可能会被吓昏的(老师做昏倒状，全班大笑)。

好，下一个问题：如果你是辛黛瑞拉的后妈，你会不会阻止辛黛瑞拉去参加王子的舞会？你们一定要诚实哟！

学生：(过了一会儿，有孩子举手回答)是的，如果我是辛黛瑞拉的后妈，我也会阻止她去参加王子的舞会。

老师：为什么？

学生：因为，因为我爱自己的女儿，我希望自己的女儿当上王后。

老师：是的，所以，我们看到的后妈好像都是不好的人，她们只是对别人的孩子不够好，可是她们对自己的孩子却很好，你们明白了吗？她们不是坏人，只是她们还不能够像爱自己的孩子一样去爱其他的孩子。

孩子们，下一个问题：辛黛瑞拉的后妈不让她去参加王子的舞会，甚至把门锁起来，最后辛黛瑞拉为什么能够去，而且成为舞会上最美丽的姑娘呢？

学生：因为有仙女帮助她，给她漂亮的衣服，还把南瓜变成马车，把狗和老鼠变成仆人。

老师：对，你们说得很好！想一想，如果辛黛瑞拉没有得到仙女的帮助，她是不可能去参加舞会的，是不是？

学生：是的！

老师：如果狗、老鼠都不愿意帮助，她可能在最后的时刻成功地跑回家吗？

学生：不会，那样她就可以成功地吓到王子了。(全班再次大笑)

老师：虽然辛黛瑞拉有仙女帮助她，但是，光有仙女的帮助还不够。所以，孩子们，无论走到哪里，我们都是需要朋友的。我们的朋友不一定是仙女，但是，我们需要他们，我也希望你们有很多很多的朋友。

下面，请你们想一想，如果辛黛瑞拉因为后妈不愿意她参加舞会就放弃了机会，她可能成为王子的新娘吗？

学生：不会！那样的话，她就不会到舞会上，不会被王子看到，不会被王子认识并爱上她了。

老师：对极了！如果辛黛瑞拉不想参加舞会，就是她的后妈没有阻止，哪怕支持她去，也是没有用的，是谁决定她要去参加王子的舞会？

学生：她自己。

老师：所以，孩子们，即使辛黛瑞拉没有妈妈爱她，她的后妈不爱她，这也不能够让她不爱自己。就是因为她爱自己，她才可能去寻找自己希望得到的东西。如果你们当中有人觉得没有人爱，或者像辛黛瑞拉一样有一个不爱她的后妈，你们怎么样？

学生：要爱自己！

老师：对，没有一个人可以阻止你爱自己，如果你觉得别人不够爱你，你要加倍地爱自己；如果别人没有给你机会，你应该加倍地给自己机会；如果你们真爱自己，就会为自己找到自己需要的东西——没有人能够阻止辛黛瑞拉参加王子的舞会，没有人可以阻止辛黛瑞拉当上王后，除了她自己。对不对？

学生：是的！！！

老师：最后一个问题，这个故事有什么不合理的地方？

学生：(过了好一会儿)午夜12点以后所有的东西都要变回原样，可是，辛黛瑞拉的水晶鞋没有变回去。

老师：天哪，你们太棒了！你们看，就是伟大的作家也有出错的时候，所以，出错不是什么可怕的事情。我担保，如果你们当中谁将来要当作家，一定比这作家更棒！你们相信吗？

孩子们欢呼雀跃。

(资料来源：百度文库. 一个传递了全世界的一堂美国阅读故事——《灰姑娘》课堂专家.)

笔者相信，对于每一个教育工作者，对于这段美国版的《灰姑娘》教学，可能都会发出这样的感叹：童话《灰姑娘》，居然可以这样去解读！接着可能都会陷入沉思：语文课也可以这样上！语文课究竟应该怎样上？从这位美国教师的教学方式来看，没有什么特殊的地方，这是典型的"问答法"，并且是近几年，被一些语文课教学研讨所质疑的，认为是传统教学方法而遭到诟病。然而，这节课却收到了能让"孩子们欢呼雀跃"的效果，这又使人们不能不承认，这确实是一节成功的教学。看来，教师的教学方法，并不是决定学生喜欢教师教学的关键因素。那么，到底是什么因素起作用呢？美国版的《灰姑娘》教学又给我们什么启示呢？

一篇短小的童话故事，通过一节课的教学不仅引导小学生学会思考，而且使学生知道要做一个什么样的人。如何看待他人与自己。如何与人相处。笔者相信通过这节课的教学，孩子们的答案是明确的："做一个诚实的人""后妈不是坏人""她是只爱自己的孩子""无论走到哪里，我们都需要朋友""学会爱自己""伟大的作家也出错，你们将来会比这个作家还棒"。这里，对这位美国教师的教学理念我们不作过多的探讨(例如，在理念上凸显"以人的发展为本"，关注学生生命价值的提升等)，但单从教师素养看，这位美国教师具有的个性化的独辟蹊径的教学、宝贵的教育创新精神、深厚的人文知识基础和精准的随机应变能力，堪称专业精深，游刃有余。

总之，这位教师所表现出的教育智慧，不能不令人赞叹。可以说，如果教师没有深厚的文学素养，是上不出来《灰姑娘》这样的好课的。

一、教育智慧概述

(一)教育智慧的内涵

1. 教育智慧的含义

《辞海》对"智慧"一词的解释是，对事物能认识、辨析、处理和发明创造的能力。

华东师范大学叶澜教授在《新基础教育探究性研究》中提出了"教育智慧的教师"这一理念。其含义是：通过教师的实践探索，使教师形成敏锐的感受，敢于抓住时机，善于转化教育矛盾和冲突，吸引学生积极投入学校生活、热爱学习和创造，并愿意与教育者进行心灵对话的能力。

教育的智慧性是一种以儿童为指向的多方面、复杂的关心品质，也是人的崇高使命。教师智慧需要在不断的学习中积累，需要在综合素养全面提高的基础上提升。教育的责任感及对孩子的责任与关爱是构成教师教育智慧的核心内容。

教育智慧是良好教育的一种内在品质，表现为教育的一种自由、和谐、开放和创造的状态，表现为真正意义上尊重生命、关注个性、崇尚智慧、追求人生幸福的教育境界。

教育机智是教师在教育过程中根据意外的情况，准确、恰当、迅速、敏捷地做出判断，随机应变、恰到好处地采取果断措施的能力。

教育机智是教育智慧的外在表现，没有智慧就没有机智，而没有机智，智慧最多也只是一种内部状态。

2. 教师教育智慧的特征

(1) 独特性。独特性是教师智慧的首要特征。教育智慧具有高度的个体性色彩，体现了教师区别于他人的、个体的及个性化的独特教学风格。教育智慧是教师在教学中逐渐生成的，是个人实践经验的积累与重组的结果，是教师基于专业的需要，通过发现、修正与内化等复杂的过程所构建的。教师不断将既有的知识融入课堂，并经过个人的重新诠释与转换，使智慧符合现有的学习需求。所以，教育智慧是教师在日常教学中通过体验、感悟、思考和实践等方式逐步形成的，受教师个体的思维、个性、知识储备、自我形象、职业动机以及所处的教育环境等的影响。它是教师将一般理论个性化及与个人情感、知识、观念、价值、应用情况相融合的结果。

(2) 情感性。教育的责任感与情感是使教育智慧充满真、善、美的重要条件。教育智慧之所以是教育智慧，一方面是它的确是智慧，即高尚的才智；另一方面是它在教育问题的解决中的确能够发挥作用。教育智慧符合真、善、美的要求，因为它是教育活动规律的创造性运用，对学生的爱是创造性运用教育规律的动力。对学生的爱保障了教育思考有利于学生的发展，教育情感的渗入是教育智慧的重要特征。教育智慧是使用爱的智慧、教育的使命要求教育者对孩子有责任与关爱，它是教师从事教学工作的基本条件，是教育者教学取得成功的前提条件。

(3) 科学性。教育智慧根据不同的教学条件、教学对象和复杂多变的问题，依靠教师自觉、灵感、顿悟和想象力的即兴发挥，瞬间把握事物的本质，做出相应的判断和裁决，从而采取不同的适合特定情境的行为方式和方法，以实现教育理论和教育实践的有机结合。

经过对优秀教师或特级教师的研究，发现他们对教学情境具有敏锐的观察力与判断力，对问题的分析更为清晰和透彻，解决问题的方法和策略更具独特性、新颖性和恰当性，即拥有丰富的"教育智慧"。拥有教育智慧的教师，在解决问题时能多角度进行整体把握，洞察多种可能性，并迅速做出决策。

(4) 缄默性。教育智慧是不能通过语言进行说明的，不能以规则的形式传递，是"潜移默化""润物细无声"的。教育智慧是人们通过身体的感官或知觉获得的，往往缺乏清晰的条理与明晰的意识，是"非批判的知识"，也可能不在教师的意识范畴，教师也无法清楚地表达或理性地进行反思，但它却与教师日常的生活与经验紧紧相连，甚至教师自己也说不清从什么地方获得的，是只能意会的一种体验。

(5) 艺术性。教育智慧既是科学化的艺术力量，又是艺术化的科学力量。教育智慧的力量具体表现为以下几种能力：一是对教育问题逻辑化的理解能力；二是对教育问题的直觉把握能力；三是创造性地解决教育问题的能力。这三种能力在作用发挥的过程中，都能显现出科学的穿透力和艺术的感染力。对教育问题的理解，基本上是一个科学问题。相应地，理解教育问题的能力基本上就是一种科学能力。但是，教育智者对教育问题的理解，其角度、方式，完全可以上升为艺术，对教育问题的直觉把握几乎就是艺术。直觉之所以能够产生，一定是建立在无数次逻辑把握基础上的。假如教育者没有深厚的教育科学、人文科学的素养，即使对教育问题有直觉把握也很难靠得住。创造性地解决教育问题，具有很强的艺术性。观察教育智者创造性解决问题的过程，就相当于在欣赏教育智者的艺术表演。观察者深知其美，深知其妙，但却无法重复，无法获得。

(二)教育智慧与教师专业成长

1. 教师专业化发展要求教师具有教育智慧

教育智慧是教师专业素质成熟的标志，是优秀教师所具有的显著特征。它既是教师专业要求在教师身上实现综合的结果，又是教师长期全身心投入教育实践，不断反思、探索、创造所付出的心血之结晶。智慧是一个人全部能力的综合，集中体现在他的思想与观念的创新能力、获得知识与应用知识的能力、选择方法及使用方法的能力、掌握技术与技术实践的能力、承担外界压力与把握心理平衡的能力；体现在他的个人意志品质、性格、气质；体现在他对自己的准确评价、他对自己人生的策划、自我管理、经营人生的能力；体现在他对事物的评价、美感与审美意识。

2. 目前教师教育智慧还普遍缺乏

目前，教师教育智慧还普遍缺乏，在教师的素质中，教师的教育智慧亟待加强。因为长期以来，我们热衷于将各种理论模式和方法引入、移植，要求教师接受、认知、照搬这些理论的同时，忽视了教师基于自身体验、感悟、反思、实践而形成的教育智慧的作用，甚至压抑了这种作用的发挥。简单的模仿或照搬，并不能内化为教师自身的智慧，因而也就不会真正形成教育现实的内在改变。因此，如果基于以上判断进一步追问，当前教师的素质中亟待加强些什么？答案应该是一致的——教育智慧。

二、教师教育智慧的生成

(一)教师教育智慧生成的内部条件

1. 高尚的职业道德是教师教育智慧生成的核心

(1) 爱岗敬业。爱岗敬业源于教师对教育的坚定教育信念。教育信念是教师对教育事业、教育理论及基本教育主张及原则的确认和信奉。教育信念的集中表现是教师对教育工作高度的责任感和强烈的事业心，教师的责任感体现在把培养、教育好每个学生作为自己神圣的职责，教师强烈事业心的表现就是坚信自己所从事的教育工作是崇高的事业。

(2) 爱学生。师爱对学生的健康成长和教育教学效果来说，意义重大。教师要努力为学生创设一个充满爱意的成长环境，让每一个学生都感受到老师的爱，这就要求每一个教师都要做到"四有"：一有对学生爱的情感；二有对学生爱的行为；三有对学生爱的能力；四有对学生爱的艺术。

(3) 爱美。只有爱美的教师才能塑造美的心灵，培养好的人才。爱美分为两个方面：一是外在的，包括仪态美、语言美、书法美等；二是内在的，包括人格美、情感美等。

(4) 爱知识。第一，向自己的教育对象学习；第二，向外行人学习；第三，向书本学习；第四，向社会学习，向大自然学习。

2. 开展教育科研是教师教育智慧生成的重要途径

苏霍姆林斯基曾说："不研究事实，就没有预见，就没有创造，就没有丰富而完满的精神生活，就不会对教师工作产生兴趣……教育经验的实质，也就在于教师每一年都要有新的发现，而只有在这种发现新事物的志向中，也才能发挥教师的创造力。""科研兴教、科研兴校"，也是优秀教师专业成长的成功之路。教师科研能力的强化，既是教师创造力的表现，也是教师教育智慧的体现。

(1) 科研意识的培养。教育科研意识是对教育有意识的追求和探索，是运用教育科学理论指导教育实践的自觉，是对所从事教育活动的一种清晰而完整的认识。教育科研意识由三个要素涵盖，即教育的信念与热情、教育的知识与经验及教育的眼光与智慧。

(2) 在教学中开展行动研究。行动研究是实践者在自然情境下对自身的实践进行研究，它以自主、实践、开放、反思为主要特征，以研究与开放式研讨为原则，以实践情境为主要研究场所，研究旨在解决现实问题，并通过实践来检验实践者对现实问题的看法是否正确，解决问题的设想和措施是否有效，实践者反思自己解决问题行为的有效性以达到研究者理性的自觉，进而切实地改变现实。行动研究有以下三种研究起点。

第一种是研究起始于"不明"的情况。也就是说，教师经常可以因为一些大大小小的"疑惑"而进行研究。比如有普遍意义的反常倾向、学生比较固定的落后行为、课堂中的意外、教学的无效等一时无法解释的现象和长期存在的问题，都可以成为研究的起点。第二种是以现象的追问为起点。把自己放在里面以对现象的追问为支点提出问题，在这个过程中，研究者必须深度介入，把自己放到事件当中。这是因为，自己的问题，自己更为熟悉，因此就最有发言权，最容易把握。而且从感情上来说也更容易接近和投入。第三种是教学，即研究。现象是在教学实践中发现的，研究理所当然要根植于实践。在解读研究的过程中，要把自己的日常备课、教学过程、教育策略、相关活动的内容，与自己提出的研究问题紧密结合起来。

(3) 建立激励机制，创设科研氛围。良好的氛围和高涨的积极性是教师科研素质不断提高的重要条件，教育主管部门和学校必须在这两方面下足功夫。一是氛围的创设，要采取有效的措施，积极开展丰富多彩的教育科研学术研讨会，如组织教师外出学习考察或参加各种学术研讨会，请专家来校开设讲座，指导教师开展科研等，通过活动促成良好科研风气的形成。二是建立物质与精神奖励的激励机制，完善考核评价体系，对教师的教育科研成果给予精神上的表彰和物质上的奖励。同时，要把教师的教育科研成果与职务评聘、评优、晋升、获得科研资助联系起来，这样才能充分调动教师从事科研的主动性和创造性。

3. 反思是激发教师教育智慧的源泉

教学反思是教师把自己作为研究对象，研究自己的教学观念和实践，反思自己的教学行为、教学观念以及教学效果。教师进行教学反思要注意以下几个方面。

(1) 理论引领。教师充满智慧的理性思维的养成，与其孜孜不倦的理论学习和勤勉不怠的实践思考紧密相连。一线教师最大的问题就是工作与学习矛盾。解决这个矛盾的简单办法就是养成学习理论的好习惯，同时要学会围绕思考的教育问题组织资源开展研究。这样，研究与学习就成为工作的有机组成，教学实践也就成为教学假设的实证性研究。当工作、学习、研究形成三位一体时，教师也就实践了"教师成为研究者"的理论。

(2) 具有问题意识。教学反思的功能之一就是能够唤起教师对教育中最真实的问题的关注，是教师走向研究者，走向专业化发展的重要一步。问题意识至少包含了这样一些要点：这是个什么问题？这个问题有意义吗？这个问题有根据吗？这个问题有针对性吗？这个问题能解决吗？当我们用这些疑问去思考我们所面对的教育现象时，也许就会从中发现那些真正需要我们解决的问题。

(3) 积极对话。教师作为个体的精神劳动者，更需要多元的精神碰撞与交流。教学反思，如果总是停留在个体的层面，就会影响反思的深刻性，影响反思者个体的成长。与同伴、专家的对话与交流则会丰富反思的内涵，扩张反思的效果，修正反思的偏差，提高反思的品质。

4. 偶发事件的恰当处理提炼教师的教育智慧

教学机智是教师巧妙应对变化的课堂场景或灵活机智处理课堂偶发事件的能力。教师的教学机智表现在以下三个方面。

一是敏锐的观察力、灵活的思维力和果断的意志力。

二是对学生深度的了解和爱护与尊重的态度。

三是长期积累的知识经验以及教育技巧。教师可以通过以下几方面提炼教育机智。

(1) 抓住不同个体的认识矛盾和思维碰撞，在师生共同的问题探讨中化解矛盾冲突，展示教学机智。

(2) 正视学生独特的观察视角和思维方向，在学生出其不意的问题"发难"中稳住课堂阵脚，彰显教学能力。

(3) 捕捉学生平凡中的发现，在对事物的比较探究中抓住问题实质，提升教学品位。

(4) 运用矛盾的对立统一规律，在一反常态的问题处置中吸引学生视线，凸显教学风采。

(5) 发掘与课堂关联的教育因素，在变幻莫测的教育情境中，巧于化害为利，发挥教育智慧。

(6) 以发现的眼光看学生，在吸收学生的教学建议中把握认识，提高教学境界。

(7) 关注学生的言行举止，在解读学生的"弦外之音"中师生感同身受，展现人格魅力。

(8) 确立正确的教材、教参观，在对教材进行质疑批判时注重创造、发现，强化教学艺术。

(二)教师教育智慧生成的外部条件

1. 建立民主、自由的校园文化

学校文化对教师的影响是很大的，它一经形成便成为学校成员所共有的和必须遵守的学校普遍规则，并对学校成员起着规范和束缚作用。不良的学校文化组织会妨碍教师教育智慧的生成，使教师不愿或不敢创新，教师只有按照教材、教学大纲进行教学，才能使学生在标准化考试中取得好的成绩。民主、自由的学校组织文化允许教师进行革新，为教师竭尽所能提供空间。在民主、自由的学校组织文化中，教师有学术自由，有充分的教学和管理权利。学校行政人员过多的咨询、顾问、视察等使得教师的自由权受到限制，以至于教师本人也满足于执行学校的规程、上级的行政指令，不把自己看作专业技术工作者。没有不必要的行政监督时，教师则更能自由表达自己，自觉自愿地进行教学创新，研究学生全面发展的有效途径。在自由的教学中，教师关注更多的是学生，而不是教学，只有在这样的教学中，教师的教育智慧才能够得以真正的释放。

2. 学校要创设有利于终身学习的校园文化

对于一所学校来说，创设积极的学习氛围是必需的。学习的氛围也是一种校园的文化，特定的校园文化的形成有一个长期的酝酿过程，需要领导和教师树立一个共同的愿景，每一个人都为之而不断地努力奋斗。作为一校之长和学校的领导集体，应该积极地投入学习，从思想和理念的高度重视自身的学习，并积极与教育教学的实践相结合，创造出新的工作思路和工作方法。从教师自身来说，要从持续发展的角度来认识学习的重要性。教师是一个专业，要实现自己的专业发展，面对日新月异的信息和新知识，都不得不重视学习与吸收，把握新的形势和新的信息，适应时代和社会的发展。与此同时，开辟专门的学习场所和学习时间。学校要开辟专门的学习场所，让教师主动地参与到学习中来，在学习场所和学习时间里，让教师一起分享教学中的喜、怒、哀、乐，一起学习新的理念与内容，一起畅谈体会心得，一起来丰富教师的生活，获得一种教育教学的方法与理念，获得乐观的生活心态和浓浓的人文关怀。在学习的形式上，可以是多种多样、求新求异。看教育理论书籍是一种基本的学习途径，除此之外，可以在听课中学习，研讨交流中学习，思考现象中学习，网上论坛中学习……在丰富多彩的学习活动中调动教师的学习积极性，培养乐于进取的心态，激发不懈追求的动机。

第三节 教师的教育情怀

教育情怀是对教育的一种持久、特殊、难以割舍的感情，这种感情源于对教育发自内心的深沉的爱。一名成功的教师，不仅要有过硬的教育教学基本能力和扎实的理论基础，还要对教育热爱与倾注。浓厚的教育情怀使教师能够真正做到"心里装着每一名学生"，更是教师专业成长中必不可少的一部分。

一、教育情怀的概述

(一)教育情怀的内涵

《现代汉语词典》将"情怀"解释为"含有某种感情的心境"。情怀是一种执着、挚爱，是人们内心情感态度、信念坚守和理想坚持等一体化融合的精神品性。个体所呈现的情怀，展现着其鲜活的情感、坚定的信念、执着的理想追求及坚韧的行动力，展现着其个性取向、生命审美、价值信仰、人格境界等生活样态和精神境界。所以，"有情怀"已成为赞誉人有品位、有涵养、有道德、有爱心、有责任、有抱负、有信仰、有梦想、有追求的"高阶用语"。教师教育情怀不是简单地呈现教师在育人实践活动中的喜、怒、哀、乐的心理状态和体验，而是用来表达教师发自内心地对教书育人的真诚、敬畏、责任和深沉的爱，表达教师对教书育人信念和对教育理想追求的坚持，表达教师在精神领域里执着地追寻教育的生命意义和育人职业的崇高等。教师教育情怀是教师内心执念于教书育人的精神品性。

所以，什么是教师教育情怀？不同学者对这一概念有不同的理解。韩延伦、刘若谷认为，"执念于立德树人为本、欣然于教书育人为乐、寄情于学生的生命成长、用情于学生的智慧人生、育情于学生的人性向善、守情于师者的师道风范，就是教师对教书育人的真性情，就是教师对教书育人的生命之爱，就是教育情怀。"肖凤翔、张明雪认为："教师的教育情怀即现代教师应具备的人文情怀，是教师对社会、学生和自身的情感态度和包容胸怀，包括师德伦理、人文精神和自我关怀。教师的教育情怀体现在社会维度的家国情怀、人格尊严、自由存在、大爱之情，学生维度的人性关怀、品性涵养、个性塑造以及自身维度的主体性、理想追求、反思认知等方面。"

综上所述，教师的教育情怀应该包括三部分：第一，教师对社会的责任感；第二，教师对自己职业的坚守心；第三，教师对学生的真性情。

(二)教育情怀的分类

1. 按教师对待对象分类

(1) 师德伦理：教师教育情怀的社会维度，师德伦理作为道德与伦理的结合，兼具道德对教师的"情"的维系性功能和伦理对教师的"法"的强制性作用，是教师作为社会子群体之一，以教育事业为媒介，在与其他共同体的互动关系中，必须遵守的道德准则、价值原则和行为规范。在当代，师德伦理是社会主义核心价值观对公民的爱国、敬业、诚信、友善要求在教师共同体的微观反映，既彰显了教育情怀的社会规定性，又构成了教师承担国家使命和公共教育服务职责的价值取向与行为选择要求。

①　教书育人的家国情怀。将家国情怀纳入教育情怀，既体现了国家的教育情感与投入，又反映出教育的家国情怀与担当。教师的家国情怀通过教书育人得以彰显和实现。教书育人是教师的教育教学任务和社会职责，是教师区别于其他职业群体奉献社会的独特表现。

②　教育志业的人格尊严。马克斯·韦伯(Max Weber，1864—1920)主张，只有发自内心地愿意献身于自己的工作，才有个性，才有人格，艺术家如此，学者亦然。因此，人格尊严是教师奉献教育的热情与力量，追求教育志趣与使命的心灵安顿和情感寄托，既是教师"爱岗敬业，敢为人先"的投入与献身，又是社会反馈给教师的尊重与高贵，以内在魅力和精神动力深刻塑造教师崇高的教育志向、坚定的教育信仰和深厚的教育德行。

③　学术诚信的自由存在。学术诚信彰显教师的自由存在，这种存在是理性(学术规范)约束的存在。教师的教学与科研应坚持个人兴趣、风格、志向的独特性和学术(教育和科研)规范的统一性。

④　至善教育的大爱之情。大爱之情是虔诚地对至真的敬畏之心，真挚地对至善的情意之结，纯澈地对至美的欣赏之境，既是宏观层面教育的大爱情怀的微观显现，又是微观层面教师内存善意而外显友好的为人处世状态与原则的情感升华，深刻彰显着教育的神圣性和教师的高尚性。

以至善为内心的价值取向，一方面以群体为关系范式，表现为教师对社会中其他职业共同体的尊重，以平等的原则，尊重人格，不歧视，不诋毁、求同存异、取长补短、和谐共生；另一方面以"子群体——社会"为关系范式，表现为教师对国家与全社会的心理与行为认同，将社会主义核心价值观融入教育生命，树立至真、至善、至美的教育观念，追求至真、至善、至美的教育理想，达到至真、至善、至美的教育境界。

(2)　人文精神：教师教育情怀的学生向度。人文精神是人类的自我关怀和对个体尊严、价值、命运和理想的观照。教育的人文性要求教育体现人文精神，教育的对象是人，要有关心人、理解人、尊重人的人文精神，包含"关心、理解、尊重什么人""关心、理解、尊重人的什么"以及"怎样关心、理解、尊重人"这三个基本问题。教育中的人文精神之核心是以赤诚之心和真诚之情促进学生的全面发展。

人文精神作为教师教育情怀的核心，包括爱学生的教育态度、超越传统的教育文化和尊重差异的教育智慧，既贯彻了"我育人，故我在"的教育理念与价值观，又体现了教育情怀的"教育"特点与本质，还有助于推动学生的人格生成与个性发展。

①　爱学生的教育态度关怀学生的人性。心理学研究的"罗森塔尔效应"或"皮格马利翁效应"充分证明，教师对待学生的态度是影响教育成功的关键变量。"教育绝非单纯的文化传递，教育之为教育，正在于它是一种人格心灵的'唤醒'，这是教育的核心所在。"

理性地爱学生的教育态度具有双重价值。其一为内在价值，从个体本位论出发，以学生的发展为中心，荡涤心灵、塑造人格、丰富体验、实现价值；其二为外在价值，从社会本位论出发，为社会服务，以社会生产与发展需要为基本着眼点培养学生的适应性能力。富有教育情怀、爱学生的教师始终把学生当作主体人来看待和对待，而"人"以"人性"为核心。以此意义上看，教师的教育情怀体现在关怀学生的人性上。人性关怀是教师对学生在正确的世界观、人生观与价值观、明辨是非的能力、懂得感恩的仁慈善良以及热爱生活的积极心态等方面的情感关注与关心，作为爱的精神来源，既是学生主体性之于教师的情感诉求，又是教师获得岗位幸福感和事业成就感的精神鼓舞与力量源泉。

② 超越传统的教育文化涵养学生的品性。教育是文化传递及其认同的过程，文化传递赋予教育文化，即教育的文化化，文化认同是教育活动主体伴随文化传递而生的文化认同，即文化的人化。"育人本身就是文化传递的过程。它既为主体选择文化，也为文化培育主体。这里的文化不仅指知识、信息，还包括传统与当前时代相结合的一种情境和氛围，其建构着作为对象的主体的人生观与价值观"。超越传统书本知识与操作技能，上升至价值观层面的教育文化是情感、意志与创造力的映射，首先表现为教师、文化与学生之间双向互动的动态过程，顺向过程体现为主体选择文化，旨在"以人为目的，尊重人的自然需要，引导人的社会需要，提升人的精神需要，解放人，引领人，觉醒人"，实际上表现为教师作为文化传承者与创新者，借助积极的、优秀的、有生命力的文化，实现对学生思想道德和精神世界的终极关怀。终极关怀既是预期目标与应然结果，也是双向互动的逆向过程。为文化培育主体，即学生在文化的教育影响和教育的文化熏陶下成长为传承、发展与创新文化的新兴力量和中流砥柱，而这也在某种程度上延续了教师的教育价值与生命。其次表现为一种静态情境或氛围，是学校文化的重要组成部分，以师德文化为核心，对学生潜移默化地发挥着启迪心智、荡涤心灵、激发心意，增强归属感，提升幸福感，萌生自豪感的重要作用。在此意义上，教师的教育情怀体现在涵养学生的品性上。品性是一种心理状态，指道德品质和性情性格上，发展于教师以教育文化开展文化教育的过程，体现着教师守护学生精神与心灵世界，观照学生情感、态度与价值观以及培育学生思维力、意志力与创造力的真挚情感与情意，既暗含着学生发展的人文性与全面性，又是教师不局限于知识与技能的精神教育乃至精神生命的延续与发展。

③ 尊重差异的教育智慧塑造学生的个性。内尔•诺丁斯(Nel Noddings)关怀理论重视、承认并尊重学生之间的多样性与差异性，主张师生之间建立情感关怀关系。尊重差异是教育情怀中以"爱"为基础的仁心宽容与胸怀容纳的集中体现。教师的教育情怀体现为塑造学生的个性，作为"因材施教"教育理念的当代实践，深刻体现着教师尊重与包容不同主体和同一主体内不同的思想、性格、品质、意志、态度的广博气概和宽阔胸怀。

尊重差异是教育智慧的基础，体现了对学生的情感和态度，个体的独特性决定教育方法的灵活性和多样性，与之相应的教育方法是"因材施教"，它不仅是具体的教育方法，也是指导教育工作的基本思想，因此，它是做好教育工作的基本方法论原则。

(3) 自我关怀：教师教育情怀的自身向度。自我关怀作为教育情怀在教师这一主体层面的意义延伸与内涵拓展，是教师健全人格、精神独立与价值延续的应然选择与有效途径。根据福柯(Michel Foucault，1926—1984)的生存美学，自我关怀包括自身的认识、自身的文化和自身的技术。与之相对应，教师的自我关怀体现在教师主体性、教育理想和教育反思。

① 教师主体性规避职业工具。教师主体性以自由性、主动性克服奴隶性、被动性，发挥对职业工具的防止和避免作用。首先，表现在教育意义的生发、教育意识的觉醒与教育意境的升华，对教师教育意志的表达、教育角色的争辩、教育精神的构建、教育关怀的觉悟具有重要作用，从而有助于实现教育概念向教育信念的推进以及教育思维向教育思想的通达；其次，只有教师富有主体性，才能够避免职业倦怠，以独立性、能动性和创造性的姿态追求愉悦与幸福、意义与价值、完善与发展，才能够发挥自我关怀在发展需求、存在价值与生命意义等方面的情感关怀作用；最后，教师主体性要求教师成为"具有自主生

命意识与活力的，且能主动选择和创造的教育主体"。要求教师在教育教学实践中，一要突破因循守旧、按部就班与听从指挥的思维模式，自主思考、主动探究、自我构建，对教育情境中的诸要素表现出具有自身特点与气质的情感与价值表达；二要认识和改造教育客观世界，遵循专业化发展规律，激发自身潜能，努力"在教的领域成为教学研究者，成为课程开发者，成为教学改革的设计者，在学的领域成为学生学习的促进者"；三要积极推进人才培养模式的改革与创新，充分注重教学理念、目标、内容、方法、组织、管理与评价的先进性、明确性、前沿性、恰当性、有序性、灵活性与多元性。

② 教育理想勾勒"明日之我"。在教育理想的引领与鞭策下，教师应从两个方面明确"明日之我"的角色定位。首先摆脱教书匠的孤独状态，成为具有探索求证精神、开拓创新精神和竞争协作精神的教育研究者，这样既有助于教师从更高层次与境界认识与解决教育教学问题，又能够促进教师合乎理想目标与完善状态的专业发展；其次摆脱被动控制的尴尬境地，成为自由的、主动的与独立的教育家型教师，这种话语权与行动权的解放与回归，赋予教师尊严感、归属感与生命感，使教师的精神得到洗礼，情感得到现实关怀，心灵得到诗意栖居。在此意义上，教师的教育情怀表现为理想追求。理想追求是教师教育的目标和要达到状态的心之向往，既体现了教师对自我价值的期许与愿景，又成为教师为了美好明天而努力奋斗的精神引领与指路明灯。

③ 教育反思助推自我完善。对于教师而言，教育反思的对象包括自身、与教育情境的关系以及教育活动三方面。第一，自身。教育反思是教师进行自我认识、自我管理、自我激励与自我完善的重要形式与手段。第二，与教育情境的关系。教育反思应更多地表现意识，而非局限于行为。意识的反思超越了行为的反思的滞后性，贯穿于教师的教育教学实践并与之同时进行，具有积极性与主动性，是教师意向与期待的外显与实践，"表现出一种对教育机会的敏感与自觉"，能够使教师更好地建立与真实的教育情境之间的关联。第三，教育活动。教师通过教育反思，以教育需求为基准与标杆，将教育理念、目标、内容、方法、组织、管理与评价等环节"问题化"，以"问题化"引发"行为化"，评判实然与应然之间的距离与位差，改善心理结构，矫正实践行为、提高教育质量。

2. 按教育情怀的内容分类

(1) 学者的情怀。真正的学者情怀，是以自强不息的精神、夸父追日般的勇气和步伐，创造出一个个令世界为之瞩目的伟绩，给国人以极大的鼓舞。学者的脚踏实地、甘于寂寞、富有创造性的劳动，推动了人类文明的进步。他们的魅力就在于对事业孜孜不倦地追求、学习与提升，而教师就需要这样的学者情怀。

一位真正的教育家，应该是一棵"文化的参天大树"。可以说，所有大教育家无不是知识的巨人。教师的思想源自理论学习和借鉴，学习是思想的源泉，教师要勤于学习，乐于借鉴，让理论在学习中提高，智慧在借鉴中闪光，思想在实践中碰撞，灵感在管理中升华。今天，大多数教师并不缺乏先进的教育理念，而是缺乏结合学校实际的"本土化教育思想"，我们要在纷繁复杂的信息面前，努力捕捉并生成自己独有的教育思想。

(2) 人文的情怀。人文精神形成于人类认识自我、发展自我、完善自我的过程中，并规范、指导和约束着人类自身的各种活动，是人类对自我的精神关怀。它是人类文明最根本的精神尺度，在人类整体以及个体的进步中扮演着"使人成其为人"的重要角色。

教育是以生命哲学为基础的精神活动，而教师应该是拥有强烈生命意识并能将之贯穿到教育实践的生命工作者。教师的生命意识应该包括三个层面：学生层面——尊重每一个生命，平视每一个生命，不放弃每一个生命，哪怕是有缺陷的生命，让学生在发展中享有完整的、发展的、愉悦的、健康的生命；教师层面——关注自我的幸福体验，关注自我的生命质量，关注自我生命价值的实现，让自我在施行教育的过程中享有完整的、发展的、愉悦的、健康的生命；综合层面——注重互动，注重对话，注重生命轨迹的相交，使教师和学生这两种群体生命在交往中互相交融、互相印证。

(3) 改革的情怀。教育家是改革的实践者、创新的引领者，他们能够与时俱进，在改革实践中不断创新。他们善于发现新情况、新问题、新趋势，善于抓住新机遇，采取新措施，建立新机制。他们应当能够把握时代脉搏，顺应时代潮流，并且敢于领时代之先，在教育中体现和代表先进文化发展的方向。他们敢于超越自己，不断更新思想观念，不断确立个人和学校发展的新目标。

(4) 贴近地面的情怀。陶行知多次告诫教师切不可做"思想的巨人，行动的矮子""思想是儿子，创造是孙子"。教师的思想源自对事业的执着，行动产生理论，理论指导实践。教师，是责任与使命的承担者，是事业的追求者。教师的思想是在对事业的执着追求中产生的，是对教育工作不断的思索、实践、升华，再思索、再实践、再升华。在教育思想的引领下，体会到教书育人的幸福与乐趣，才能与人分享独具的情趣。

古往今来，真正的教育家无不是在教育实践中成长的，在此过程中将教育提升为艺术。而且，他们不是普通的行动者，他们为改变现状而努力，他们有思想和理想的引领，关注弱势群体，促进教育公平，推行生活教育和平民教育。他们一直在执着追求好的教育、理想的教育，从而使自己的探索具有超越现实的精神价值。

(5) 超越的情怀。经历了从"昨夜西风凋碧树，独上西楼，望尽天涯路"的迷惘，到"衣带渐宽终不悔，为伊消得人憔悴"的苦苦追寻，最终达到"众里寻他千百度，蓦然回首，那人却在，灯火阑珊处"的豁然开朗。教学是一种智慧的行为，表现为对儿童心灵活动的关注、理解、把握、导引，在开放的聆听和对话中，给儿童以智慧、希望和力量。课堂的精美并不在于局部的一招一式，而在于整体的韵味和神妙。教师不能总是跟在别人后面人云亦云，更不能总是重复自己。

二、教育家的教育情怀

著名教育家陶行知先生在其著作《第一流的教育家》中指出，有三种人不是真正的教育家，即政客"教育家"、书生"教育家"与盲行盲动"教育家"。一是政客"教育家"。政客"教育家"心思重"政"，轻"教育"，他只会"运动"、把持、说官话，做教育只是从政的一个载体、跳板，其心思并没有在教育上。二是书生"教育家"。书生"教育家"重"理论"而轻"实践"，纯粹做理论研究而不深入教育实践的学者也不是真正的教育家，因为教育家不同于教育学家，不仅要注重理论研究，更要注重实践探索，如杜威、蔡元培等国内外著名的教育家多为教育实践的从事者或改革者。三是盲行盲动的"教育家"，盲行盲动的"教育家"虽然有闯劲且深入实践，有教育情怀，但没有丰富的教育学知识做铺垫与理性指引，只会停留在"创的过程"而不会成为真正的教育家。笔者列举以上三类"教育家"意在提醒大家，现在许多所谓的教育家并不是真正的教育家，他们不具有真正教育家的"内核"。

怀特海指出，"教育只有一个主题那就是五彩缤纷的生活。"教育是为了让人过上更好的生活。教师的职责在于通过教育使学生过上更好的生活，教师只有拥有悲悯的情怀，才能对生命充满深切的关怀，才能引领学生面对成长中必将承受的各种挫折与失败。"带有悲悯之心的教育者，面对那些艰难成长的孩童的生命，脸上带着微笑，内心充满柔情，灵魂深处则在流泪甚至滴血"，这种悲悯的情怀促使教育家自觉地将教育与个人前途、家国命运、时代使命结合起来，勇敢地承担教育的职责以教育促进社会的发展、民族的振兴以及个人的成长。春秋时期孔子以克己复礼为己任，开办私学，开启民智；民国期间，蔡元培、梁漱溟、张伯苓、晏阳初、陶行知等一大批教育家饱含忧国忧民的情怀，以改造社会、救亡图存为出发点，将毕生精力都投入教育，开拓了近代以来中国教育的新气象；现代的斯霞、于漪、刘道玉、魏书生以悲悯之情关注学生的生命成长，诠释了什么是好教育、好人生，均为当代教师的精神导师。

(一)陶行知的教育情怀

陶行知(1891—1946)，安徽省歙县人，中国人民教育家、思想家，伟大的民主主义战士，爱国者，中国人民救国会和中国民主同盟的主要领导人之一。1908 年，十七岁的他考入了杭州广济医学堂。1915 年，入读美国哥伦比亚大学，师从约翰·杜威、攻读教育学博士。1917 年秋回国，先后任南京高等师范学校、国立东南大学教授、教务主任等职。1926 年起发表了《中华教育改进社改造全国乡村教育宣言》。1929 年，圣约翰大学授予他荣誉科学博士学位，表彰他为中国教育改造事业做出的贡献。1931 年主编《儿童科学丛书》，在上海先后创办"山海工学团""报童工学团""晨更工学团""流浪儿工学团"等。1933 年，他与厉麟似、杨亮功等政、学两界的知名人士在上海成立中国教育学会。1935 年，在中国共产党"八一宣言"的感召下积极投身抗日救亡运动。1945 年，当选中国民主同盟中央常委兼教育委员会主任委员。1946 年 7 月 25 日上午，陶行知因长期劳累过度，不幸于上海逝世，享年 55 岁。

陶行知先生是我国近代历史上有重要影响的教育家。陶行知先生原名陶文濬，后改知行，又改行知。先生早年毕业于金陵大学，后留学于美国，归国后的陶行知先生一直从事教育工作，虽然几经易职，但先生对教育的情怀始终未变。

1. "捧着一颗心来，不带半根草去"

陶行知先生是一位极具奉献精神的教育家。先生自比武训，为了兴学倾其所有，到处化缘，生活窘迫却自得其乐，且感染周围友人为教育慷慨解囊。1934 年，陶行知先生的母亲过世，先生将亲友们馈赠的赙仪捐出为教育所用，陶行知为此事致信同事邵仲香："这次治丧，力谋节俭，希望运用省下之钱款与亲友赙仪合设纪念金，为劳苦大众儿童教育之用，志在因家母一人之死而求多人之活。""现在已用节省之款，在晓庄唐氏地上设立纪念苗圃，以为晓庄公有林之基础……这次为家母治丧，得了一点新感想，写成一首小诗：'富人一口棺，穷人一堂屋。讨得死人欢，忘却活人哭。'有棺材睡的人不造林，栽树的人连茅草屋都没得住。 我家未曾栽过几棵树，二十年来已用了九个棺材，至少几十个人的板壁是被我们夺了来，以致露宿在霜天雪地之中，甚至于冻死。我们要造这个纪念林，一方面是弥补以往的过失，一方面是将来死到临头，树已成林，取他一个薄皮棺材，可以无愧了。"每次阅读先生这封信，都为其拳拳之心所感动。此时，似乎任何评价都是多余的。在先生心中，他将对母亲的孝敬和爱升华为对普罗大众疾苦的关爱。1939年，陶行知先生和吴树琴女士以简朴的方式结婚。朋友们送来贺礼，他仍然是捐给学校。在回复家栋同学的信中，他对此有详细交代："前蒙寄来结合纪念品洋三元，无任铭感。不过事先已决定不收贺礼。故将该款交给育才学校，为小朋友捐购图书之用。兹将收据奉上，敬请查收为感。"朴实的话语，简单的行动，背后是先生真挚的情感，是先生对学生最真诚的关爱，是教育最无私的奉献。在育才办学经费最紧张的时候，陶行知先生还将自己仅有的大衣当掉，为育才的师生买来稻草做垫子，并换来一天的伙食。在致李友梅等人的信中，先生写道："捧着一颗心来，不带半根草去。"这句脍炙人口的话也是先生一生行止的真实写照。

2. "千教万教教人求真，千学万学学做真人"

陶行知先生是一位真人。他憎恨虚假与虚伪，一生真诚地面对教育与社会，他也号召别人做真诚的人。他的名言"千教万教教人求真，千学万学学做真人"众所周知，也是今天为师者、为学者的人生指南。1941年，在一封致同事的信里，陶行知写道："我们必须认真办学，以求对得住小朋友，对得住国家、民族。毁誉之来，可不必计较；横逆之来，以慈爱、智慧、庄严、无畏处之。我们追求真理，爱护真理，抱着真理为小孩、为国家、为人类服务，社会必有了解之一日。"陶行知先生不与虚假为伍的意志非常坚决。1940年底，陶行知先生的儿子陶晓光在求职时需要一张文凭，向当时育才学校副校长马侣贤求助，马侣贤未经先生同意邮寄了一张晓庄学校的毕业证明给他。陶行知在重庆闻讯后电告其子将证明寄回，在随后给陶晓光的信里，陶行知说："我们必须坚持'宁为真白丁，不做假秀才'之主张进行……追求真理做真人不可丝毫妥协。万一金大也不能进，我愿筹集专款，帮助你建立实验室，绝不向虚伪的社会学习或妥协。你记得这七个字，终身受用无穷，望你必须努力朝这方面修养，方是真学问。"正是这样对真理的坚守，使得陶行知先生能对自己的儿子做出如此"无情"的决定。陶行知先生对待家人如此，对待学校管理工作也是公私分明，一丝不苟。1940年，在给马侣贤的信中，陶行知先生交代："昨天请客费用，连酒菜、饭茶、滑竿、船钱都开在我的暂记账上，并请立即清算，以便照付。学校经费中不宜动用一文。"在陶行知先生的书信集里，诸如此类的交代不胜枚举，可为今日学校管理者乃至其他公务人员之镜鉴。

3. "人生为一大事来，做一件大事去"

陶行知先生有着丰富的教育思想，但他不是一个空想家，而是一位实干家。他倡导立大志、做大事，探讨大学问，同时把小事做精致。他关于大事与小事关系的辩证极其精彩。1928年，他在给大学生的一封信里说："人生为一大事来，做一件大事去。我现在愿向诸位介绍一件大事。本来事业并无大小，大事小做，大事变成小事；小事大做，则小事变成大事。"在此信中，他把做好一名教员这样的小事与民众幸福、国运兴衰、民族危亡联系在一起，深刻论述了教育的意义。在陶行知先生给他儿子陶晓光的书信里，既有"从家庭的小世界里把自己拔出来，投入大的社会里去"这样关于"做大事"的高屋建瓴的教导，也有"你的字写得太野了，使人认不得，而且写字的纸张不规则"这样关于"做小事"的谆谆教导。陶行知先生一生做了很多大事，如兴办晓庄、育才等学校，作为国民政府外交使节访问 28 国、参加世界教育大会等。在书信集里，我们也常常看到他对小事的关注。1940年，他给马侣贤的信中专门讨论用散草替代垫被的问题："昨晚在北泉睡了一晚，旅馆都用稻草做垫，实在省得多。他们用的是散草，不是扎成的草垫，所以软得很。你前天告诉我要轧棉花做垫被，这是不必需。望停止做垫被，统以散稻草替代。每人省三元，五百人便能省一千五百元。"在给育才驻渝见习团学生的信中，陶行知先生细致入微地探讨了如何爱惜衣服的问题："我在校中和同学分析衣服所以脏的缘故和容易弄脏的地方，得出下列结论，帮助你们保持清洁：袖子脏，因为桌面不抹干净；胸前脏，因为桌边不抹干净，吃饭喝汤不小心……我们又分析衣服之所以容易坏的缘故及容易坏的地方，也希望指出来……"阅读这些细节，读者可能会忍俊不禁，难以想象一个五十岁的校长竟如此事无巨细地写信指导孩子如何保持衣服的整洁。其实，这鲜明地体现了陶行知先生做事的风格，即便是吃饭穿衣之类的小事，也要有科学的分析与精确的指导。在这封关于爱惜衣服的信的结尾，他这样写道："这是国家的衣服，交给你们穿，即是交给你们代管。你们爱惜衣服，便是爱惜国力。这是每一个忠诚的国民应负的责任。"何为小事？何为大事？做好小事也就是在做大事。

(二)徐特立的教育情怀

徐特立，湖南长沙五美乡人，原名徐懋恂，后因自身之际遇改名"特立"，有"特立独行"之意，表明其不随波逐流，不为权势所折腰的正义之气。徐特立一生清苦，热心教育事业，心存教育救国之远大志向。他 19 岁成为塾师，后转为教师，在历经法国留学后，视野得到开阔，对教育的认知也有了根本的转变，不再以教师为职业，而以教育为事业，形成了超越"教育救国论"的价值追求，把教育事业与人民民主革命联系起来，展开了以教育事业促进人民民主的奋斗历程。徐特立先生对教育有一种执着的大爱，他的教育情怀正是源自他心灵深处的纯粹之爱对知识的渴求，对国家兴亡的忧虑，对人民疾苦的痛心。

1. 甘为教育献身的坚定信仰

作为一名教育家，尤其是一名有情怀的教育家，不能没有教育信仰。在那个战火纷飞的年代，坚定的教育信仰更加弥足珍贵，越是在地瘠民贫的陕北，越是锤炼了老一辈革命家的信仰。它是一种超越物质的精神力量，是面对各种艰难困苦的勇气和决心，是直面惨淡现实的精神动力。为使我们的民族摆脱灾难，为使我们的人民摆脱奴役，为使中华民族千千万万的同胞顿悟觉醒，徐特立先生深刻反思了当下支离破碎的教育现状，他认为必须改变教育中与生活相冲突的现状，让教育成为生活的引路灯，散发它本该有的光和热。徐特立先生的教育信仰不仅是一种理念，更是一种不自觉的实践行为，它内化在徐特立先生的心灵深处，成为徐特立先生改革延安教育持久而深厚的强大动力。

徐特立先生一生志在教育事业，期望能以一己之最大努力开民之智，尤其让人感触极深的便是先生的"断指血书"，他怒于清廷的无能，愤于外国的欺侮，痛心于国人的麻木，在长沙修业学校的一次演讲中，当场以利刃割破自己的小指，血书"驱除鞑虏，恢复中华"。如此这般的举动着实让人为之震颤，先生内心的激情与愤慨已无法用语言来表达，为民革命的理想之火正在熊熊燃烧，显现了徐特立誓死革命、敢于斗争的勇气和情怀，激发了那些与徐特立拥有共同信仰的同胞，将民众的力量凝聚在一起，从而形成一个强有力的集体，共同为革命事业而奋斗。此外，先生为了让更多的适龄孩子能如期入学，不惜毁家办学，他说："人一生总要有个事业，能让自己坚持一辈子，而教育就是我毕生的事业"，他对教育的执着与热爱超过了一切，他坚信教育的力量，宁可牺牲家庭也要办令人民满意的教育。

延安时期的徐特立先生已年过半百，此时的他已尝尽了人生的冷暖，或者说是尝尽了生活的苦与痛，但他那颗以教育救国的纯洁之心仍闪闪发亮。徐特立先生一到延安就马不停蹄地办起了教育，并取得了惊人的成果，自徐特立到延安后，边区的学校数量和学生连年增加，到1940年秋，全边区的小学增加到1 341所，学生多达43 628人，相比1935年增加了10倍之多。徐特立的教育信仰如星星之火，以燎原之势照亮了整个陕北地区。先生秉承"教国民不教顺民"的教育理念，旨在让人民学会独立思考，能够自由运用自我理性，学会辨别是非不盲目服从，破除迷信思想，学习科学、相信科学。这场教育实践如春风一般瞬间吹遍了整个陕北地区，点燃了人们追求真理的明灯，更点燃了群众手中高举的解放火炬。同时，在教育中向广大人民宣传、介绍马克思主义，逐渐在群众心中培植共产主义信仰，有共同的信仰是团结人民群体的必要前提。延安时期是一个特殊的历史时期，人们心中的信仰是一种高于物质追求的精神，是集体精神生活的重要组成部分。缺乏信仰的教育不会是真正的教育，缺乏信仰的人生将是荒芜而无意义的。

2. 孜孜以求于共产主义教育事业的精气神

徐特立先生的前半生都在自我摸索，在战乱的社会中寻求符合社会发展需要的教育方式，一刻也不敢懈怠。直到1927年，其子徐笃本被国民党反动派暗杀，他才清醒地认识到国民党的冷酷无情与黑暗残暴，在血雨腥风中毅然加入中国共产党，而此时的徐特立已五十岁，但他是一位坚强的老战士、一位屹立不倒的革命党人。他经过长征到达延安后，以自身丰富的教学实践经验开垦了边区教育的荒原地带，在当地进行了丰富的实践探索和一系列文化理论探索后，徐特立从当地的实际状况和民主革命的需要出发，开展了各式各样的教育活动，扫除了大批文盲，为中国共产党的革命事业培养了大批的后继人才，巩固了共产党在革命根据地的政权。

(1) 独特的教育教学理念。徐特立自幼苦读传统经典著作，长大后又分别在日本、法国、俄国留学、访问，可谓学识渊博，博古通今，具有宽广的教育视野。他在深入学习西方国家的教育思想时，继承了外国教育思想中的优秀教育理念，同时，融合我国传统的教育思想理念，兼收并蓄，博采众长，力求与中国特殊的社会实际相结合，形成了自己独特的中国化教育理念。自他在梨江创办第一所高等小学堂时就给自己立下两条规矩：多教课，只吃饭，不拿薪。后来，在他创办的学校中，他都坚持与学生一起吃饭、就寝，而不与教师一起，他是卓越的"身教主义者"，总是拿比别人更少的钱，做比别人更多的事。毛泽东也曾热情洋溢地颂扬徐特立先生"革命第一，工作第一，他人第一"。

在延安时期，徐特立先生经过持续的实践工作和艰苦卓绝的探索，摸索出了一条适合边区特殊状况的教育方式。他打破教育常规，创办了一所被人们称为"文盲师范"的新文字(即用拉丁字母拼写而成)扫盲师范学校。这是一所集中了伤员、病员和家属的特殊学校，它采用先学新文字再用新文字学习汉字的方式教人们识字，集中学习三个月便取得了较为满意的成果，这一批人就成了后期组织开展"冬学"教育的教员，很大程度上缓解了边区教员紧张的问题。同时，徐特立还组织了多种形式的识字小组来帮助当地的农民识字，学习文化知识，并开展思想教育。除了对成人和干部的教育，徐特立也特别注重小学教育，他认为儿童是国家的未来，是民族的希望，是新一代共产党的接班人。为此，他下乡兴办列宁小学和红色小学，并通过自身的努力解决新校的师资问题。在他的努力下，边区的小学教育迅速发展起来，为了使这些小学生能继续接受教育，徐特立又开始筹备中等教育。徐特立提出要建设大规模的、程度较高的学校，其中最有影响的就是鲁迅师范学校。

徐特立秉承实事求是和理论与实践相结合的教育理论，在改善边区的教育状况时注重从当地的实际出发，形成符合当地生产劳动实际需求的教育模式，虽然形式分散、零散，但在当时特殊的社会环境下仍不失为一种快速有效的教育方式。在教育内容上，注重符合时代发展的潮流，使教育贴近群众、贴近生产、贴近家庭。同时，传播新思想、新理念，使人民正确地认识共产党，认识新民主主义革命的价值，敢于思考新中国的出路。在儿童教育上，徐特立反对体罚，提倡说理式教育。他认为体罚会挫伤学生学习的积极性，伤害学生的自尊心。他总是以一种巧妙的方式使学生不失尊严地受到教育，让学生能够自我反思，反观内心，产生羞耻、惭愧之心，从而实现自我改善。

(2) 培养科学人才的远见卓识。1939 年，由于历史的原因和实际工作与生活的需求，党中央在延安创办了自然科学院。当时，日本帝国主义的"以华制华"的政策加剧了国民党顽固派的反共浪潮，他们切断了对陕甘宁边区的物资供应和经济支持，对陕甘宁边区进行经济封锁，企图扼杀边区战士和人民的生机。为了克服这一困难，实现边区物资的自给自足，边区召开"自然科学讨论会"，力求通过自然科学研究，推进边区的生产发展，解决当下军民最基本的生活需求。1940 年，徐特立返回边区后，被任命为延安自然科学院院长。他说道："前进的国家与前进的政党，对于自然科学不应该任其自发地盲目发展，而应该是有计划、有步骤地发展。它不应该只把握着全国的政治方针，还应该把握着全国科学和技术发展的方针。"徐特立认为，作为同一政党的共产党员，应该同心同德，团结一致，自力更生、艰苦奋斗，办好自然科学院。

在徐特立的带领下，延安自然科学院为革命培养了一批又一批的科学技术人才，极大地促进了陕甘宁边区自然科学和工业生产的发展，缓解了边区军事物资短缺的状况，同时，为人民解决了大量的生活问题。在办学宗旨上，徐特立主张实现教育、经济、科学的紧密结合相互促进，创造性地提出了"科学教育与科学研究机关以方法和干部供给经济建设机关，而经济机关应该以物质供给研究和教育机关。三位一体才是科学正常发育的园地"。徐特立坚持协调发展、科学规划、统筹兼顾的科学教育方法，同时，主张进一步加强基础科学知识教育，让学生能够系统、全面地学习科学知识。经过一段时间的摸索，自然科学院制定了合理的学制，即初中三年，高中两年，大学三年，全面、系统地培养学生的科学素养。徐特立认为，共产党不能完全依赖大后方的人才支援，必须培养经过共产主义思想改造的科研人才，虽说科研无边界，但科研人员有立场，共产党要培养的科研人才必须是无产阶级的革命战士，必须是经过马克思主义思想的洗礼，能够全心全意为党的事业奋进，为人民服务和为人民谋利益的人才。历史证明，自然科学院不负重望，它为抗战的胜利培养了一大批技术骨干，在解放战争中也发挥了重要的作用。

今天缅怀徐特立先生就是要继承发扬他崇高的精神追求和德育为先的教育理念，先生对教育的追求超越了世俗的价值理念，他在长期的实践教学与办学中形成了自己独到的教育思想，他对教育的执着与热爱超过一切物质的存在，不管在多么艰苦的环境下他都不会放弃自己的教育事业，而是更加坚定自己的教育信念。这种朴实而自然的教育情怀凝聚了先生的操守和品格，在当下仍然散发着灿烂的光芒，这种不为功利，不求享乐的教育精神值得当下每一位教育者去学习。

(三)晏阳初的教育情怀

晏阳初(1890—1990 年)，是现当代在我国乃至全世界都有巨大影响力的平民教育家，被尊称为"世界平民教育之父"，是一个有着崇高信仰和平民教育情怀的优秀学者。正是以其坚韧不拔的顽强毅力和超乎常人的伟大思想，书写了一位平民教育家光辉灿烂的一生。他犹如世界教育发展史上的一颗璀璨明星，为处在最底层的劳苦大众带来久违的光明。"民为邦本，本固邦宁"就是晏阳初先生教育思想的真实写照。晏阳初先生的教育思想不仅使当时的教育情况有明显改善，同样对当今的教育事业发展有着旗帜性的指导作用。

1. 平民教育情怀

晏阳初的成长深受以儒家思想为核心的中国传统文化和以美国为代表的西方文化影响。他感受到了西方文化教育与科学技术的革新与进步，更体会到了当时中国的落后与贫穷，这便是晏阳初老先生立下"教育救国"信念的源泉。

(1) 平民教育的目的。旧中国积贫积弱，晏阳初认为，要改变这一情况，应从"人"中去寻找好的方法来解决，而农民是当时中国的最大群体，要真正改变中国的现状就要转变平民的思想，改变他们的思想就要靠教育来感化。因此，晏阳初先生认为能够肩负振兴民族伟业使命的就是教育。于是，他把目光投向了当时在中国所占人口最多、地域最广、文化水平最低的农村，开发农民的"脑矿"，通过教育使农民成为对社会和国家更有用的人，成为世界的新民。通过平民教育为中国、世界培养新民，进而提高整个国家的素质，建立和巩固民主共和国家，这些都是晏阳初的精神追求。

晏阳初面对中国最底层人民所处的环境和背景，提出"平民教育"的目的就是"扫除文盲，作育新民"。"扫除文盲"是起点，使人们有知识、有文化是重要一步，但仅仅是第一步，教育中国人民的真正任务才刚刚开始，"作育新民"才是目的和归宿。

(2) 平民教育的方式和内容。强烈的社会责任感促使晏阳初先生对中国千头万绪的问题进行梳理，针对问题，他提出了"三大方式"和"四大教育"。"三大方式"指三种学习方式，即学校式学习、社会式学习和家庭式学习，强调了学习的全方位；"四大教育"指四种教育内容，即文艺教育、卫生教育、生计教育和公民教育，也就是培养人民的知识力、强健力、生产力和团结力。平民教育就是要重新把全国不识字的青年和成年人培养成有智知力、生产力和公德心的"全面的人"。他认为，这样的平民教育思想可以从根本上消除愚昧、贫穷、病弱、自私涣散等四大劣根。这种教育，充分体现了平民教育思想的精华，让教育走向大众，让文化普度众生。平民教育的进行，打破了教育由权贵阶层掌握的局面，开化了农民的禁锢思想，大大改善了农民的精神面貌，具有开天辟地的现实意义。

(3) 平民教育的伟大实践。1919 年，中国爆发五四运动，晏阳初同包括陶行知在内的众多教育家发起创立了中华平民教育促进总会。从此，他的足迹踏遍中国各地，首先在城市广泛进行识字实验和扫除文盲运动，开展平民教育，为 20 世纪中国的教育发展写下了浓墨重彩的一笔。1926 年以后，他开始在农村开展平民教育和乡村建设，把河北省定县作为试验区，开创了农村平民教育的先河。晏阳初先生同时鼓励有知识的青年学者加入农民，到基层去，使自己的价值能够最大限度地实现。在他的大力倡导下，众多知识分子加入平民教育和乡村建设中。著名的"定县实验"也在长达10年的开展中愈加充满活力，大大促进了我国20世纪前半叶的教育事业发展。之后，晏阳初先生向全国范围推广平民教育，在重庆创办中国乡村建设学院，第一次使中国的高等教育与农村、农业、农民问题有效地衔接起来，为我国乃至世界高等教育的发展提供了新的思路。

新中国成立后，他开始在世界上推广自己的教育事业。同时，也将"扫除文盲，作育新民"的信念扩展成"除天下文盲，做世界新民"，足迹行遍亚、非、拉，将在"定县实验"中总结的经验和教训指导世界各国的平民教育运动。特别是在菲律宾发起创办了国际乡村改造学院，成为国际上著名的乡村工作的干部培训中心。晏阳初先生的一生是为平民教育和乡村建设奋斗的一生，开拓、发展了平民教育理论并将其推广到全世界。

2. 平民教育思想的时代价值

晏阳初先生利用科学的方法、大胆的实践，使平民教育形成完整的体系和科学的制度，自成一派，对当时的社会产生了深远的影响。

(1) 躬行实践，勇于创新。"纸上得来终觉浅，绝知此事要躬行"是我国诗人陆游的诗句，告诉我们实践的重要性。"实践是检验真理的唯一标准"是我国改革开放时期的口号，告诉我们要用实践来检验事物的正确与否。晏阳初先生的胜人之处就在于，他不仅有坚定的信念，更有坚持不懈的实践。他基于中国农村落后原因的深入调查和总结后，得出了中国广大平民特别是农民世代没有摆脱贫困和落后的原因，并找到了解决的方法。所以说，平民教育理论是一个联系中国实际、适合中国国情的教育理论。

晏阳初先生熟悉中国的基本国情和广大人民所处的时代背景，他知道传统的中国教育方式方法和西方的教育教学都不适合中国基本国情。他勇于创新，一是教育目标的创新，扫除文盲是初级目标，而"作育新民"是更高一级的目标，进而实现国富民强的总目标；二是教育内容创新，针对中国的"愚""弱""穷""私"等"病症"性缺点，提出以文艺教育、卫生教育、生计教育和公民教育为主的教育内容；三是教育对象创新，晏阳初先生把教育对象定为平民，重点在农村，极大地改变了中国传统的教育观念，切实践行了儒家思想的"有教无类"。

(2) 以人为本，人人平等。晏阳初先生的平民教育思想充盈着平等之意。平民教育思想体现着因地制宜、人人平等的要义，想人民之所想，一切为了广大的民众。针对当时社会黑暗、民族衰颓的现实，晏阳初先生指出：中国今日的生死问题，不是别的，是民族衰老、民族涣散，根本是人的问题。以人为本是宗旨，晏阳初先生强调教授给人们最实用的知识和技能，从个体的自身发展出发。从晏阳初先生的平民教育理论和伟大实践中不难看出，他是一个深受中国儒家思想影响的教育家，强调"仁"与"爱"，也不难体会到晏阳初先生"王侯将相宁有种乎"的呐喊。

(四)霍懋征的教育情怀

霍懋征，女，1921年9月18日出生于山东省济南市教师之家。1943年毕业于北京师范大学数学系，毕业后留任师范大学第二附属小学工作(即今北京第二实验小学)，由于工作努力，成绩突出，1956年被评为全国首批特级教师。2010年2月11日零时35分，霍老师在北京因病去世，享年88岁。她多次荣获北京市模范教师，北京市"三八"红旗手、全国

"三八"红旗手等荣誉，并先后担任北京市妇联副主任、全国妇联执行委员、中国教育学会常务理事、中国小学语文教学研究会常务理事等职务。曾当选为民进中央常务委员，第五届全国政协委员，第六届、七届、八届全国政协常务委员。在第一次全国教育工作会议上荣获"中国现代百名教育家"称号。

1. 没有爱就没有教育

"没有爱就没有教育"是霍老师"以爱执教"的座右铭，说的是教师要热爱、尊重和关心学生，把真诚的爱给予每个学生，这是霍懋征老师教育思想的精髓。霍老师始终倡导爱的教育，她认为对学生的爱不仅是对学生的身心小心翼翼的呵护，更是对每一名学生个性的尊重和理解。她说："不爱学生，就不可能关心他，也不可能教好他。"

她常常把更多的爱倾注在那些后进生身上，倾注在那些需要帮助的学生身上。学生病了，她带着去看病求医，不辞辛苦地为其的买药、送饭；学生家庭有困难，她就自己掏钱去为学生买午餐；学生踢足球没有鞋穿，她就在比赛前夕送去短裤、球鞋；学生的父母因公调到外地工作，她就把孩子接到自己家里吃住。

2. 没有兴趣也没有教育

霍老师平时注重培养学生的学习兴趣，经常组织各种有趣的课外活动，让学生在活动中获得快乐，并将一些知识和道理巧妙地渗透在活动中，极大地调动了学生学习的积极性，让他们产生浓厚的学习兴趣。

3. 八字方针

"激励、赏识、参与、期待"八字方针，是霍老师从教 60 年一直坚持的育人方针，激励每一个学生求进，赏识每一个学生的才华，让每一个学生都参与教育教学活动，期待每一个学生成功。在她的眼里，"没有教不好的学生，只有不会教的老师"，在她循循善诱的教导下，无论是当年的优秀生，还是令人头疼的捣蛋鬼，最后都走上了各自的工作岗位，成长为国家的栋梁之材，走上不同的工作岗位。

有一次批改作文的时候，霍懋征发现一个女孩作文中有几句比平常写得有进步，马上在她作文本上把这几句勾出来，批上："这几句非常好，表达了当时的想法。"这个女孩之前的作文写得不怎么好，霍懋征希望让女孩知道，老师随时关注着她的进步。第二天上课的时候，霍懋征特地拿出那个女孩的作文，用饱含深情的声调朗读了那几句话，并向全班同学进行讲解。

4. 育德于教、文道统一

霍老师"育德于教、文道统一"的教育目标是从提高学生的素质、发展学生的智力与能力方面提出的。语文教学就是要育人为本，语文课应在训练学生语言能力的过程中，塑造学生的灵魂，坚持"一课一得"的原则。语文德育功能的充分运用，应该是教师自觉地把德育意识和德育内容渗透于语言训练中。霍老师在教学中关注的不仅是语言文字，还有通过语言文字能作用于人的文中之"道"。

《落花生》一课是通过平常的故事告诉人们一个深刻的道理，即做人的标准。教学中教师往往注重教育学生"不做外表好看而对别人没有用处的人"，霍老师则进一步扩展课文的主题，把这样三句话同时展示，由学生充分讨论："它虽然不好看，可是很有用，不是外表好看而没有实用的东西"；"人要做有用的人，不要做只讲外表，而对别人没有用处的人"；"人既要做对别人有用的人，也要注意外表和礼仪"。霍老师在对教材内在的思想意义全面、准确地挖掘后，在句子教学和字词理解的过程中，将这一番严肃的话题渗透其中，学生在接受知识的同时，对老师的人生观也给予认同。

5. 教育是科学也是艺术

霍老师的一个学生说，霍老师教我们做人，不是说出来的，而是做出来的。霍老师觉得孩子的眼睛就像摄像机，耳朵就像录音机，他们会把老师的一言一行记录下来。老师在学生眼里是一个榜样，是他们学习的楷模，所以教育是科学也是艺术。

班上有个爱下象棋的孩子，经常逃课，找人下棋，与人比高低。一天，霍老师对他说："听说你爱下象棋，放学后下一盘好吗？"他惊讶地说："您行吗？"老师说："不如你的话，就向你学呀。"第一盘老师故意输了，他特高兴。老师说："我不服气，再来一盘。"第二盘他输了，他不服气了，但第三盘、第四盘、第五盘都输了。他服气了："老师，您真棒啊！"霍老师趁机说："我虽然下得比你好，但你看到我到处找人下棋吗？我不能因为爱下棋就不上课呀。以后我们在课下交流，互相提高怎么样？"从此，这个孩子开始好好学习，再也不逃课找人下象棋了。

6. 素质教育

十学会：学会做人、学会自律、学会学习、学会思考、学会审美、学会创造、学会热情、学会健身、学会生活、学会劳动。

(五)斯霞的教育情怀

斯霞(1910年12月—2004年1月12日)，浙江诸暨人，当代初等教育专家，1922年就读于杭州女子师范学校，1927年毕业后，先后在浙江绍兴、嘉兴、萧山、杭州及江苏南京等地小学任教。1932年起在中央大学实验学校小学部(南京师范大学附属小学前身)工作，后分别在绍兴第五中学附小、嘉兴县集贤小学、萧山湘湖师范、南京东区实验小学、中央大学实验小学、南京师院附属小学等学校任职。解放后加入中国共产党，被誉为"小学教育界的梅兰芳"。

1. "生动课堂"

在课堂上，斯霞从来不把学生当作知识的容器，拼命往里灌知识。她把主要精力放在启发诱导上，主张丰富学生的想象力和理解力，即使对刚刚入学的一年级学生也不例外。一年级课文中有"笔"这个生字。上这一课时，斯霞带了一支毛笔走进教室。她拿着毛笔，首先问学生，笔杆是什么做的。"竹子做的"，学生齐声回答。于是，她在黑板上工工整整地写下了"竹"字。她又问笔头是什么做的。大家说是毛做的。她又写个"毛"字，并告诉学生，"竹"字在上，"毛"字在下，合起来就是"笔"字。

接着，她又让大家注意"竹"字头的写法。学生发现笔画有了变化。斯霞解释说，这是因为"竹"字下面要让出地方来给"毛"字，这样写出来才好看。学生的眼睛里立刻闪出了光芒。这时，斯霞又问大家，除了毛笔，大家还看见过哪些笔。大家争先恐后地列举了铅笔、钢笔、圆珠笔、蜡笔……斯霞用手举起一支粉笔，"还有粉笔！"学生异口同声。这样，一个"笔"字，以它各种具体的形式，深深地留在了学生的脑海里。

斯霞善于根据儿童的特点，采取多种多样的教学形式来激发学生，特别是低年级学生的兴趣。她觉得学生只有产生了兴趣，注意力才能集中，新的知识才能轻松愉快地被接收。譬如读书，斯霞经常采用的就有好多种。有教师或优等生的领读，有指名读，有分组读，有学进和学困搭配读，有分角色读，有对读，齐读……这样，虽然读了多遍，由于变换了花样，学生仍然感到新鲜，并不觉得厌烦。如此下去，读多了，成熟了，课文中的语言自然而然地融入学生自己的语言。

凡是听过斯霞讲课的人，还有一个共同感觉，那就是她和学生自始至终融为一体。学生既是教学的客体，又是教学的主体。在她的课堂上，教师的提问往往比讲述多，学生的发言往往比教师多。用斯霞的话说，这样就把学生的兴趣激发了出来，积极性调动了起来，组织他们去思考问题，提高了课堂教学的效果。有一次讲"笑嘻嘻"这个词。她让学生看她脸上的表情。学生见斯霞咧着嘴，眯着眼，都说老师的脸上笑嘻嘻的。受到老师的感染，学生一个个小脸上也绽放了笑容。斯霞接着问大家，除了"笑嘻嘻"，还有什么词表示笑的？有的说"笑眯眯"，有的说"笑哈哈"，有的说"笑呵呵"。

斯霞又问，"笑哈哈"和"笑呵呵"有什么不同？立即有学生回答道，"笑哈哈"是张开嘴在大笑，"笑呵呵"嘴张得没那么大。她最后又问，这两个词与"笑嘻嘻"又有什么不同？一个学生说，"笑呵呵"和"笑哈哈"都有声音，"笑嘻嘻"没有声音。这一连串的引导、提问，使学生不但理解了"笑嘻嘻"这个词，还对各种笑有了系统的认识。

这样一堂堂生动活泼的讲课，一层深一层的提问，可以看出斯霞花费了多少心血！为了理解课文的真实含义，她常常一大早就来到校园，手捧着课本，一遍又一遍地试读；为了讲透每一个生词，人们都已经入睡了，她还在电灯下设计着一个又一个教案。

2. "母爱教育"

斯霞不只是一个教书匠，在她的身上始终洋溢着慈母般的温情，流淌着爱的暖流。她的床学生睡过，她的衣服学生穿过。每一个学生的思想品德、温饱冷暖，无不牵挂在她的心上。

1962年深秋的一天，突然刮起了西北风，气温急剧下降，一些家长为孩子送来了衣服，可还有很多双职工子女仍然穿着单薄。下课后，斯霞回到家里，翻箱倒柜，把所有能穿的都拿了出来。大大小小的各种衣服虽然学生穿得不很合身，但却温暖了他们幼小的心灵。第二天，一个姓吴的女学生把斯霞平时穿的红毛衣还给老师，说了声"谢谢"就离去了。斯霞打开毛衣一看，里边还包着一个鲜红的苹果。

南师附小的校门口比较低洼，每到下雨天，校门口便成了一个大水塘。这对七八岁的小学生来说，是一个不小的障碍。上学时，斯霞早早地站在校门口，把他们一个个背过来；放学后，又把他们一个个背过去，看着他们安全地离去。

那是1963年的晨会课，斯霞发现有个学生趴在桌上。她走到那个学生身旁，摸了摸他的额头，头上都是冷汗。斯霞轻声问他是怎么回事，学生说他们家搬家了，刚才上学急呼呼地走了半个小时，现在感到浑身很累。斯霞让他安静趴一会儿。放学后又到这个学生家里去，他的新家离学校确实很远。斯霞对学生的父母说："如果你们放心，就让孩子住在我的宿舍里，行吗？""怎么不行呢！"学生的母亲激动得握着斯霞的手，连连表示感谢。就这样，这个学生在斯霞的宿舍里住了几个月，直到毕业后才搬回家去。

斯霞撒下了爱的种子，学生们也都把她看成知心的母亲，爱戴她，尊敬她，有话愿意向她说，有事愿意找她讲。毕业离校了，学生还和她保持着联系。

教师职业道德的核心就是忠诚于人民，这个原则表明教师热爱教育、立志从事教育的态度，体现了人民教师献身教育事业的精神。

斯霞丈夫逝世后，家务的重担都落在斯霞一人肩上，但斯霞无怨无悔，默默地承担着一切。她挺起腰杆，坚定地走在教改的道路上，她在日记写道："当我在党的教育下，逐步树立了一切为着孩子的成长，一切为着祖国的未来这样的信念时，我千方百计地去钻研我的工作，如饥似渴地去补充我的知识，再苦、再累也心甘情愿，有了这个信念，个人的安逸、家庭的幸福，如有必要，我都能牺牲；有了这个信念，什么样的屈辱我都能忍受，什么样的磨难我都不怕；有了这个信念，所有那些瞧不起'孩子王'、瞧不起小学教师的世俗观念，都不能使我动摇，我都可以像抹去一缕蛛丝一般地把它丢在一边……有了对所从事工作的执着的热爱，再平凡的岗位也可以做出不平凡的贡献。"

(六)李镇西的教育情怀

1. 教育是一种依恋

什么是教育中最重要的，教育中的决定因素是什么？一个校长可能会说：理念、观念、规模。阿莫纳什维利说过："谁爱儿童的叽叽喳喳声，谁就愿意从事教育工作，而谁爱儿童的叽叽喳喳声已经爱得入迷，谁就能获得自己的职业的幸福。"就这么简单，教育是一种依恋，一种享受，教育是自己的爱好。

判断一个学校好不好，其实只要看这个学校的孩子脸上是否挂满快乐、阳光的笑容。在李镇西的学校，他从来不给学生贴标签，不管成绩好的或差的都一视同仁，一样喜欢，每届应届毕业生都要找他签名，他就是这样一个时刻把孩子放在心上，时刻想着孩子的校长，一个让学生不怕的校长，从他的教育中，我们可以看出好的教育就发生在师生的彼此依恋中。

2. 教育是一种理解

什么是理解？陶行知先生有一句话："教育者要变成小孩子。"也就是说，要切实找到一种进入孩子的方式，要有一颗童心，找到和孩子在一起的存在感。如"小孩亲吻鱼"的故事，谁也不能否认小孩爱鱼爱得强烈，爱得真诚，但他理解这个鱼吗？不理解啊，如果小孩能够理解，那么他应该知道鱼最需要的不是他的吻，而是水。如果他真的爱这个鱼，他就会马上把这个鱼放回水里而不是抱着吻着，如果这样，越是爱鱼，鱼反而越快地死去。为什么想到教育呢？这样的老师还少吗？口口声声说我是爱学生的，我是理解学生的，越爱学生，学生越烦。南师大附中语文特级教师吴非有一句话比较尖锐：一个学校最可怕的事就是一群愚蠢的教师去兢兢业业。不了解孩子就谈不上教育，而这种了解，首先是站在孩子的角度，要有儿童般的情感，陶行知先生说，您不可轻视小孩子的情感！他失手打破了一个泥娃娃，就好像寡妇死了独生子那么悲哀；他给您一块糖吃，就好像有"汽车大王"捐助一万万元的慷慨；他想你抱他一会儿而您偏去抱了别的孩子，就好比一个爱人被夺去般伤心，这就是儿童般的情感。

教育者要有一颗晶莹剔透的童心。科学家做实验要保持一种冷静、理智、客观，而教育不同，教育者必须把自己和教育对象融为一体，带着浓烈的情感，要有儿童般的兴趣。如果教师同孩子之间没有共同的兴趣、喜好和追求，就不能通向孩子的心灵。教师应该和孩子一起读书、踢球、玩耍。保持着一颗童心，就是要用儿童的眼睛去观察，用儿童的耳朵去倾听，用儿童的大脑去思考，用儿童的兴趣去探寻，用儿童的情感去热爱。

3. 教育是一种尊重

教育的尊重不是教师说了算，要学生内心能够感受到才行。尊重每一个学生，首先要敬畏生命，把每一个学生当成一个同等的生命来对待，无论他是优秀还是顽劣，无论他是懂事还是叛逆，我们都要平等地对待每一个学生。俗话说："麻雀虽小，五脏俱全。"孩子年纪虽小，不懂事，但他们作为一个独立的人有存在这个世界上理应享有的人格与尊严，我们要不惜一切地保护这份尊严，使其健康、快乐地成长。

4. 教育是一种浪漫

教育是一种浪漫，这种浪漫赋予了孩子生命感，使孩子在人生中不仅有了高度，还有了温度。我们要把怎样的时光留给孩子们未来的记忆？这个问题应该用一生去回答，教育不仅仅是纯知识的传授，还是充满情感，并且充满情趣的过程。什么是好的教育？好的教育有两个标准，既有意义又有意思，它是个体和共体的统一，有意义是站在成人的角度，我们的理想，我们的使命，我们的目标得以实现；有意思是站在孩子的角度，它意味着学校生活是有趣的，是浪漫的，是好玩的。只有意义没有意思，教育就成了说教，只有意思没有意义，教育就成了搞笑。学生毕业后有很多惊心动魄又妙趣横生的记忆，这种教育有温度，有人性，这才是浪漫教育。

5. 教育是一种传奇

从某种意义上说，教育就是和孩子一起编织师生的生命故事，如果故事变成了不朽的传奇，教师则变成了伟大的导演。什么是教育，一个日子，一个孩子，就是教育。教育的全部就是善待每一个日子，呵护每一个孩子。在每一个日子里，我们和孩子之间有多少故事发生啊！一个优秀的教师，就是善于和孩子一起编织童话故事——把纯洁、理想、善良、美好、情趣……点点滴滴的琐碎编织进去，用相机将美好的瞬间变成永恒的记忆，一本本班级记录册，一座座青春的纪念碑，一座座教育的里程碑，一堆堆琐碎的日子便汇成了一个完整的人生。日子虽然琐碎，但内涵却很伟大，它事关青春，事关童心，也事关教育。创作童话，缔造传奇，导演大片。师生互相珍惜几十年，这就是传奇。

一晃三十年过去了，让人敬佩的是教师那颗纯净、一尘不染的心依然和当年一样，没有半点变色。理解学生依然爱他，依然把他当朋友。教师的成功不必用多少的荣誉来证明，教师的光荣就印刻在理解学生的记忆里。世界上有什么职业比教师更幸福？

6. 教育是一种责任

学校教育担负着一个重要的责任，就是让普通人成为精神上健全的人，成为文明社会的有用人，从这个意义上说，学校教育就是应该以人为本的，而且应该是以普通人为本的，尤其是基础教育。当代中小学不需要培养多少人才，而应该培养精神上自由，人格上完全独立的人，在这个过程中，快乐是一个重要的元素，老师和学生应该心怀美好地度过。

(七)于漪的教育情怀

1. 做有教育情怀的教师，必须充满深厚感情

《现代汉语词典》对"情怀"的解释是："含有某种感情的心境。"于漪老师说："当了老师，就要进入角色，要进入痴迷的程度，对事业如痴如醉，否则不会成功。"在于漪老师眼中，每位学生都是金子，为国家培养"有根有魂"的栋梁之材是她孜孜以求的梦想。教育是塑造灵魂，塑造生命，塑造新人的工作，它真正对人的心灵具有意义的部分都是自然而然、不着痕迹的，这就需要教师发自内心地热爱、无怨无悔地追求。我们要像于漪老师那样，忠诚党的教育事业，对党的教育事业倾注满腔热情；我们要像于漪老师那样，对学生充满深厚感情，用生命诠释师爱，以赤心传递关怀。只有热爱教育事业，热爱自己的岗位和学生，才能把自己全部聪明才智献给这一神圣的事业；只有热爱教育事业，才能满腔热情地关心、爱护学生，引导学生健康成长；只有热爱教育事业，才能身体力行，言传身教，为人师表。

2. 做有教育情怀的教师，应当追求更高境界

这里的境界，指教育的境界。教育应当回归本真。教育的本真是育人，是立德树人。所谓"立德"，就是要引导学生做到"明大德、守公德、严私德"，特别是要树立共产主义理想信念之"德"，贯彻落实习近平新时代中国特色社会主义思想，自觉践行社会主义核心价值观，将来为社会主义现代化建设服务；让学生拥有一颗中国心，中国心中装着中国梦。所谓"树人"，就是要培养德、智、体、美、劳全面发展的社会主义建设者和接班人，要让学生具有报效祖国、服务社会、成就人生的能力。于漪老师说："作为教师，就是育人，就是引领孩子走一条健康、正确的人生之路。这条路该怎么走？就是让我们的孩子德、智、体、美、劳全面发展。每个孩子都是国家、老百姓的宝贝。有了良好的国民素质作为基础，我们的中国梦才能实现。"我们要像于漪老师那样，在传授知识、培养能力的同时，向学生播撒理想的种子、美好情操的种子，帮助学生明确人生的奋斗方向，明确人生的意义和价值，使其既有做人的底线、追求的目标，又有生存的本领；我们要像于漪老师那样，让生命与使命同行，把自己的工作与国家、民族的奋斗目标紧密联系起来，与实现中华民族伟大复兴的中国梦紧密联系起来，与为国家发展、民族复兴培养更多更好的人才紧密联系起来，完成党和国家赋予的神圣使命。

3. 做有教育情怀的教师，必须追求诗意教育

诗意的教育是自由的教育。这里的"自由"有两层含义。体现在学生与知识的"相遇"中，就是学生对知识的向往与追求；体现在学生与教师的"相遇"中，就是师生间的平等交流与对话。自由使师生双方在教育教学过程中体验到自在、和谐、安宁、怡然自得。于漪老师说："教育要尊重学生的天性。""教师的感悟替代不了学生的感悟，只有认真倾听学生，师生平等对话，才能形成生命的磁场。"我们要像于漪老师那样，把知识交到学生手上，融入学生心中，使之成为学生良好素质的基因；我们要像于漪老师那样，用平等的态度对待学生，走进学生的世界，以高尚的情操陶冶学生，做学生健康成长的引路人。

拥有教育情怀，是教师的第一门必修课，是成为一名优秀教师的前提和基础。滋养教育情怀，需要我们加强学习，尤其是多读一些教育著作发现和认识教育思想中的瑰宝，读书的过程是鉴赏教育思想的过程，更是坚定自己教育信念的过程。滋养教育情怀，需要在行动中磨砺。我们要严格要求自己，提升精神品位，发挥身教力量，带头践行社会主义核心价值观，弘扬真、善、美，传递正能量，真正把教书育人和自我修养结合起来，时刻自重、自省、自警、自励，自觉做以德立身、以德立学、以德施教、以德育德的楷模。

(八)费曼的教育情怀

费曼是 20 世纪伟大的物理学家，一位深邃的思想家、杰出的教师，热爱生命和自然的人。其学术成就主要集中在量子电动力学的贡献上，并于 1965 获得诺贝尔物理学奖。

1918 年 5 月 11 日，费曼出生在纽约的一个犹太人家庭中，1935 年进入麻省理工学院学习。毕业后，他到普林斯顿大学攻读研究生学位，并于 1942 获得博士学位。从 1943 年起，费曼在美国的原子弹研制基地洛斯—阿拉莫斯工作。战争结束后，1946 年费曼成为康奈尔大学教授。从 20 世纪 50 年代起，他在加州理工大学任教，先是一名普通教授，然后在 1959 成为图尔曼理论物理教授。除了在巴西短暂的演讲，他一直在加州理工大学工作，直到 1988 年 2 月 15 日，在洛杉矶因患病而去世。

费曼之所以被人们怀念，除了其在物理学上的突出贡献以及独特的研究风格，还在于他真挚的教育情怀和高尚的人格魅力。

费曼喜欢教学。他是一位优秀的教师，更是一位教育家。

1961—1962 年，他给大专生讲了两年的普通物理课程。普通物理等课程在教材与教学方法上都相当成熟，虽然有很多不同，但本质都基本相同。但费曼不同，他完全放弃了传统制度，自行安排教学内容。他的教学不追求严格的教学，也不在具体的应用中进行，而是通过引人入胜的叙述、丰富生动的例证及深刻而尖锐的论证，透彻地解释了各种物理现象的本质和规律。

在过去的两年里，费曼几乎把所有的精力都投入课堂，编纂并出版了三卷书——《费曼物理学讲义》。这套书一经出版就迅速席卷全球，伴随着一代又一代的年轻物理学家进入未知的物理学领域。同时，这套教材也成了物理教师的必备参考。讲义是费曼对物理学的重要贡献，他实际上起到了物理教学上的"众师之师"的作用。

费曼一直认为教育的目的不是传授知识，而是激发兴趣。在教学中，他充分重视学生的主动性。他对学生说："我最想做的是让你们对这个奇妙的世界和物理学家看待世界的方式有所欣赏。"我相信这是当代现实文化的主要部分。

费曼相信，人们记住他首先是因为他的教学工作。他说："教学和学生使我的生命得以延续。如果有人给我创造一个很好的环境，但是我不能教学的话，那我永远不会接受。永远不会。"费曼还热心于物理学在公众中的传播，经常给世界各地的大学本科生上课、做各种讲演等，他因此成为一位硕果累累的教育家，并荣获 1972 年的奥斯特教育奖章。这是诸多奖项中，他最感自豪的一个。

费曼的物理教育思想有着深远的影响。我国现行人教版普通高中教科书《物理》必修一中关于速度的概念、必修二中关于能量守恒定律，都引用到了他精辟而独到的"费曼式"观点。

三、教育情怀、教育智慧与教师专业发展的关系

教育情怀和教育智慧构成教师专业发展的分类模型，从而把教师区分为事业型、兴趣型、混世型和职业型四种。教育情怀、教育智慧和职业生涯构建起教师专业发展的生涯模型，反映出不同职业阶段的专业发展特征。在实践上，这两个模型能够为职前教师、在职教师和教师教育者提供有益的指导。

(一)教师专业发展的分类模型

教师专业发展的内涵可以分为教育情怀和教育智慧两个维度。在这两个维度上不同发展水平的组合反映出教师个体不同的专业发展程度，从而区分出不同的教师专业发展类型，如图 5-1 所示。

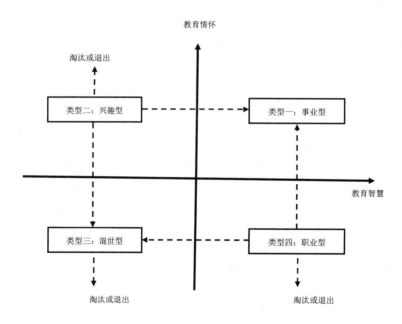

图 5-1　教师专业发展类型

类型一——事业型。该类教师并不把教师仅仅当作一个谋生的职业，而是具有更高水准的专业，乃至为之奋斗终生的事业。他们对教育有独到的见解并形成了自己的教育理念，往往能够从工作中体会到成就感，从而拥有源源不断的工作动力；自觉加强师德修养，正身示范，把促进学生发展作为自己义不容辞的责任和使命；具有较高的从教潜能和现实水平，积极寻求种种途径完善自身知识结构和业务能力；通过自身的研究与反思不断提高教育教学水平，在与学生的交往中实现教学相长。该类教师是发展教育事业的中坚力量，是教师专业发展的目标类型。

类型二——兴趣型。该类教师主观上乐于从事教育工作，常常也能从教育工作中体验到教育的乐趣和满足感；但客观上教学能力太差，并不具备教师的任职资格条件，甚至缺乏相应的自我反思能力，对自身教学工作的不胜任状况并没有清晰的认识。该类教师一旦对教育失去兴趣，或者遭遇挫折，就很可能成为混世型教师。当然，如果能够持续保持高

度的教育情怀，并不断提高教育教学能力，也有可能成为事业型教师。

类型三——混世型。该类教师主观上没有从教愿望，客观上也不具备从事教育教学工作所应该具有的基本素质。即使加入教师队伍，也无法从工作中体验到任何由工作所带来的愉悦感和满足感。教师工作对他们的职业选择来说，就是"害人害己"。该类教师是教师管理者应该淘汰的对象，教师本身也应该主动重新考虑职业选择。

类型四——职业型。该类教师对教育工作缺乏社会所期待的情感体验，他们在工作岗位上也难以得到由工作带来的积极内心体验。但是，他们具有担任教师的天然潜质，教学知识丰富，教学方法有效，教学效果明显，具有较好的胜任力。对于他们来讲，教师只是他们谋取生活资料的一种手段，一种职业。高教育智慧、低教育情怀是职业型教师的典型特征。由于该类教师具有从事教育工作的才能，能够得到优质教育成效的不断强化，会让教师产生更多积极的内心体验，从而增加成为事业型教师的可能。如果教育情怀长期得不到提升，也会有淘汰或者转化为混世型教师，最终被淘汰的可能性。

(二)教师专业发展的生涯模型

教师专业发展的分类模型按照"教育情怀"和"教育智慧"两个维度，把在某个具体时间点上，不同教师个体的专业发展分为四种类型。显而易见，事业型教师是教师队伍建设和教师个体发展的基本目标。事业型教师在整个职业生涯的不同阶段表现出不同特点。在"教育情怀"和"教育智慧"两个维度的基础上再增加"职业生涯"这一纵向的时间维度后，构成了教师个体专业发展的生涯模型，如图 5-2 所示。

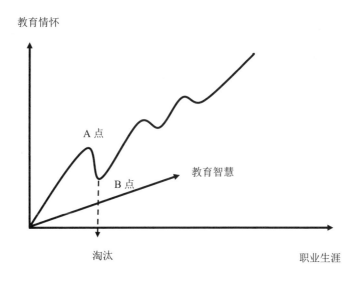

图 5-2 教师个体专业发展的生涯模型

这一模型有两个基本假定：其一，进入职业生涯的教师具有基本的教育情怀，自愿并乐于从事教育工作；其二，进入职业生涯的教师具有一定的教育智慧，基本上能够胜任教育教学工作。如图 5-2 所示，职前准教师正式进入教师职业生涯之后，新进教师从主要学习教学内容知识和教学方法阶段正式进入实际运用阶段。理论形态知识在结合教学实践之后，教学实践知识和实践智慧不断生成。从学员到教员的角色转换，也能够立刻给新教师带来相当程度的自豪感和满足感。正性的教学效果给新教师带来高度的教学效能感，工作积极性和热情高涨，积极的心理体现占主导地位。

随着时间的推移，到达 A 点之后，由于可预见的和不确定性的各方面工作压力影响了教师的积极心理体验，使教师教学工作积极性下降，钻研与改进教学方法的动力弱化，教育智慧和教育情怀发展停滞，随后呈下降趋势。这也是第一次职业倦怠。产生职业倦怠感的教师对工作满意度降低，不能有效应对工作中的压力，常常抱着"得过且过"的负性心理状态。有研究者认为，"新手教师在 5～6 年后会进入职业挫折期，这一阶段的特征是教师的挫折和幻灭，工作满足感变弱，职业倦怠感在此时是最强烈的"。到达 B 点之后，若教师本身缺乏必要的反思智能化，又没有外力的有效介入，教师的专业发展将遭受毁灭性打击，退出教师职业领域的概率加大；若能得到诸如教育培训、职业晋升等外力的刺激，教师专业发展水平将会重新上升。在以后的发展历程中，虽然波动的可能性始终存在，但是总体呈现上升趋势。在以后的每一次波动中，退出教师职业生涯的可能性逐步减小。

本章小结

本章介绍了教师的专业素养，主要从教育理念、教育智慧和教育情怀三个方面进行了阐述。

第一，本章主要从教育观、学生观、教师观三个方面介绍了当前我国所倡导的教育观念。主要内容如下：素质教育观和终身教育观；全面发展的学生观、"以人为本"的学生观、"权利主体"的学生观；教师劳动观、教师角色观、教师法制观。第二，通过案例引入教育智慧的内涵和特点，并介绍了教师教育智慧生成的内部和外部条件，将教育智慧与教师专业发展相结合，突出教育机智的重要价值。第三，一名成功的教师，不仅有过硬的教育教学基本能力和扎实的理论知识基础，更重要的是对于教育的热爱与倾注，浓厚的教育情怀是一名教师能够真正做到"心里装着每一名学生"，更是教师专业成长必不可少的一部分。本节先从理论方面介绍了教育情怀的内涵和分类，接着介绍了中外教育名家的教育情怀，通过学习，体会教育情怀的价值。最后阐述了教育情怀、教育智慧与教师专业发展之间的关系，使本章的内容更加系统完整。

思考题

1. 结合实际，谈谈你对教师角色观的理解。
2. 简要分析当下教师成长过程中教育智慧缺乏的原因。
3. 结合实例分析教育情怀对教师专业成长的重要性。

第六章　教师专业心理

学习目标

1. 了解并掌握教师在认识、情感、意志、人格四个方面的心理特征。
2. 了解教师心理健康的含义及标准。
3. 熟知教师常见的心理问题以及影响因素，学会维护心理健康的策略。

重点难点

教学重点：了解并掌握教师在认识、情感、意志、人格四个方面的心理特征。

教学难点：熟知教师常见的心理问题以及影响因素，学会维护心理健康的策略。

【案例导入】

张老师是一所中学两个班的语文老师，有一个 5 岁上幼儿园的女儿，同时她还是其中一个班的班主任。

每天天还没亮，张老师就得起床准备早餐，然后叫醒女儿，哄她穿衣、梳洗，吃完早饭之后，自己才能赶紧吃几口。去学校之前，必须骑自行车疾驰近30分钟把女儿送到幼儿园。几乎每天都最早把女儿交给幼儿园老师，再急匆匆赶到学校。

学校里还有一大堆麻烦事等着处理：堆积如山的作业需要批改，学生考试成绩太低得找他谈话，公开课做课件做得晕头转向，竞赛只许拿大奖，不然校长还要批评，忙完学校的事回到家还得熬夜备课……教师那么一点微薄的工资，让她捉襟见肘。半夜起来的内心独白是：

——"五十岁不到，我准累死。"

——"我若能提早退休那该多好啊。"

——"这样的生活，何时是头。"

思考：

案例中张老师明显表现出较大的职业压力和职业倦怠。在教师职业生涯发展中，职业压力与职业倦怠是最常见的职业行为问题。教师的职业压力主要是由工作引起的，是教师对来自教学情境的刺激产生的情绪反应。教师的压力主要源于生活和工作，长期的职业压力会导致教师出现职业倦怠。张老师多种角色的职责和角色冲突导致了巨大的职业压力，从而产生了职业倦怠。面对高压，教师要学会自我调节，采取行之有效的措施，用积极乐观的心态面对，缓解自己的职业焦虑。

第一节　教师心理特征

教师的心理特征是指教师在教育教学实践中长期扮演的各种不同的角色并随之逐渐形成的特有的心理品质。教师的社会角色、劳动特点决定了他们应具备的心理特征，概括起来主要包括认知特征、情感特征、意志特征、人格特征和行为特征。

一、教师认识过程方面的心理品质

(一)敏锐的观察力

敏锐的观察力是教师了解学生并获得教育依据的重要能力。教师要根据学生的外部表现了解学生的个性和他们的心理状态，甚至从某一心理表现推断学生将要出现的下一个心理表现的内容。这种观察力是优秀教师极其重要的特征。

教师认识过程方面
的心理品质.mp4

有良好观察力的教师，善于从不同的场合，或在不同的时间里有目的、有计划、系统地观察学生的心理表现，能从学生细微的表现中，洞察到他们的知识、智力和个性发展等情况；以及通过学生的眼神、表情、动作、姿态了解自己的教学效果，从而正确地观察和评价自己，以便发挥自己的长处，弥补自己的短处。

在学生道德品质的教育方面具有良好观察力的教师，也善于对学生进行心理分析，发现学生思想、意志、情感、性格、兴趣等各方面的苗头，对于好的苗头，及时引导，对于坏的苗头，要"禁于未发"，防微杜渐。例如，有的教师较早地发现学生破坏纪律的苗头，及时采取措施，在不影响正常教育的情况下，及时制止学生破坏纪律的行为。

观察力强的教师，还善于对观察的材料进行分析研究，从而找出有关心理现象产生的原因，探索教育的特点与规律。所以，只有提高观察力，教师才能全面、深入、迅速地了解学生的心理，从而做好教育工作。

(二)善于分配注意的能力

一个好教师善于分配自己的注意力，在讲课时，教师的注意既要集中在教材内容及表达方法的思考上，又要注意学生听课的表情和姿态，还要从学生的表情、姿态中调整自己的教学内容、速度和方法，即教师讲课时，一边讲课，一边板书(或演示实验)，一边观察学生，还要用自己的语言、声调、手势暗示不守纪律的学生，使自己的注意力正确地分配在眼观耳听、嘴说手动上，这是在长期的教育实践中逐步形成的本领。对于新教师来说，学会这一点尤其重要，否则在教学中就会顾此失彼，注意了讲课内容，却忘了观察学生；或是在处理问题时，只顾前面的学生，不顾后面的学生，处理个别学生时忘了大多数学生，从而影响课堂的教学效果和教师的威信。新教师上课时，课前应尽量熟悉教材，精心安排讲课计划；同时课下要多接触学生、了解学生，减少上课时的紧张情绪，这有利于课堂教学中的注意力的分配。

(三)清晰的记忆力

教师清晰的记忆力，主要表现在对教材、学生、活动及学生反映情况等方面的记忆。

教师备课后要记住教材内容与课堂设计；要根据学生的性别、身高、胖瘦等外部特征和个性特征来记住学生的名字、认识学生，特别是在一个新班里，迅速、准确地叫出学生的名字，说出他的爱好、特征，学生会认为教师对自己是注意和重视的；要能将同学生集体在一起举行过的有意义的活动或与个别学生的某次接触以及学生反映的情况，在相当长的时间后清晰、准确地再现出来。这样，教师就能使学生在心理上佩服，使师生关系融治，使学生感受到教师对自己的关注，对教师产生亲近感，觉得教师是可亲、可敬且又信得过的，从而提高教师的威望，有利于教师完成教学工作。

(四)深刻的思维能力

教师是"手执金钥匙的人"、是"智力能源的开发者"、是"塑造学生心灵的工程师"，这就需要教师具有思维的创造力与创新精神。首先，在教学上，教师要根据教学大纲的要求，教材的难点、重点以及学生知识与智力水平，选用适当的教学方式，用学生听得懂且颇有吸引力的语言，创造性地把知识传递给学生。其次，在教育工作上，根据不同的教育对象，教师要因材施教，因时、因地、因人制宜。再次，在对待自己和别人的教学经验时，要有分析、有批判地接受，不能生搬硬套；要取长补短，要有创新精神，不能因循守旧。最后，教师思维的创造力还体现在学生身上，要通过各种方式培养学生思维的创造力和求异思维的能力，为他们今后的创造发明奠定基础。

(五)准确的语言表达能力

语言是教师传授知识的基本工具，语言表达能力是保证教育、教学质量的关键条件。能够清楚地、有说服力地表达自己的思想是优秀教师的基本心理品质之一。

教师的语言要简明扼要、内容具体、生动活泼、有感染力、有吸引力。简明扼要的语言，能节省学生听课的时间，还容易被学生理解；教师讲话内容具体、生动活泼，必然会引起学生学习的兴趣，学生愿意听，并且能集中注意力；教师的语言有感染力和吸引力，说话具有幽默感，能激发学生的情感，鼓励学生履行自己的义务，鞭策自己按要求去行动。教师的语言若过长、空洞、干瘪或过多地停顿，断断续续，再三重复，出现语病，就会使学生感到疲劳、无味、没兴趣、注意力分散，最终降低其教学效果。

教师的语言还要符合逻辑、遵守语法、流畅易懂，如此学生才能高兴地接受。照本宣科、逐字逐句诵读教材上的语句，说话口语化或者语无伦次、词不达意、丢三落四的方式，都会降低学生听讲的积极性，从而影响教学效果。

教师的语言还要注意外部美。也就是说，不仅要求语法正确，而且讲究语音、语调、声调的变化。说话速度要适当、抑扬顿挫，并要有一定的面部表情和手势。教师的语言还要富有情感且适用于学生，使学生心情愉快并有亲切感，从而提高教学效果。

(六)丰富的想象力

具有丰富想象力的教师，能够根据学生的特点和智力水平，预测他们发展的动向，给予某种教育影响。教师有可能根据这种想象，创造性地进行自己的教育工作，获得预期的效果。

丰富的想象力对教师创造性地进行工作有很大的影响。只有具有丰富想象力的教师，才能在教学中培养学生的想象力。想象力也是教师完成教学任务不可缺少的心理因素。例如，数学教师就需要有丰富、精确、灵活的空间想象力；化学教师就要有通过宏观现象来认识微观粒子运动、变化及其结构的想象力；物理教师需要通过想象去理解场、波、流以及原子能热核反应等抽象概念；语文教师只有通过想象，才能创设作品的情境，领会作品的艺术形象，从而使学生受到教育和情感的熏陶。所以，丰富的想象力是教师创造性地完成教学工作的心理因素。

(七)较强组织能力

教师多方面的组织能力是保证教育、教学工作顺利进行必需的心理品质。

教师的组织能力一般表现在组织教材的能力，组织课堂教学的能力，组织良好班集体的能力，组织活动(各种文娱、体育、劳动活动)的能力以及组织教师集体(如教研组)的能力方面，其是教师的基本功。组织能力是教师在一定深度和广度的专业基础上，通过从事许多教育实践，且在掌握教育学、心理学知识的情况下形成的。组织能力较强的教师会受到学生的敬仰和佩服。

二、教师情感方面的心理品质

(一)教师的爱

教师情感方面的
心理品质.mp4

爱是一种内在的体验，表现为一种倾向、一种态度，从而成为行为的一种动力。没有爱就没有教育，爱是教师教育学生的基础和开始，是教师的基本心理品质。一个好教师必须是既爱教育事业又爱学生的典范。爱教育事业，表现为对教育工作的高度责任感、荣誉感、事业心以及把爱集中倾注在自己的教育对象——学生身上。对学生的爱，首先，应该是教师毫无保留地贡献出自己的精力、才干和知识，使学生在精神和智力成长方面取得较为理想的成果；其次，是对学生要有慈祥的、关怀的、温暖的母爱；最后，教师不仅要爱懂事好学的学生，还要爱后进生。当然，对学生的爱应当同合理的严格要求相结合。许多的事实证明，教师的爱一旦被学生理解、接受，学生也会用爱来报答教师的爱。

教师的情感对学生有直接的感染力，是开启学生心扉的一把有效的钥匙。教师对教学认真负责、一丝不苟的治学态度，精益求精的工作作风，教师对所教学科的热爱，对难题的钻研，对真理的探索、热爱和拥护，对偏见和谬论的鄙弃和厌恶，都能感染学生，增加学生的理智感，激发学生的求知欲。教师在任何场合下表现出来的深刻而正确的道德情感和道德情操、对祖国大自然和社会生活的浓厚情感以及对艺术作品的审美感，对培养学生相应的情感都有很大的影响。

教师的情感在思想品德教育中不可低估，许多有经验的班主任说，"要想转变学生，就要先感化学生"。青少年是富有情感的，而感化教育是对学生动之以情的教育，只有当学生的"情感大门"朝教师打开的时候，才是对学生进行品德教育最好的时候。"爱生"的情感，是教师进行品德教育的重要心理品质。由于"爱生"的情感，教师会任劳任怨地、辛勤地培育学生的优良品德和矫正学生的不良品行。用心灵的温暖来医治心灵的创伤，用精神的甘露来涤荡精神的污染，把纪律不佳的班级转变为团结友爱的先进集体，把不可救药的顽童转变成品学兼优的学生。

教师热爱学生，学生也会热爱老师、尊敬老师，还会把对老师的热爱和尊敬转移到教师所教的学科上来，并积极学好。教师对学生的热爱，激起了学生对老师的热爱和尊敬，使教师感受到工作带来的乐趣和幸福，更加努力工作。当然，教师爱学生的情感是以对教育事业的正确认识为条件的。教师的欢乐与学生的成长同步，教师的幸福在于学生。

(二)教师的期待

教师把具有各种个性的学生用某种观点来分析，从而提出不同的要求，称为教师的期待。期待学生成才，这是教师很重要的心理品质，教师的期待是与情感紧密相连的。

有人通过日常观察指出，许多教师从以下三方面来分析学生：学生的学习能力与学习成绩；学生在学校和课堂上的表现，对教师的态度和对教师的信赖，与教师的合作等；学生的自信心、努力、注意力以及与其他同学的协调关系等。教师从这三方面来评价学生：对每个学生能够期待什么、不能期待什么，期待的程度如何，做出期待的估计。教师的期待对学生个性的形成及知识技能的掌握有很大促进的作用。

心理学家罗森塔尔研究了教师对学生学习成绩期待的效果。实验对象是小学一年级至五年级学生，他在每个年级中抽出 20%的学生作为教师期待的对象，其他学生不作为教师期待的对象。他先对学生进行了言语活动能力和思维推理活动能力的测验，然后把这些学生的姓名和他们的成绩告诉教师，让教师相信这些学生比其他学生更有可能提高学习成绩。事实上，这些学生并不是罗森塔尔有意挑选出来的，而是随机抽取的。其实他们的言语能力和推理能力与其他学生差不多，只是罗森塔尔向教师虚报为智力较高。教师对全体学生(其中 20%的学生是期待对象，80%的学生不是期待对象)进行教育指导 8 个月，之后罗森塔尔义对他们进行了一次测验，发现被教师期待的学生成绩全都提高了，低年级提高得更多，教师对他们的评语也普遍比其他学生好，这就是教师期待的结果。

教师对学生的期待为什么能获得很大的效果？一种分析认为，教师对学生给予某种希望时，他首先认为某学生是个好学生，那个学生的所作所为，他都用赞赏的眼光看待，因此不知不觉中给予肯定与鼓励，这样日积月累，学生也会对教师产生更深的信赖，对自己会提出更高要求，做更大的主观努力，从而使教师和期待的学生在接触中发生某种微妙变化，在师生之间形成一种默契，因而提高了成绩。另一种分析认为，教师对学生有了期待，就会对他们更加有意识地、更多地、更细致地进行指导，当然也会对学习成绩的提高起到促进作用。

众所周知，学生希望教师对班级中所有的人都公平，他们最不满意的就是教师偏袒某些人。可以说，每个学生都具有希望得到教师赏识的心情，换句话说，教师在每个学生心目中都占有重要的地位。教师应善于多方面把握每个学生的个性，对每个学生都提出恰当的希望与要求，从而产生良好的期待效果，如果教师对某些学生没有真正的了解，看不到学生身上发光的东西，就会信心不足，没有任何希望与要求，当然不可能发生期待作用，同时，学生还会自暴自弃，造成恶性循环。

与教师期待有关的是，师生关系也会影响学生的学习成绩。有人对 702 名学生进行了调查，发现其中 490 名学生喜欢某些教师，就会对这些教师所教的课程有兴趣，作业认真，成绩也好；212 名学生不喜欢这些教师，就会对这些教师所教的课程没有兴趣，作业马虎，注意力不集中，成绩也差。这个调查表明，师生关系对学生的学习动机、学习行为有显著影响，在一定程度上影响了学生的学习成绩。

三、教师意志方面的心理品质

想要更深刻地影响学生和克服教育工作中的一切困难，教师需要有一定的意志品质。意志对任何事业的成败都具有决定性意义，坚强的意志对教师尤为重要。教师应锻炼并培养以下意志方面的心理品质。

(一)目的性

教师完成教育任务的明确目的性和力求达到这一目的的坚定意向，是动员自己的全部力量以克服工作困难的源泉。教师对摆在自己面前崇高的教育任务的认识，为完成任务而顽强斗争的决心和实际行动，教师在工作中取得成功的主要条件。教师的这种意志品质同他的世界观和社会道德情感的发展直接关联。

在教育工作中，教师遇到的外部与内部困难越大，他们身上的意志品质就表现得越明显。比如，当教师在对后进生感到束手无策、失去信心，并想放弃的时候，只要他意识到教育好年轻一代，使他们养成优良品德是党和人民对自己的光荣托付，是严肃的社会责任；同时也认识到自己不能完成任务产生的严重后果，就会激发他重新继续努力工作。教师若受挫折就退缩、动摇，甚至想离开教师岗位，或者固执己见，拒绝正确的批评和建议，都会严重影响教师的工作成效，这一切都与教师对工作的目的性缺乏正确认识有关。所以，只有忠诚于党的教育事业的教师，工作才会有明确的目的性，才能有克服困难的意志品质。

(二)果断性

教师的坚强意志还表现在果断性上。所谓果断性，就是教师善于及时地采取决断的能力。教师的坚决、果断和不屈不挠的坚定性是教育过程中直接影响学生的内在力量。教师的这种力量不在于外在严肃不严肃，而在于教师对学生的态度是坚定的、果断的，还是犹豫不决的。教师的当机立断和教师的教育机智体现了教师果断的意志。这种果断性要建立在关心学生、爱护学生，使学生正确理解教师要求的基础上，以和善、宁静、循循善诱、不急不躁的态度表现出来，而不是以势、以声压人。教师的坚决果断是与深谋远虑相结合的，在什么情况下，该向学生提出怎样的要求，学生该怎样行动，教师都应有清楚的认识和预见。

(三)自制性

教师意志的自制力，是自己能够掌握或支配行动的能力。自制力表现在强制自己去做应做而不想做的事，防止自己做想做而不应做的事；表现在善于控制自己消极的情绪情感、激情状态与冲动行为；表现在坚持不懈地了解和教育学生；也表现在对学生所提要求的严格、明确和不断的督促与检查上。所以，教师的自制力与教师的沉着、耐心、首尾一贯的坚持性紧密联系在一起，它是有效影响学生的重要心理品质。

在教育实践中，当教师因学生不守纪律而苦恼时，当师生发生冲突，学生污辱了教师的人格而激怒了教师时，都特别需要教师的自制力。如果教师不能控制自己，而以粗暴态度对待学生，可能换来学生暂时的"安分"，但是，在这样的"安分"背后可能孕育着更大的危机和骚动。假如教师能控制自己的情绪，做到和蔼可亲，学生就会被教师的平易近人的态度感染，从而安静下来。但教师必须使学生明白，教师不是软弱可欺的，而是具有坚定性格。教师是不会放弃原则的，教师的自制力是内在力量的表现，而不是软弱可欺的表现。

(四)坚持性

教师要求学生保持首尾一贯的坚持性，对培养学生的技能、习惯和良好的品德有很大的作用。坚持性包括充沛的精力和坚韧的毅力，教师的精力和毅力也是影响工作成败的意志品质。一个教师能精神饱满地进行自己的教学任务，在困难面前不泄气，长期不懈地保持精神焕发的状态；在难题和障碍面前，知难而进，精力充沛，毅力顽强，这些都能感染学生。

教师良好的意志品质，不仅是提高教学水平和完成教育任务所必需的，也是学生需要学习的。青少年由于自我意识的发展，具有锻炼自己意志品质的要求，因此，他们常常分析、评价教师的意志品质，并希望在教师身上可以学习到那些优良品质。

四、教师的人格与自我适应

一个健全的教师，除了有高深的学识之外，还需要具备良好的人格，使学生乐于接近，充分发挥教师的主导作用，人格是一个人的性格、气质、能力等各种特征的总和，而不是指某一项特征。例如，一个人的性格特征(如诚实、勤劳、忠实、可靠、负责)；仪态特征(如仪表端正、态度大方)；思维特征(如思考严密、富有创造能力)；态度特征(如待人和蔼、谦虚、为人乐观、愉快、活泼、富有合作精神)等，这些特征就是人格特征的表现。

(一)教师应有的人格气质

1. 专业的气质与敬业的态度

一个从事教育工作的人，对教育的本质与目标要有所认识，并亲自体会教育的深远意义，气质上自然会展现出专业精神及敬业的态度。

2. 有稳定的情绪及深切的安全感

教师在学生面前，不因欣喜而手舞足蹈，不因忧愁而愁眉苦脸，不因惧怕和震惊而不知所措、目瞪口呆，也不因疾病而精神不振，始终保持旺盛的精力和对事业的热爱，这样才能使学生在心理上信赖教师，这就是所谓的"亲其师信其道"。

3. 良好的人际关系

教师要能和各种学生打成一片，和学生生活在一起，保持情感融洽，如此才能真正了解学生。学生在这种师生关系融洽的情况下，倾吐自己内心的真情。

4. 乐观、活泼的性格

教师要有乐观向上的心态，性格活泼，待人友善，如此才会使学生有亲近感。

5. 高尚的品德

教师待人接物要诚实，做人要谦虚，要公正无私，对某些学生不能有偏见，对自己的言行要重视，要"躬自厚而薄责于人"。

6. 教育的机智

教育的机智是一种教育的艺术。善于急中生智，教师根据学生的知识经验、身心特点及其个别差异等各方面的情况，迅速、灵活、准确、巧妙地采取有效措施培养学生智力，发展学生个性的一种能力。

教育机智是教师各种能力灵活运用的"合金"，教育机智没有固定的模式，常常用于解决意料之外，情理之中的问题，因时、因地、因人、因事地教育好学生。教师的教育机智并非天生的，而是教师在学习教育理论、总结教育经验、努力参加教育实践的过程中逐步形成和发展起来的。教师缺乏上述心理品质就无法做好教育工作，至少不能成为一名优秀教师。正如乌申斯基说的那样："不论教育者怎样研究教育学理论，如果他没有教育机智，就不可能成为一名优秀的教育实践者。"教育机智不仅与教师的智力、教育能力密切联系，还与教师的教育技巧有着不可分割的联系，是教师独有的心理品质。

(二)教师的自我适应

一个优秀的教师，必须在复杂的教学环境中，训练自己的适应能力，这样才能胜任教学工作。教师的自我适应要注意以下几点：在担任教师之前，应对教学工作及教学环境(教师集体、学生集体)有所认识，做好心理准备；要训练自己表情与态度的控制能力，使自己常露笑容，心情愉快；调节自己与学生说理的耐心，用学生的思维方法、心理特点去考虑问题、观察问题；要学会让自己在生活上保持平衡，休息、工作、睡眠要并重；要训练自己的知觉能力，善于发现并表扬学生的进步，而不能要求学生如圣人一般；要使自己有坚定的信心；要看到教学周期性长，有耐心、有信心地继续教好学生；要善于向学生学习，使自己更好地做好教师工作。

教师的自我适应还表现在适应新情境的能力上。谁具备了适应社会新情境的能力，谁就是有才智的人。教师作为人类灵魂的工程师、人类文明的传递者，适应社会新情境的能力是不可缺少的心理品质。首先，教师要适应世界新技术革命对传统教育的挑战。教师已不再是传统的"教书匠"，要成为不断创新、不断前进的教育改革家。其次，要适应社会的新要求，教育要面向世界，面向未来，面向现代化。社会的发展已打破学校教育的封闭的局面，因此教师要不断深入社会，进行社会调查，从教育发展的需要出发，转变自己的教育观点和教育思想。教师要注重调动社会上一切积极因素为教育服务，同时教师也要服务于社会，强调教育的社会效益，将自己的智慧、知识、能力运用于创造和革新之中，为社会创造出更多的财富。

五、教师要有健康的心理素质

教师作为传授人类文明、开发人类智慧、塑造人类灵魂、影响人类未来的巨匠，承担着维护人类生存和推动社会前进的重任，是人类社会得以延续和发展的重要因素，是连接过去和未来的纽带和桥梁。无论是教育观念的更新，还是教育内容、教学方法的改革，都与教师的素质与态度紧密相关。教师的一言一行，教师的喜、怒、哀、乐，教师的穿着打扮，教师的兴趣爱好，都不知不觉地影响着自己的学生。育人者必先育己，不正己则不能教人。要培养合格的学生，教师首先要成为有合格素质的教师，教师的人格修养应当以健康的心理为基础，健康的心理是教师从事教学工作、完成教师教书育人任务的基本条件。

教师一方面要在多方位的角色转换中找到平衡，另一方面也要应对来自学校、社会升学的压力，包括来自责任心和时间紧迫感的压力，来自高付出与低回报的压力，来自用人制度改革——落聘、下岗的压力。教师就像始终紧绷的弦，超负荷地工作，使教师比一般人容易出现心理困扰。

一般的心理问题都可以自我调节，每个人都可以用各种形式自我放松、缓解自身的心理压力和排除心理障碍。面对困扰，关键是如何去认识它，并以正确的心态去对待它。提高自己的心理素质，学会心理自我调节，学会心理适应，学会自助，每个人都可以成为自己的"心理医生"。

第二节 教师的心理健康

教师是人类灵魂的工程师，拥有健康的心灵是教师教育的基础。心灵健康的教师能更好地促进学生身心的健康发展。教师的心理健康也是教师素质结构的核心要素，成为现代教师重要的专业素养和必备的职业品质之一，也影响着教师自身的生活质量和幸福人生。在全社会高度重视人类健康尤其是心理健康的今天，教师职业的特殊性使得人们对教师这个群体的心理健康状况给予了更多的关注。

一、教师心理健康的概念

1. 心理健康的含义

心理健康是个体心理活动在自身及环境条件许可范围内所能达到的最佳功能状态。心理健康的个体能够充分发挥自己的最大潜能，妥善处理和适应人与人之间、人与社会环境之间的相互关系。心理健康可以理解为：第一，没有心理疾病；第二，心理健康是一种积极向上发展的心理状态；第三，心理健康是一种内外协调统一的、良好的心理状态；第四，社会适应良好是心理健康的重要特征。个体的良好的心理健康状况是保障个体正常生活、学习、工作和交往的重要条件，然而个体心理健康与否，很难像生理健康通过具体、精确的外在指标得出判断，心理现象属于精神活动，难以通过固定而清晰的具体指标划定健康和不健康的界限。对心理健康的界定，是随着社会进步和经济发展，人们对心理健康的渐进关注，对精神活动认知的逐渐深入而日趋发展完善的。

世界卫生组织在 2001 年将心理健康定义为：心理健康是一种良好的、持续的心理状态与过程，表现为个体具有生命的活力，积极的内心体验，良好的社会适应能力，能够有效的发挥个人的身心潜力，以及作为社会一员的积极的社会功能。在这种状态中，每个人认识到自己的潜力，可以应对正常的生活压力，有效地从事工作，并能够为社会做出贡献。从心理健康涵义的变化中，我们看到心理健康在当代，已经不仅仅局限在没有心理障碍和疾病的范畴，而是在没有精神疾病的基础上，发展积极的心理状态，发挥身心潜能，较好地适应环境。

2. 教师心理健康的含义

不同的职业和群体，心理健康的含义和特点也各不相同。有的学者认为，教师心理健康主要是指教师能顺利、有效地适应教育环境，正确对待和处理师生关系的一种良好心境。也有人认为，教师的心理健康是指教师在教育教学中能不断认识自我，完善人格，发挥自身的心理潜能，维护自己的心理健康并不断提升自己的社会适应能力，预防各种心理疾病，使个人的心理机能发挥到最佳状态。

二、教师心理健康的标准

1. 心理健康的标准

对于"何为心理健康？"这一问题，国内外可谓是众说纷纭，对心理健康的标准也是仁者见仁、智者见智，观点很难统一，因此，本书将选择一些国内外有代表性的观点加以介绍①。

(1) 马斯洛和密特尔曼的心理健康标准。1951 年，美国心理学家马斯洛和心理学家密特尔曼提出心理健康的十条标准，这十条标准被认为是"心理健康最经典的标准"。这十条标准是：①有充分的安全感。②能充分了解自己，并恰当评价自己的能力。③个人生活理想与生活目标切合实际。④与现实环境保持接触，没有过度幻想，有自知之明。⑤能保持人格的完整与和谐，对工作能集中注意力。⑥具有从经验中学习的能力，能适应环境的需要而改变自己。⑦有良好的人际关系。⑧能适度地表达、宣泄和控制情绪。⑨重视团体的需要，在符合团体要求的前提下，能适当地发挥个性。⑩在不违背社会规范的前提下适当地满足个人的基本需求，也不应对个人在性方面的需要与满足产生恐惧或歉疚。

(2) 奥尔波特的"成熟者"模式。美国人格心理学家奥尔波特认为心理健康的人即是"成熟者"。他提出了心理健康者的七个指标：①广延的自我意识。②良好的人际关系。③具有安全感的情绪。④客观的知觉现实、接受现实。⑤具备各种才能，并能专注和胜任工作。⑥自我形象客观现实。⑦内在统一的人生观。

(3) 坎布斯的"四种特质"。美国学者坎布斯认为心理健康者应有四种特质：①积极的自我观。②恰当地认同别人。③面对和接受现实。④主观经验丰富，可供取用。

(4) 黄坚厚提出的衡量心理健康的标准。中国台湾学者黄坚厚于 1976 年提出的"衡量心理健康的标准"，因其简洁适当且具综合性意义而被学界重视。①心理健康的人是有工作的，在工作中，能发挥自身的智慧和能力，获得成就感和满足感，并乐于工作。②心理健康的人是有朋友的，乐于与人交往，而且常能和他人建立良好的关系。③心理健康的人对于他本身应有适当的了解，拥有悦纳自我的态度。他愿意努力发展身心潜能，对于无法补救的缺陷，也能安然接受，不作无谓的怨尤。④心理健康的人应能和现实环境有良好的接触。

(5) 郑日昌提出的心理健康的标准。①正视自己。②了解自己。③善与人处。④情绪乐观。⑤自尊自制。⑥乐于工作。

---

① 白冬青，王晓茜，包兴敏. 心理学基础(师范类)[M]. 北京：清华大学出版社，2020：332.

许多学者对心理健康标准有以下共识。

(1) 心理健康标准具有相对性,即心理健康只有在与同一群体的人心理发展水平的比较中,才能显现其价值。

(2) 心理健康标准具有层次性,即由低到高呈现三个层次:克服心理疾病;超越心理中的既非疾病又非健康的中间状态——第三状态;自我实现。

(3) 心理健康或不健康状态具有相对稳定性,即心理健康或不健康应是一种持续状态。

(4) 心理健康状态的可变性,即在一定条件下心理健康状态和心理不健康状态之间可以相互转变。

2. 教师心理健康的标准

心理健康标准是相对的,不同人群的心理健康标准既有共性,也有个性。对教师这一特殊群体而言,一方面其心理健康标准要符合一般人心理健康的要求;另一方面要体现教师职业的特殊需要。对教师心理健康的标准也有很多表述,教师心理健康的标准主要包括以下内容。

(1) 认同教师的职业角色,热爱教育工作。认同自己的教师职业角色,并能愉快地接受这一职业角色,认真负责,对教师职业满怀热情和希望,这是教师心理健康的基本标准之一。一名心理健康的教师应该承认教师这种专业身份,并愉快地做好这一职业,有足够的职业自居心理,积极投入到工作当中去。教师在教育教学中要善于将自己的才能充分表现出来,并获得充分的满足感和成就感,在教师职业活动中实现自我价值。

(2) 建立良好、和谐的人际关系。教师的人际关系主要包括与学生、领导、家长及其他教师之间的关系。心理健康的教师能够处理好各种关系,归属于一定的集体中,能客观、公正地了解和评价别人,并积极与他人真诚沟通,把交流作为解决人与人之间矛盾的主要手段。乐于与别人相处,并能维持和谐的社会交往。

(3) 能正确地了解自我、体验自我和控制自我。具有良好的自我意识的教师,首先,要正确认识自我,教师能对自我有一个较为全面、客观的认识和评价,就能扬长避短,自觉选择符合自己的发展方向和发展方式,不断完善自己。其次,对现实能有较为客观的感知,能处理好自我与现实之间的关系。能够体验自己存在的价值,接受自己。能努力发掘自身的潜能,并对自身的缺陷也能欣然接受。最后能有效地控制自我,能在教学活动中进行有效的自我监控,在遇到教学突发事件以及在自己出现人生挫折时能自我调适与自我控制。

(4) 具有教育独创性。教育独创性,指教师能在教学中创造性地培养学生的创新思维和创新能力。教师在教学中要不断学习、不断进步,并结合学生的实际创造性地备课、教学,使学生更好地学习。

(5) 能真实地感受情绪并调控情绪。教师在教育活动和日常生活中能够真实地感受自己的情绪并恰当地控制情绪,教师的愉快、乐观、满意等积极的情绪要占优势,当然,在遇到挫折时也会产生消极情绪,但不能把不愉快的情绪带到课堂,更不能迁怒于学生,要控制好自己的情绪。对于课堂上的突发事件,要冷静处理。

(6) 对教育具有积极进取的精神。教师对教育要有较高的自信心,勇于接受现实和未知世界的挑战,不断更新专业领域的新知识和新技术。紧跟教育改革的步伐学习新的教学方法。在证明自身能力的基础上，进一步发挥自身潜能，实现自己的理想。

(7) 坚强的意志品质。坚强的意志品质，具体来说，应该具有以下几点。第一，自觉性，教师在工作和日常生活中对自己的活动目的和社会意义有正确而深刻的理解，并能支配自己的行动，使之符合社会要求。第二，果断性，教师能够明辨是非与真伪，并善于抓住时机应付复杂情况，迅速、合理地处理问题。第三，坚韧性，教师要有完成义教育任务的明确目的和完成任务的坚定意向。第四，自制力，教师能够控制和协调自己的思想感情和行为举止。

三、教师常见的心理问题

近年来，学生心理健康问题成为社会关注的重要问题，学生心理问题产生的原因是多方面的，但是教师的心理状况在很大程度上影响学生的心理发展。如果教师的心理不健全，不仅对自身发展不利，更会对学生产生严重影响。因此，教师的心理问题成为当前社会非常关注和亟须解决的重大问题。从教师整体来看，教师身心是健康而有活力的，但也存在一些心理问题，主要的心理问题有以下几种。

1. 教师的职业适应不良问题

所谓的适应是个人与环境之间的互动关系。适应良好是指个人与环境方面的要求取得协调一致；适应不良指个人与环境不能取得协调一致。人生活在世界中，会面临各种各样的变化。当环境、社会发生变化时，个体能做出相应的变化，使个性与环境相协调，这样的个体才能顺利成长与发展，反之，会出现各种各样的问题。

教师也是社会中的人，在与环境互动的过程中，也会有需要得不到满足或遇到挫折的时候。许多教师面对这种情况要有效地进行心理调适，达到心理平衡，使心理健康发展。但也有部分教师未能采用适当的方法调节自己的心理，从而不能很好地适应这一职业，加上现行许多政策不稳定，更加大了教师不适应的程度。

教师职业适应不良问题主要体现在两个方面，即职业观念上的问题和职业行为上的问题。职业观念指个人对职业的选择、对职业的看法和态度。例如，如何评价教师职业的价值，它对社会的意义和对自己人生的意义，以及是否要认真、负责地对待教师的工作等。职业行为则是个人在工作中表现出来的具体行为方式。适应不良通常表现出各种不恰当的行为。如教学效果不理想就埋怨学生差，认为后进生影响了自己的工作成绩，给自己"找了麻烦"，进而歧视甚至想方设法排挤、打击他们；不能全身心投入工作、工作马虎，不负责任；对学生要求苛刻，稍不如意就讽刺、谩骂；视学生为自己获得名利的工具，不能平等对待班上每一位学生；在教育教学工作中，以自我为中心、斤斤计较，不能很好地与他人合作，人际关系恶劣。

2. 教师的人际关系问题

人类的心理适应，最主要的是对人际关系的适应。人际关系是人与人之间由于交往而产生的一种心理关系，它主要表现在人与人之间交往过程中关系的深度、亲密性、融洽性和协调性等心理方面的联系程度。人总是生活在一定的社会群体中，并在交往中从事工作、学习和其他社会活动。教师作为特殊的职业群体，面临的关系更为复杂。教师的工作对象是鲜活的人，每个人都有不同的个性，教师必须首先处理好与学生的关系，同时花费大量的时间和精力处理与领导的关系、与同事的关系及与家长的关系。

在实际工作中，很多教师在人际交往中存在较大的心理问题，由于各种原因，把自己局限在狭小的工作圈子里，不与外界产生太多的互动交流。教师人际交往障碍主要表现为：

(1) 对交往的重要性认识不够，很少与人交往和沟通；

(2) 缺乏必要的交往技能和手段，交往中容易遇到障碍；

(3) 自身一些不良的个性特征的影响，如自负、自闭、自我评价过高、怀疑心理、苛刻等。

以上交往障碍使得教师在人际交往的路上困难重重。交往上有问题的教师，在教育教学的过程中，总是觉得问题多，不能得心应手地开展工作。主要表现在：教学方法较传统，跟不上教育改革的步伐；上课时只顾自己讲课，不注意学生的情绪；课后与学生及其他同事交流不多；在生活中沉默寡言，不能很好地处理一些偶发事件，对现实有较强的不满等。

3. 教师的情绪问题

教师的情绪问题是教师在日常生活或教育教学工作实践中遭遇到挫折时，由于不能积极有效地进行调控，产生的不良情绪引发的一系列身心失调。教师情绪问题比较隐蔽，往往容易被忽视，有时候教师自身也可能没有意识到自己正遭受消极情绪的困扰。而教育教学工作是一种创造性的活动，教师没有积极、乐观的情绪，其教育智慧无法得到充分的发挥，难以得心应手地组织教学活动。教师主要的情绪问题是焦虑和抑郁。

焦虑是一种缺乏明显客观原因的内心不安或无根据的恐惧，是人们遇到某些事情如挑战、困难或危险时出现的一种正常的情绪反应。遭受焦虑情绪困扰的教师通常紧张、烦躁不安、有压力等主观的不适感。生理上有呼吸不畅，食欲不振、泌尿道或胃肠道不适等身体的症状。认知上有注意力不集中、记忆力减退、疏解压力的功能降低、社会功能减退或丧失等现象。这种心理不仅影响教师的正常工作，还影响教师正常的生活。甚至由于长期内心冲突、焦虑过度而形成焦虑人格，对教育事业产生失望情绪。

抑郁是一种感到无力应付外界压力而产生的消极情绪，并伴有厌恶、痛苦、愧疚、自卑等情绪。有抑郁情绪的教师通常情绪低落、闷闷不乐、思维迟缓、郁郁寡欢、缺乏活力、不愿社交、干什么都提不起精神、对生活缺乏信心、工作无动力、对学生漠然、体验不到快乐、食欲减退、睡眠不好、莫名地烦躁不安等。抑郁的产生不是单一因素的孤立作用。相关分析表明，心理健康状况、一系列负性生活事件、个性特征等因素均与抑郁的产生有密切的关系。也有研究揭示，那些情绪不稳定及神经质个性的教师更易生抑郁。

教师除了常见的抑郁和焦虑情绪之外，还有愤怒、攻击、恐惧与悲哀等情绪，当意识到别人不合理地对待自己时，便会产生愤怒，并可能对他人表现出攻击性行为；当遇到无成功把握的评比、选拔时，便会产生恐惧心理；在自己竭尽全力之后，仍然没有收到良好的效果时，便会悲哀。

4. 教师的人格问题

人格缺陷是介于正常人格与人格障碍之间的一种人格状态，是人格发展的不良倾向。教师的人格问题更多地属于人格缺陷。教师的人格缺陷对其心理健康的影响比较明显。因为不同人格特征的人，对社会生活事件及心理冲突的情绪反应不同。如外向型人格特征的人，情绪反应往往比较强烈，但体验的程度不深，且情绪持续的时间也不长，比较容易恢复心理平衡；内向型人格特征的人，情绪反应强烈、深刻而持久，恢复心理平衡的时间也较长。教师常见的人格心理问题主要表现为自卑。教师的自卑心理主要是由于职业压力大、经济待遇偏低、社会地位较低及自我评价过低造成的。自卑主要表现在经济、地位和职业上。教师的自卑必然影响其他的心理活动和行为，有自卑感的教师，往往会采取以下补偿行动。

(1) 跳槽，即设法调换自认为好的工作或下海经商，有的通过继续求学来改变。

(2) 努力当一名优秀的教师。

(3) 从事第二职业，增加收入。

(4) 在教师的岗位上设法多拿好处。

上述补偿行动中有的是积极的、有的是消极的。积极的补偿行为可以提高教师的境界，从而提升教育质量，消极的补偿行为会给教育带来负面的影响。

另外，当前教师严重的心理问题还表现在人格障碍上。人格障碍又称病态人格，指明显偏离正常人格并与他人和社会相悖的、一种持久和牢固的、适应不良的情绪和行为反应方式。教师人格障碍症状表现在许多方面，如躯体、智力、社会、心理等方面，主要表现：①倾向于极端，反映出负向、消极的心境和态度，广泛涉及整个人的各个方面；②有紊乱不定的心理特点和与人难以相处的人际关系；③把自己遇到的一切困难都归咎于命运和别人的错误，把社会和外界对自己不利的条件都看作不应该的，而对自己缺点却无法觉察，也不改正；④认为自己对别人不负任何责任，对不道德的行为没有罪恶感，对伤害别人的行为不后悔，对自己的一切行为都执意地偏袒和辩护；⑤在任何环境中都表现出猜疑、仇视和偏颇的看法。具有人格障碍的人，经常给社会和他人造成损失，给自己带来痛苦，从而影响教育。教师的人格障碍比较严重的实际很少。一些研究表明，教师的人格障碍以强迫型与偏执型比较突出。

5. 教师职业倦怠问题

"职业倦怠" (burnout)一词最早出现于 20 世纪 70 年代，由美国临床心理学家弗登伯格 (H. I. Freudenberger)首次提出。用以描述工作中的个体所体验到的诸如情感耗竭、身心疲惫、工作投入度降低、工作成就感下降等消极状态，比如情绪耗竭、动机丧失等。最初这一概念并没有用于教师行业，而是用于其他助人行业。在以后的 40 多年里，有关职业倦怠的研究迅速发展。职业倦怠的界定很多且不尽相同，但仍可发现其共同之处，即职业倦怠是个体因不能有效地缓解工作压力或妥善地应对工作中的挫折所经历的身心疲惫的状态。目前普遍认可的职业信息的界定是美国学者马勒诗的界定：在以人为服务对象的职业领域中，个体由于长期遭到情绪和人际关系紧张而产生的反应，主要表现为情感耗竭、去人性化和成就感降低等。一般情况下，职业倦怠容易出现在助人行业中，如社会工作者、医护人员、警察等。教师职业倦怠与职业倦怠是被包含与包含的关系，教师职业倦怠只是职业倦怠中的一种。一般认为，教师职业倦怠是指教师在不能顺利地应对教育教学工作压力时所产生的一种极端反应，是教师伴随着长时期压力体验而产生的情感、态度和行为的衰竭状态。

在我国，大多数人认同的观点是：教师无法应付外界超出个人能量和资源的过度要求而产生的身心耗竭的状态即教师职业倦怠，又称教师职业心理枯竭，教师职业倦怠是非正常的行为和心理，主要是因为教师长期感到压力大，且不能很好应对，出现持续的疲劳，因此在与他人相处的过程中就容易产生矛盾或冲突，从而加重挫折感，长时间的高度精神疲劳和精神紧张等表现最终使他们筋疲力尽，从而产生一些负面的情绪、态度和行为等。教师职业倦怠的主要表现是：情绪衰竭，对工作没有热情、不满意自己的工作状态，情感上逐渐变得冷漠。这种状态对教育教学产生一定的副作用，会影响教学效果。结合北京师范大学心理学教授许燕针对职业枯竭所提出的若干特征，教师职业倦怠的特征有以下六个。

(1) 生理耗竭。这是教师职业倦怠的临床维度，主要表现是感到持续性的精力不充沛、极度疲劳和虚弱；疾病的抵抗力下降，然后出现一些症状，比如头疼、腰酸背疼、肠胃不适、失眠；饮食习惯或体重的突然改变等。

(2) 才智枯竭。这属于教师职业枯竭的一个认知维度，它主要表现在，有一种空虚感，有一种被掏空的感觉，会觉得自己的知识已经没有办法满足工作和课程改革的需要，思维效率下降、注意力不集中，不能很好地适应当代的知识更新。

(3) 情绪衰竭。这属于教师职业倦怠的一个压力维度，也是教师职业倦怠最典型的表征。主要表现在教师初入该行时满怀的工作热情完全消失，经常出现疲劳感，对自己任教的工作，时常觉得负荷沉重，表现出许许多多的情绪上的特点，比如说情绪烦躁、容易发脾气、容易迁怒于人、对人冷漠无情、麻木不仁、没有爱心，甚至悲观、沮丧、抑郁、无助、无望，直至很消沉。情感的资源就像干枯了，没办法去关怀学生。

(4) 价值衰落。它属于教师职业倦怠的评价性维度。表现为个人成就感降低、自我效能感下降、自我评价下降、对自己工作的意义和价值的评价下降、工作机械化且效率低下。一段时间后，教师会发现他们的实际工作状态与原本的自我期望存在很大差距，自我的成就感降低，从而大大降低了教师工作的驱动力。他们还会怀疑自己，时常感觉到无法胜任工作，感到无能和失败、退缩，从而减少心理上的投入，不再付出努力，消极怠工；离职倾向明显，甚至转行。

(5) 去人性化，它属于职业枯竭的一个人际维度，会直接影响到人际交往的质量，其特征就是持有消极的、否定的态度，即以冷漠、否定或麻木不仁的态度对待来访者及自己周围的人，以期减少情感的投入。总是试图减少接触或拒绝接纳学生，对学生表现出冷淡、厌烦的情绪。更严重的表现为当面讽刺同事，对学生挖苦、谩骂，直至滥施惩罚。

(6) 攻击行为。攻击行为一般来说有两个方面。一是对别人的攻击行为会增多，比如说人际摩擦增多，会在极端的情下出现打骂学生的情况。二是指向自身的攻击，出现自残行为，甚至在极端的情况下出现自杀。根据以上的分析，我们认为，教师职业倦怠是教师因不能有效应对工作的压力而产生的极端心理反应，是教师伴随长期高水平的压力体验而产生的情感、态度和行为的衰竭状态。其典型表现是工作的满意度低，工作热情和兴趣的丧失、情感的疏离和冷漠，以及教育教学手段和方法的枯竭。[①]

根据相关调研发现，教师职业倦怠的类型多种多样，主要归纳为四种。第一种是前途忧虑型。这种类型的教师一方面对学校的前途担忧，另一方面对自己以后去向担忧，在这种内心情绪影响下引起职业倦怠。这种类型在老年教师中比较明显，在学校工作了大半辈子，面对着学校的生源减少、学生不愿意学、老师不愿意教的现实，开始对前途忧虑。第

①金忠明，林炊利. 走出教师职业倦怠的误区[M]. 上海：华东师范大学出版社，2011.

二种是身心疲惫型。这种类型的教师曾经是学校的骨干，工作努力、任劳任怨为学校的发展付出了艰辛的劳动，大部分都已是中年，在事业发展的黄金时期，他们并没感受到成功的喜悦与欢欣，面对复杂的教育形势和变革，开始感到疲劳。第三种是理想幻灭型。这种类型的教师多为刚参加工作的年轻教师，他们满怀教育理想选择做一名教师，并试图施展自己的才华，为素质教育做贡献。但是复杂的社会环境，使得他们的热情逐渐消失，过高的期望逐渐变成失望，甚至开始讨厌教学。第四种是随波逐流型。这种类型的教师大多安分守己，默默无闻地工作。但在工作中，由于学校评价的不公平或职称评定的不顺心，他们开始心不在焉，教学效能感缺失，失去自信心与控制力，时而感到愤怒，时而感到愧疚，对自己的前途命运产生盲目性和自卑感。

目前"职业倦怠"正悄悄地向教师侵袭，教师职业倦怠包括轻微职业倦怠、中度职业倦怠、较严重的职业倦怠。教师一旦出现职业倦怠，往往士气低落，工作效率下降，人际关系容易恶化；另外，倾向于对学生的行为进行消极解释，对学生情感关怀也会减少，这可能会影响教师在学生心目中的地位以及班级管理，甚至会发生缺勤和离职的情况，影响学校教学工作的稳定和效益。

四、影响教师心理健康的因素

影响教师心理健康的因素是多方面的，既与职业的特殊性有关，也与教师自身因素及社会环境相联系。

1. 个体因素

(1) 由于自身素质缺失产生的焦虑感。焦虑感来自对教师的知识结构、思维方式、教学能力及教学方式等方面都提出了新的标准和要求，一些教师将自身素质与这些标准和要求相比，往往感到自身素质与之相差甚远。虽然教师可以通过学习、培训来提高自己，但素质的锻炼和提高不可能一蹴而就。于是，这些教师认为自身素质难以适应改革的要求，便产生无助感、焦虑感。

(2) 新型师生关系产生的不适感。传统教育中的师生关系是一种单向的、命令式的服从关系，而素质教育倡导新型的师生关系，以民主、平等、和谐为特征。在实际的教育改革中，教师建立新型的师生关系受到影响，比如教师得不到学生以及家长的尊重，有些学校事故的处理方式让教师感到不公等。教师面对这一系列的变化，往往难以较快地适应，在心理上出现偏差。

(3) 相互矛盾的现象带来的茫然感。在素质教育改革的进程中，许多学校出现了这样的现象：一方面，都在轰轰烈烈地开展素质教育；另一方面却在扎扎实实地抓应试教育。其中，最主要的原因是素质教育下新的考试制度和评估体系尚在探索阶段，并没有建立完善的评估体系。教师和学生仍然面临着巨大的升学压力。这种现象使得许多教师内心相当矛盾，不知是按照素质教育的要求来实施教学，还是按照原来的应试技巧来应付。

(4) 教师的角色冲突和压力过大。教师的基本职责是教书育人，教师经常承受来自教师角色的社会期待和自身素质矛盾所带来的压力。教师在角色冲突中产生压力，从而影响到教师的身心健康。

(5) 缺乏心理保健知识与能力。不少教师面临各种压力时，由于缺乏积极自我调控的意识和科学的方法，往往表现出一些不良行为。

2. 社会因素

现代社会随着信息技术和大众传媒的普及，学生获得信息的能力飞速发展，使得教师的权威逐渐下降，方式也多样化，对教师的依赖减弱，教师的社会地位和社会作用也受到严峻的挑战。

(1) 职称评定竞争激烈。教师为了评职称，工作之余需要投入相当多的时间来查资料、写论文，加上职称评定名额有限且竞争比较激烈，教师面临较大的竞争压力。这直接影响到教师的心态。

(2) 教师的福利待遇相对较低。教师工资不高，特别是年轻教师，职称低、工作年限短，同时面临着多方面的压力，经济负担过重，事情也比较多，很难将心思全部用于教学上。如果教学成绩上不去，学生、家长及领导都不满意，进而给教师带来巨大的心理压力。

3. 学校因素

(1) 学校的管理和条件对教师各方面的影响都非常大。一些学校的管理制度还有待加强，极个别学校管理者无视国家教育法规、忽视教师的心理健康、不懂得科学管理，经常采用简单粗暴的方法解决问题。由于学校管理不当而引起的与教师直接相关的问题很多，如教师角色模糊、角色冲突、工作量负荷增大或不足、时间被占用、缺乏自主权、没有参与学校管理的机会、因个人评估标准不明确而造成失误等。

(2) 学生的品行、学习情况对教师心理健康的影响。由于教育的特殊性，教师的工作对象是独立的——学生。现在学生的思想和行为受多因素影响且不易为教师所控制，这就对教师构成心理威胁。学生中的矛盾、不良行为、厌学情绪、较差的学习成绩等，都是教师每天必须面对并要解决的问题。另外，现在的法律强调对学生的保护，教师对问题学生是打不得、骂不得。如果教不好学生，家长埋怨教师不尽责，学校领导指责教师无能。以上种种情况都使教师无所适从，导致教师心理健康问题。

4. 家庭因素

家是避风的港湾，一个温暖的家庭可以帮助教师进行调整，以缓解压力和紧张。由于教师职业的特殊性，教师家庭问题往往比其他群体多。教师容易把学校未完成的工作带到家里，难有调节时间，夫妻之间的沟通也受到影响，感情越来越差，不能互相理解、互相支持，矛盾重重。在家庭中上有老下有小，都需要花精力照顾，这也是教师压力的来源。尤其是中年以上的女教师，无论在学校还是家庭中都承担着比男教师更沉重的压力，也较容易出现心理问题。

五、教师心理健康的维护

造成教师心理问题的原因是多方面的，应当多途径、多手段、综合地解决这一问题，充分调动社会、学校、教育行政部门及教师自身等各方面的力量，对他们进行全面干预。

1. 社会方面

教师的心理问题一定程度上是社会问题在教师这一职业的反映，因此解决教师的心理健康问题，需要社会的支持和配合。

首先，需要国家结合当前教育的实际制定各种政策法规，尽可能地为教师创造一个良好的工作环境，维护教师的合法权益。省级教育部门要依法完善有关教育和教师的政策法规，各级教育行政部门要严格按照教师法的规定及授权，加大执法力度来维护教师的合法权益，保证每一个教师的申诉案件都能及时、依法得到处理。这不仅有利于提高教师的社会地位，还能增强教师的职业安全感，减轻教师的心理压力，减少心理问题的产生。另外，在加强学生心理健康教育的同时，相关的教育部门要采取加强教师心理健康教育的措施。政府尤其是教育行政部门要成立"教师心理健康指导中心"，并将心理健康教育纳入"教师继续教育工程"。

其次，要加大教育投入力度，千方百计地提高教师的经济收入，消除教师的后顾之忧。筹集各方面资源，关心支持教育事业，大众传媒对教师要进行正确、正面的报道，引导人们正确认识教师的职业价值，调整公众对教师的过高期望，促进尊师重教的良好社会风气的形成，不断提高教师的社会地位。社会要理解教师的职业特点和工作的艰辛，多关心和支持教师，尊重教师的劳动成果，多宣传教师的好人好事，尽可能为教师创设宽松和愉快的工作环境，采取各种措施减轻教师的心理压力。

2. 学校方面

学校是教师最经常、最直接的活动场所，教师的教育活动主要在学校进行。因此，学校环境对教师的心理健康的影响也非常大。学校管理者应该为教师营造一个良好的学校氛围。

第一，作为学校的领导，要高度认识教师心理健康的重要性，把加强教师心理健康作为教师队伍建设的内容之一。

第二，要多理解教师的难处，最大限度地满足教师正常而合理的需要。人的心理健康状况与其需要的满足程度之间密切相关，需要的满足程度越高，人的心理健康水平越高。学校领导加强与教师的心理沟通，多关心教师，了解他们的需要，并尽可能地满足其合理需要。

第三，高度重视校园文明建设，积极促进教师的沟通与合作，营造温暖、和谐的人际环境与工作氛围。学校要树立良好的学风，创设积极向上的工作环境，培养教师强烈的责任感。营造良好的校风、教风环境，充分调动教师工作积极性的同时还需要多为教师提供施展才华的机会，提供学习、晋升的机会，鼓励教师不断进步。

第四，建立科学的教师评价机制，改变以升学率或学生的考试成绩作为评价教师唯一标准的错误做法，重视教学过程、学生的身心发展。教师的业务能力、态度和进修提高等多方面的评价，满足教师的个人发展需求。

第五，学校应多开展专家辅导与心理咨询活动，并建立教师心理档案。邀请心理专家开展讲座、咨询等活动，一方面，不断增强教师对心理学理论知识的掌握；另一方面，解答教师工作、生活中遇到的种种困惑。建立教师心理档案，以更全面地了解教师心理健康的变化情况，为开展学校教师心理健康研究提供基本的资料。

3. 个人方面

教师心理健康的维护离不开社会、学校和教育行政部门等多方面的理解与支持，但教师也需要加强自身的心理素质建设，进行积极的自我调适，提高自身的适应能力，以维护自身的心理健康。

第一，教师要认清形势，转变观念，把握时代的脉搏，做到与时俱进。教育改革的深入，必然会带来形势的变化，教师要积极地转变观念，避免因形势变化而带来心理困惑。

第二，教师要正确认识自我，接纳自己的职业，不断提高自身的素质修养。教师要做到有自知之明，需要对自己的优点和缺点有一个比较清晰的认识，并能承认和接纳自己的优、缺点。要系统掌握心理学与心理卫生等方面的知识，了解人的心理发展规律，懂得心理问题产生的原因，掌握有效的心理调适方法，以减轻各种压力对自身的冲击和伤害，不断提高自己的心理健康水平。

第三，与人和谐相处，建立良好的人际关系。良好的人际关系是心理健康的重要标志之一。教师人际关系的处理情况直接影响到教师自身的心理状况。教师的人际关系，主要包括三个方面：教师和学生、教师和教师、教师和领导之间的关系。这些人际关系构成教师工作、生活的主要环境。心理健康水平高的教师善于主动搞好和学生、同事、领导的人际关系，消除隔阂，相互理解，拉近彼此的心理距离。在处理人际关系时，多采取宽容的态度对待别人，多看别人的长处，从好的方面去理解客观环境中的各种现象。工作中遇到问题时，要多与其他教师进行讨论，以寻求解决问题的有效途径。现在许多教师在遇到困难时，由于担心别人会认为自己能力不够或被评价教学不成功等，不愿与其他人讨论问题或寻求帮助。他们情愿压抑自己的情绪，在强烈的心理压力下继续工作，久而久之，他们的心理健康也就受到了严重的影响。另外，教师要和学生搞好关系，对学生要多一些理解、宽容和尊重。因为良好的师生关系会使教师赢得学生的尊敬和爱戴，在教学中，学生会积极配合，认真学习，使教学收到良好的效果，进而不断增强教师自身的教学效能感。

第四，教师要加强学习新知识，不断丰富自己的生活内容。渊博的知识可以使人走出狭隘的认知范畴，提升修养境界。丰富的生活内容有助于教师形成积极的工作态度，平时应多发展自己的兴趣爱好，以释放压抑的心情。

第五，修正不合理的信念。人们的情绪和行为反应与人们对事物的想法、看法有关。而在这些想法和看法背后，是人们对事物的共同看法，这就是信念。合理的信念会引起人们对事物的适当的、适度的情绪反应；而不合理的信念则会导致不适当的情绪和行为反应。当人们头脑里不合理的信念太多，长期处于不良的情绪状态时，会产生严重的社会适应不良。教师的挫折经常来自学生不如意的表现，而这些挫折主要是由教师不合理的信念所导致的。如认为"学生不应该犯错误""我讲过了，你就该会"等。如果教师能够及时地修正这些不合理的信念，就不会有挫折感，也不会生气、失望。因此，教师要善于修正自己不合理的观念，以更好地适应教师的角色。

第六，敞开心扉，求助专业咨询。心理问题比较严重的教师应该及时求助于当地专业的心理咨询师和治疗机构。教师要有积极求助心理咨询辅导的意识，敢于向心理咨询师敞开自己的心扉，不能因为面子或怕别人嘲笑而独自承受一切。同时在咨询辅导的过程中，教师要主动配合，提供各种信息，以便咨询者对自身存在的问题进行分析和诊断，明确问题的性质，并制定合理的辅导目标，选择适宜的辅导方法，这些都有利于提高咨询的效果。另外，教师还要积极地配合咨询师，努力地去践行，在实际生活中开始新的、有效的行为，并及时地巩固一些新的生活方式，以使自己发生真实的改变。

总之，只有教师心理素质不断提高，学生心理健康水平的提高才能落到实处，学校素质教育才能得到最有效的保障。

 **本章小结**

本章主要介绍了教师专业心理的内容。首先，教师的社会角色、劳动特点决定了他们应具备的心理特征，主要包括认知特征、情感特征、意志特征、人格特征和行为特征。在认知特征方面，教师应该具备观察力、注意力、记忆力、创造力、表达力、想象力、组织能力七项能力。在情感方面，学生应该感受到教师的爱与期待。在意志方面，教师的意志应该具有目的性、果断性、自制性、坚持性。在人格方面，教师要有专业的气质与敬业的态度、稳定的情绪及深切的安全感、良好的人际关系、乐观、活泼的性格、高尚的品德、教育的机智。

其次，作为一名合格的教师，必须有健康的心理。教师心理健康主要是指教师能顺利、有效地适应教育环境，正确对待和处理师生关系的一种良好心境。本章还介绍了教师常见的心理健康问题，如教师的职业适应不良、教师人际关系问题、教师的情绪问题、人格心理问题以及教师职业倦怠问题。结合问题，从个体、社会、学校、家庭四方面分析原因，并提出针对性的维护策略，实现教师心理的健康发展。

 **思考题**

1. 简述教师认知、情感、意志、人格四方面的心理特征。
2. 你觉得教师的心理健康问题能否得到有效解决？
3. 结合生活实际，谈谈造成教师心理健康问题的原因有哪些？

第七章　教师专业成长

学习目标

1. 了解教师成长阶段的基本理论。
2. 掌握教师成长各个阶段的特点。
3. 熟悉教师自我效能感和教师信念及主观幸福感理论。
4. 学习并掌握教师成长策略。

重点难点

教学重点：掌握教师成长阶段的基本理论以及成长阶段的特点。

教学难点：将理论与实际相结合，反思自己所处的成长阶段。

【案例导入】

孙双金之所以能从一名普通教师成长为一名著名特级教师，有很多因素影响到其成长。

第一，孙双金的不断成长与他自己的不懈追求分不开。他对"好教师"的认识有一个变化发展的过程。起初，他追求的目标是：当他每次上完公开课之后，凡是听课的人都喊好，都交口称赞。后来，随着他对教育本质认识的不断深入，他觉得作为一位好教师，光课上得好还是不够的，必须把教书与育人结合起来。他认为好教师的标准应该是：一要爱学生，真心实意地爱学生，发自内心地爱学生；二要能上课，力求把每一堂课都上得精彩；三要有思想，从教学实践中形成自己的教育思想和教学理念。

第二，孙双金的成功是在学习中逐步实现的。在工作初期，孙双金满腔热情地投入令他兴奋的教学工作中去，但仍然不忘工作之余坚持学习。他把大量的学习时间安排在周末、节假日和寒暑假。他不但博览古今中外的文学名著，努力提升自己的文学素养和专业水准，还大量阅读教育学、心理学有关方面的书籍和伟大人物的传记。他每读一本书的时候，都要求把书中的内容融进自己的知识体系，把自己在读书中所获得的灵感和启示记录下来，供日后工作中备用。

第三，孙双金在参与课堂教学研究的过程中，逐步提高自己的教学业务能力，同时加深对教学科研本质的认识："我觉得小学教师不要把科研看作高不可攀的，神秘的。什么是科研？为什么科研？科研为的是更好地促进学生的发展，提高我们的教育教学质量，科研最终落脚点在于发展教师，发展学生。科研不要走进象牙塔的死胡同里，但是搞课题研究，这对促进研究型教师的成长帮助很大。"教师参加课堂教学研究，是提高其个体专业化水平的一个重要途径。教师个体专业化是教师业务能力提高的过程和结果。

第四，孙双金经过无数场公开课的磨炼之后，教学基本技能得到提高，如此才能游刃有余地驾驭课堂，充分展现自己的教学能力。正是经过这样公开教学的千锤百炼，孙双金才成长为一位名师。

分析：

教师教育应走向开放和探索，教师教育的基本工作，不能停留于接受，而应该培养教师有能力进行反思性实践……而实践中不断的教学反思会促进教师教学能力及水平的提高，使教师自觉不自觉地实现了对理论认识的提升，找到了自己教学实践的理论基础，促进自己向研究型、专家型教师转变。其一，反思是一种随机性学习。其二，反思是一种行动性学习。它要求教师：在行动中反思，通过行动反思，坚持在做中学，为了改进自己的教学行动而反思。

作为青年教师的我们，不能仅因学生的成长和成功而喜悦，我们还应该在教育学生的同时，提升自己的事业境界和人生品位；在学生成长和成功的同时，我们自己也应该不断成长并走向成功，从中体验到人生的快乐，为自己的生命喝彩，这就意味着我们需要走向教师专业化成长之路。

（资料来源：百度文库《从孙双金老师的成长经历中来探讨——青年教师专业化发展的几个必须》）

第一节　教师专业发展阶段

教师要实现自己的专业发展，必须进行职业生涯规划与发展设计，而教师的职业生涯规划与发展设计又必须将专业发展作为其核心理念，并使之贯穿于职业生涯发展的全过程。

一、教师专业发展阶段的含义

教师专业发展阶段是指教师的职业素质、能力、成就、职位、事业等随时间而发生的变化过程，以及相应的心理体验与心理发展历程。

教师职业生涯有内、外之分，教师专业发展也有内、外之分。内职业生涯发展指从事特定职业者所具备从事该职业的知识、观念、心理等的发展，而外职业生涯发展主要指工作单位、内容、职务、工资待遇等外在客观条件的发展。在职业生涯发展中，内职业生涯的发展是外职业生涯发展的前提，内职业生涯发展带动外职业生涯的发展。它在人的职业生涯成功乃至人生成功中具有关键性的作用。通过对内职业生涯的反思，人才能形成全面、清晰的职业自我观——指明个人职业发展的方向，指导其职业生涯的成功。因而，在职业生涯的各个阶段，我们都应该重视内职业生涯的发展，尤其是在职业生涯的早期和中前期，一定要把内职业生涯各因素看得比外职业生涯更重要，只有这样才能持续发展。

教师的职业生涯发展阶段包含两个维度：一是时间维度，是指教师首次参加工作开始的一生中所有的工作活动与工作经历，按年度顺序串接组成的整个过程；二是领域维度，包括职业理想、知识水平、教育观念、教学监控能力、教学行为与策略，以及对教学的心理感受等。

二、教师专业发展阶段理论

职业生涯发展阶段理论产生于 20 世纪 50 年代，最初是针对特质因素论的局限性而提出的。特质因素论认为，职业决策是人面临选择时刻的单一行为，而发展理论则认为，人的职业经历是不断发展的，如同人的身心发展一样，随着年龄、资历、教育等因素的变化，有着一个连续、长期的发展过程。

经过近百年，尤其是近三四十年的发展，已建立起一系列职业生涯发展理论模型，取得了大量的理论研究成果，为个人做出职业决策提供了重要的指导，为组织进行员工职业生涯规划和人力资源开发提供了理论支撑。在职业生涯发展阶段研究领域，可以说，舒伯(Super)的职业生涯发展理论等研究成果最具代表性，他们的职业生涯发展理论对教师专业发展指导研究和实践层面都产生了持续的重要影响。

(一)Super 的职业生涯发展理论

Super 以人类的发展阶段为基础提出了职业生涯发展理论，他强调选择是一个历程，而非单一的事件，他将职业生涯发展分为成长、探索、确立、维持和衰退等五个阶段。

(1) 成长阶段(0～14 岁)。在此阶段的初期，个人凭想象与模仿形成职业观念，后期则逐渐培养其职业兴趣。

(2) 探索阶段(15～24 岁)。指个人尝试寻找适合本身的职业领域，学习工作必备的相关知识、技能，同时建立良好的自我职业概念。在这个阶段，个人开始了解职业的价值，认识自我需求，选择未来发展的方向。

(3) 确立阶段(25～44 岁)。经过早期的试探与尝试后，最终确立稳定职业，并谋求发展的阶段。在这个阶段初期，个人对初就业选定的职业和目标进行检验，如有问题则需重新选择、变换工作。后期则专心从事已经选定的职业，期盼在该职业领域能有所成就。

(4) 维持阶段(45～65 岁)。指一个人逐渐取得相当地位，开始想如何维持其现有的一切，同时对其事业作一番评估，并扩展对工作与组织更宽广的视野，以维持较高的绩效水准。

(5) 衰退阶段(65 岁以上)。指一个人已完成其事业，工作性质与责任开始转换，做退休的准备。许多人开始寻找部分工作时的兼职工作代替原来的全职工作或者停止工作，转向兼职工作、义务性工作或休闲的活动。

(二)职业生涯发展的周期理论

关于职业生涯周期，目前学术界有各种不同的见解。国内一般认为职业生涯周期是由职前准备期、上岗适应期、快速成长期、高原发展期、平稳发展期、缓慢退缩期、平静退休期七个阶段组成的。国外艾里克森(Eikson)则提出职业生涯周期的八个阶段的观点，艾里克森把人生分成婴儿期、童年早期、游戏期、学龄期、青春期、青年成人期、成人期和老年期八个发展阶段。

具体到教师专业发展阶段，从时间这个层面来考察，应该是教师入职以后至退职以前的一段时间。根据教师在这个期间的发展规律，一般将其划分为五个阶段，即适应期、成长期、成熟期、高原期和超越期。

在传统的教师职业生涯周期理论中，人们主要研究的是在常规状态下，教师职业生涯的周期发展及其状态，即第一周期曲线理论。它揭示了教师在一种自然状态下的职业生涯发展的轨迹，如同解析几何中的曲线，主要涉及概念有斜率、图像、抛物线等。

在第一周期的常态下，教师在所熟悉的环境中开展传统的教学活动，难免会陷入"从进步快到进步慢，再到停止进步，甚至到退步"的怪圈，为了走出这个怪圈，就需要迁移到第二周期曲线。

什么是第二周期理论？1996年，美国未来学院院长扬·莫里森(Y. Morrison)在他的《第二曲线》这本书中总结了世界许多著名企业成长发展的规律，提出"第二曲线"理论。这里借用这条曲线来解释教师专业发展的现象"第二周期理论"，即实现教师的二次成长。[①]

面对第一周期，在职业发展成功或陷入困境之后，教师为了寻求新的突破，为了达到另一个新的目标，就要实施一种面向未来的发展策略。这种新策略表明教师职业生涯进入了第二周期曲线。这条新曲线表明，教师在经营自己的职业生涯时，只有依据自己的实际情况与所处的外界环境，做出科学的、符合实际的抉择，才能在这种生涯周期理论选择中取得成功。

三、教师专业发展阶段及其任务

如前文所述，教师专业发展阶段时间维度可以大致划分为适应期、成长期、成熟期、高原期、超越期五个阶段，这五个阶段有其各自发展的任务。

1. 教师专业适应阶段

教师专业适应阶段指大学毕业后从事教师职业1～3年的教师。包括师范院校处于实习阶段的学生和大学毕业入职的老师，均处于教师专业适应阶段。

【案例7-1】

优秀师范毕业生的迷茫

小许是师范大学数学系的一名优秀毕业生。在校期间，他曾多次获得专业基本功大赛一等奖，系里举行说课比赛，小许从容大方的教态、流利清晰的语言表达、灵活敏捷的教学思路赢得了老师和同学的一致赞赏。

毕业分配时，很多学校都向小许抛出了橄榄枝，经过慎重考虑，小许最终选择了一所离家乡较近的初中任教。小许对自己的未来充满信心，他坚信不久的将来自己一定能够成长为一名优秀的教师。入职以后，小许将自己的精力和时间尽可能多地投入教学工作中，自费购买了大量的教学参考书，每天早来晚走，精心备课，认真批改作业。为了构建和谐融洽的师生关系，他还利用课余时间和学生一起活动。本以为这样就能达到预期的效果，但他慢慢发现事情并不像他想的那样顺利。

首先，他遇到了学生管理的难题。在他的班级里有几个特别调皮的孩子，每次上小许的课，这几个孩子就交头接耳、窃窃私语，不认真听讲，小许批评教育了几次都没有效果，他们反倒更加放肆，在他们的带动下，每次小许上课，班里就跟炸了锅似的。小许喊破嗓子也无济于事。

这让小许产生了深深的挫败感，与此同时，他还感到教学上的无助。学校建立了教师教学质量考核制度，学生成绩的高低直接与考核奖金挂钩。所以，周围的老师都忙于自己的教学工作，有时小许想请教一些教学方面的问题，他们也都顾不上。期中考试过后，小

---

① 赵桂霞. "二次成长"才是教师真正的成长[J]. 人民教育，2018(22).

许教的班出现了两极分化现象，平均成绩排在年级最后。

班主任一肚子意见，跑到教务主任面前发牢骚："安排老师的时候，我说不要大学刚毕业的吧，你打包票说他是一个业务精、能力强的老师，现在成绩下来了，不还是倒数。"

几位其他学科成绩较好的学生家长也频频向校长反映："该班上课纪律太差，老师管不了学生，还是换位有经验的老师吧，再这样下去，我们孩子的数学成绩就差太多了。"

校长迫于各方的压力，找小许谈话："小许啊，你在大学里没学教育学、心理学吗？"

"怎么没学过，我这两科的成绩还是全班最高分呢！"

"那你上课怎么管不住学生呢？学生上课捣乱，还是因为你的课没有吸引力啊。"

小许听了校长的话，感到很委屈，他觉得大学里学的心理学、教育学根本就用不上，自己花了大量心血准备的课，怎会没有吸引力呢？

从此，小许的心理压力更大了，原有的工作热情逐渐变冷了，整日无精打采，他陷入了深深的迷茫之中……

（资料来源：程振响. 教师专业发展规划与发展设计[M]. 南京：南京师范大学出版社，2006.61-62.）

像案例中小许这样刚刚入职的教师，我们常常称他们为"新手教师""生手教师"。处于这时期的教师刚参加工作不久，对教育教学的认识和理解还处在体验和模仿阶段，专业知识技能亟待提高，在实际的教学中也往往循规蹈矩缺乏灵活性。而且其角色的转换和定位常常出现失衡与错位。人际关系方面，又面临各方面的怀疑、猜测和观望，再加上往往被学校作为工作的重点而备受关注，这些都给新教师莫大的压力。

这个阶段我们常称为教师专业适应阶段，即教师在角色心理上完成了从学生到教师的过渡，全面进入教师的角色，业务兴趣和情绪趋于稳定，能根据一般模式顺利组织教学活动，但还缺乏灵活性和创造性。教师专业适应阶段的基本任务是完成由学习者身份向教育者身份的转变，达到初步适应工作环境和业务要求，能独立地开展工作和负起责任。在知识、能力、专业精神上都能向教师的职业标准看齐。其具体任务是学会备课，学会讲课，学会适应自己的职业生涯环境。最后，也是最重要的一点，就是要苦练教学基本功。作为一名老师，具备过硬的教学基本功将为终生发展打下良好的基础。基本功包括知识更新能力，科学处理教材的能力，组织教学、从容应变的能力，清晰表达、缜密思维的能力，情感交流、合作互动的能力，以及教学反思、研究提升的能力等。

2. 教师专业成长阶段

教师专业成长阶段，有人也称为教师职业发展阶段，是教师完成角色转换、适应教师职业角色之后的一个重要发展时期。处于职业成长期的教师已适应并胜任教育教学工作，能认识到教师职业的特点，并初步体会了当一名教师的酸甜苦辣。这一时期教师进步的步伐虽不如适应期，但仍是较大的，他们对职业的发展及自己的专业发展有自己的预期，长期处于积极的情绪状态。

【案例7-2】

学生心目中最好的语文老师

小张师范毕业后被分配到一所农村小学教语文，虽然他很快就适应了语文教师的工作，却没有体会到为人师表的快乐，随之而来的是沮丧和失落。反复思索后，他选择了脱产进修地理。

毕业后，小张被分配到一所农村初级中学教地理，但此时地理学科已经退出了会考的舞台，学生的学习兴趣与学习劲头已大不如前。他又一次感到自己的工作失去意义，尽管他的竞赛课获得了县一等奖。他开始有了惰性，和同事打牌、喝酒，无休止地麻痹自己。

然而，在这个时候，偶然的阅读让小张重新反思自己的职业生涯，他决定读专升本，凭着扎实的基本功，他顺利考进了教育学院，这次，他终于选择了自己喜欢的中文。

毕业后，由于学习成绩突出，小张被推荐到县城第一中学教语文。开始的阶段，因为没有上过高中，他的功底无法使他应付大量的高考试题。于是，他利用业余时间，深入研读语文课文，读书时也注意以教材为核心进行延展性阅读。经过不懈的努力，他的课堂开始生气勃勃，学校对他的重视也与日俱增，他教学的班级也由普通班到重点班，由重点班到实验班。而且在许多学生的心目中，小张是自己遇到过的最好的语文老师。

(资料来源：张万祥，万玮. 教师专业成长的途径[M]. 上海：华东师范大学，2008，1-12.)

小张老师和大多数老师一样，在经历了短暂的职业适应期后，很快就进入了职业成长期。作为一名职业成长期的老师，已基本适应了教育教学工作，各个方面都有了一定的积累。

处于专业成长阶段的教师发展的基本任务是：在全面分析自己的基础上，寻找发展突破口，寻找适合自己的发展定位，找到提高自己的方向，并积极地锤炼和提升自己；在知识、能力、专业精神上，高标准地达到教师的职业要求，提高自身的班级管理水平和教学质量，教育智慧化程度也得到全面提升。

教师专业发展是一个不断探索、实践和反思的过程。通过反思，总结实践经验，寻找差距，使自己的知识水平、教学经验进一步提升。

3. 教师专业成熟阶段

教师专业成熟阶段是一个教师完全适应教育教学工作的时期，也是其完全掌握了教学主动权，各个方面都成熟后成为学校教学骨干的阶段。这一时期教师进步快，但较适应期、成长期来说进步相对慢些。

【案例7-3】

张老师的成长

张老师在教师岗位已经工作了8年。8年来，她一直在当地的一所重点小学任教，现在她担任语文学科的教学，并且兼任教学副校长的行政职务。

在学生时代，张老师就被评为"优秀师范生"。当她带着优秀毕业生的光环来到学校时，所有的人都对她另眼相看。虽然她毕业的时候就已经是大专学历，在小学属于学历较高的老师，但她又用了3年时间，在工作之余拿下了汉语言文学专业的本科学历，成为学校乃至当地小学教师的"一枝独秀"。

担任班主任期间，由于工作出色，她被评为"优秀班主任"。在教学上，由于业务能力突出，她又被任命为教研组组长，并带领全组老师夺得了"市级优秀教研组"的称号。

在工作中，她善于反思和总结，独立主持了几项课题研究，都搞得有声有色，并发表了多篇文章。在担任教研室主任时，她又借着课程改革的东风，带领全校教师开发了当地

第一套校本课程，并在全省范围内颇具匠心地开展了几次教研活动，都产生了一定影响，打造了学校的科研品牌。由于在业务能力上不断钻研，她被评为市级骨干教师，并应邀到各地讲学，参加学科教材的建设，反响很好。

在她事业蒸蒸日上的时候，她却毅然放下手中的一切，选择进入高等学府攻读教育硕士。一年后，她以一种崭新的姿态回到学校，在竞选中被推选为学校分管教学的副校长。

(资料来源：程振响. 教师专业发展规划与发展设计[M]. 南京：南京师范大学出版社，2006.87-88.)

像张老师这样类型的教师，在学校里是最受欢迎的成熟阶段的老师。

在这个阶段，教师主要表现为具有献身教育事业的理想，有高度的社会责任感，教师熟练掌握了教育教学所需要的各项技能(如观察了解学生的能力，组织、转换和传递信息的能力，组织管理能力等)，对教育教学工作有自己的认识和理解，形成了自己独特的教学风格，具备了较强的教育教学科研能力，成为学校的教学骨干。此外，教师还拥有良好的人际环境，作为教学骨干得到了各方面的认可。

教师专业成熟阶段为教师专业发展的黄金期或关键期，绝大多数教师将获得高级职称，一部分教师将成为教学骨干或学科带头人，还有少数人被提拔重用。如果不能抓住有利时机，就会停滞不前，永远停留在一名熟练的工匠阶段，甚至进入职业高原期，出现职业倒退。

教师专业成熟阶段的具体任务是明确职业生涯规划的科学依据，提高自己的理论素养，使自己的职业生涯规划更符合规律；能够独立地、主动地开展多项复杂工作，能够灵活地处理事情；遇到困难与挫折时，有耐挫力及调节力；具有自我分析、自我反思能力。

4. 教师专业高原阶段

教师专业高原阶段是指教师成长过程中一个相对静止的状态。高原期有两层意思：一是高水平状态的平稳发展，为少数优秀教师所处的境界；二是心理学意义上的高原状态，即僵持在某种程度上难以突破，为多数教师所遇到的情况。

【案例7-4】

教师的"瓶颈"

孙老师，42岁，从教22年，是一个普通初级中学的教导主任，教数学。大专毕业的她，连续担任了20多年的班主任，而且所带班级连年被评为优秀班级，孙老师也多次受到嘉奖，还被评为市级优秀教师，为此，孙主任感到十分自豪。

虽然教学业绩十分突出，但是她的高级职称迟迟没有评上，因为评高级职称必须要有本科文凭。谈到今后的打算，她说："我一开始就不应该当老师，我不喜欢和书本打交道。可是我这个人做事又不愿意落后，当了老师就不能误人子弟。幸好和学生在一起时，我还是比较开心的，他们毕竟是孩子。我们国家的评价机制有问题，我们教的是初中数学，为什么评职称要考外语，真是折腾人。现在我的高级职称终于拿到了，我终于可以歇歇了，最好就上上课，有时间多陪陪自己的孩子，让他顺利地考上重点高中。"

何老师，44岁，性格比较内向，从小生活在农村。大学毕业后回到家乡，在家乡的一所乡级中学教语文。由于工作认真负责，3年后，他被调到县中。很快就成为学校的教学骨干，并在全市有一定的知名度。市里的一所重点高中想调他去，他想市里的工作、生活环境比较好，机会也多一些，而且孩子将来上学也比较方便，于是便欣然前往，可是到了市里以后，情况并不像他想的那样乐观，由于初来乍到，与同事关系比较生疏，加上他来自农村，同事难免对他有非议，这使他的自尊心受到极大的伤害。

虽然随着时间的推移，大家对他的教学能力的评价有了很大改变，但他依然感觉失落。整天忙于工作，很少有空闲的时候，看看周围同龄人，大都在为房子、孩子忙碌着，他也就随了大流。在一次体检中，他被查出了高血压，他感叹道："我感觉现在的生活平淡无味，整天机械地忙碌着，没有时间停下来思考。学校的竞争也越来越激烈，我一天到晚都在学校，可是花了那么多时间，也没见到有什么效果，教育的意义已经索然无味，别说学生厌学，我都感到厌教了。但这就是现实，我每天都要面对。教师吃的是良心饭，对得起学生就对得起自己了。但是现在身体弄成这个样子，不值得，还是要善待自己，否则白忙活了。"

(资料来源：程振响. 教师专业发展规划与发展设计[M]. 南京：南京师范大学出版社，2006. 97-99.)

上面这两位老师就处在教师专业发展的特殊阶段——高原期。高原期本是教学心理学中的一个概念，指的是人类在学习过程中的一种规律性的现象，即在学习的一定阶段往往会出现暂时停顿甚至下降的现象。美国职业心理学家最早提出"职业高原"现象，认为"职业高原本是指个体职业生涯中的某个阶段，个体获得进步晋升的可能性很小"。高原期的特殊状况往往会影响教师的职业发展。

从年龄上看，处于高原期的老师都在 40 岁左右。首先，表现为体能的下降，你是否感觉自己常常力不从心，失眠、多梦，如果身体被查出有疾患，思想上也会有负担。其次，处在高原期的老师往往缺乏成就感，因为处于这时期的教师往往评上了高级职称，滋生了自满情绪，失去了专业发展的热情和动力，对未来没有太大的期许，因为缺乏目标而彷徨不前，就像案例中的孙老师那样，只想多照顾家庭。

处于教师职业高原期的教师通常由于家庭负担过重，教学压力增大，会出现一定的职业倦怠感和挫折感。由于过分依赖过去的教学经验，容易出现经验主义倾向，因循守旧，墨守成规，排斥新观念、新方法，制约了自己向更高层次的发展。

处于教师专业发展高原期的教师通过以下几点寻求突破：运用第二周期曲线来选择并完善其创新内涵，以求可持续发展；寻求实践与理论的结合，突破自己的高原状态，形成自己的教学风格与人格魅力，尽情发挥自己的聪明才智，注意发挥自己的潜能，反省自己的不足，规划自己新的发展方向。总体而言，就是明确突破自我就是编织生命的辉煌，科学制定持续发展的生涯规划。

5. 教师专业超越阶段

教师专业超越阶段是教师职业生涯和专业发展进入收获期的重要阶段，并不是每个教师都有幸进入这一阶段，一个普通教师只有经过二三十年的努力才有可能达到这一阶段。

【案例 7-5】

一个优秀教师成长的启示

刘大伟，1983 年毕业于哈尔滨师范大学，成为当时黑龙江重点中学中最年轻的副校长。现为哈尔滨师范大学附中党委书记兼副校长，国务院特殊津贴专家。中国教育报以"一个优秀教师成长的启示"为题介绍了他的教学生涯。

刘大伟老师将自己在教学上的发展大体分为三个阶段。第一个阶段是头三年，他称为"探索期"。在这个阶段里，刘大伟老师完成了由学生到教师的角色转换，而且有比较满意的起跑线。

在探索期，刘大伟老师自身较为全面的素质帮他迅速适应与过渡。他强调：全面的素质对于一个有发展前途的青年教师来说是至关重要的。一个好老师应当"博"一点，"杂"一点。高素质决定了高起点，这样的老师完全可以缩短甚至跨越"影响质量期"，迅速走向成熟。

第二阶段，刘大伟老师把它称为"成熟期"。其标志一是开始注意对教学实践的理论总结；二是已经形成自己的教学风格。在这个阶段，刘大伟老师对国家颁布的"教学大纲"已心领神会，对高中教材也了如指掌。在教学实践中，他越来越体会到简单的模仿和对课堂教学的浅显的改革，在一定程度上束缚了自己的发展。于是，他开始对自身教学进行理性的分析。

可以说，从"探索期"到"成熟期"是一次飞跃。在这一飞跃中，刘大伟老师认为实现这一飞跃的条件至少应当有三个。一是在师德上，教师应当有强烈的进取意识，责任感和使命感应当是其教学乐章中两个最强劲的音符。二是在教学上，必须有自己独到的教学风格，能实现教师的职业共性与教师本人特性的和谐统一。三是对教育理论的运用。教师必须摆脱教育行为中的盲目性和随意性，对教育理论的运用从自发升华到自觉。

刘大伟老师到了成熟阶段，仍在进一步规划自己。最近几年他已不再满足于上好一堂课或者是写好一篇论文，他的内心深处常涌动着一种创造的冲动和开拓的渴望。《管理新论——无为管理学》这本新书给他极大的触动，目前存在的政治课空洞、枯燥，教育效果事倍功半，甚至事与愿违，正是因为我们的教育方式和目标过于直露，于是，刘大伟老师开始探索把"无为管理"引入课堂教学，开展了"无为教育"的实验。实施方法是：有意把政治课的某些教育目的隐藏起来，虽然教师是看似无意地触动学生的心促使其觉悟，但这种无形的教育比直白的说教更有力量。

刘大伟老师把优秀教师发展的第三个阶段称为"创造期"。他认为这个时期具有以下三个方面的特点：第一，对事业、对学生的热爱，这是走向成功的动力；第二，对教育发展的前瞻性和预见性，这直接关系到一个教师的发展方向；第三，具有较强的科研能力，这标志着一个创造型教师的水平。

(资料来源：石柠，陈文龙，王玮. 生涯规划与自我实现[M]. 广州：世界图书出版公司，2010.144~147.)

当然并不是每个教师都能像刘大伟老师这样，经过"成长期""成熟期"并最终进入"创造期"，即我们所说的超越期。处于超越期的教师就是我们常说的"专家型教师""特级教师""名师"。这一阶段的教师对教师职业和教育工作都有独到的理解，他们已把教育理想升华为教育信念，将教育当作一种事业、一种生活方式。

一个教师理想的终极目标就是进入像刘大伟老师、李吉林老师那样的自我超越阶段。他们具有稳定而持久的职业动力、显著的创新精神、个性化的教学风格，在社会上拥有一定的影响力和知名度。

在这一时期，教师的人格特质、专业发展水平、社会支持等显现出更为成熟的特征。

他们具有稳定而持久的职业动力、显著的创新精神和能力、个性化的教学风格与模式、先进独特的教学思想和理论、丰富而突出的教学科研成果，在校内外有一定的影响力和知名度，并在长期的教学实践中形成了自己对教育和教师的理解：不断追求新境界，并把教育理想升华为教育信念，把教育当作一种事业、一种生活方式、一种价值取向。

需要特别强调的是，专业发展阶段中的教师特别关注三个危机期的心理调整或重新选择：一是初步适应期后，个别教师可能因工作遭遇重挫而丧失信心；二是成熟期以后，部分教师会重新审视自己的职业选择，做出改行或寻找其他机会的判断；三是高原期以后，教师可能会因为无所成就而再一次思考人生转变。这三个危机期将给教师带来许多痛苦和烦恼，教师要学会用第二曲线原理，争取外部环境的支持，尽快走出这个低谷期。

上面五个阶段，每个阶段都是一个小周期，依次按序行进，并各自组成小周期链；只有完成了上一个小周期链，才能进入下一个小周期链，这样组成了教师职业生涯的任务大周期链，即教师职业生涯的任务体系。

教师专业发展是一个内外互动、不断调适、波动递进的非线性的发展过程。在教师专业发展中，不仅要遵循生命周期理论的一般发展路径，而且要依靠自身的积极主动策应与行动，实现自觉职业生涯发展。而在整个职业生涯发展中，把握好关键期和突破期尤为重要，因为关键期和突破期是教师走向成功的重要转折期和超越期。

教师专业发展的关键期是从角色适应阶段向胜任称职阶段发展的过渡时期，教师能否成功，能否成为优秀教师，这一时期至为关键。现实生活中，一些教师尽管入职时具备一定的基础条件，但在职业生涯发展中并不理想，有的停滞不前，有的进展缓慢，甚至有的中途被淘汰出局，这与教师没能很好地把握职业生涯发展的关键期具有直接的关系。因此，在职业生涯发展的关键期，教师必须积极进行经验总结和反思，找准自己的角色定位，有效选择自己的发展策略，这是教师走向成功的重要转折期。

教师专业发展的突破期是从高原期向超越期转变的时期，是理念超越和行为跨越时期。教师专业发展从资格获得、角色适应、反思调整到胜任职位，是一个由不知到知、由不会到会、由不能到能的人与人、人与工作、人与环境的相互融合和彼此适应的过程，在教师适应和熟悉了教育教学工作内容、工作程序和工作方法以后，就会形成一种工作的习惯和定式，出现"高原"或"平台"现象，甚至当内外环境和条件已发生变化的情况下也不谋求改变。俗话说，"逆水行舟，不进则退"，如果教师不能与时俱进，主动变革调整，就会惨遭淘汰。教师能否从经验走向理性，由胜任称职走向熟练超越专家就在于教师能否以先进科学的理论反思既往的教育教学，并在总结自己教育教学经验中，提炼升华颇具见地的教育教学理念，实现由教育教学工作者向教育教学专家的跨越。可以说，突破期就是教师走向成功的自我超越期，就是教师向教育教学专家成熟期跨越的决定性时期。

第二节　教师专业发展规律

教师成长的基本条件是影响教育效果的关键因素，随着知识经济时代的到来，教育的功能越来越突出。所以，今天的教育比历史上任何时候都关心教师的成长。

一、教师发展规律的影响因素

(一)社会因素

教育是一种复杂的社会现象，与其他社会因素交错，相互影响。因此，教育现象不能单纯地运用教育手段去解决，更不能期望教师去承担。教师的成长也是如此，在许多现实的教育问题中，教师往往是"无能为力"的，需要一个良好的社会环境。民主、自由、法制的社会环境对于教师的成长是非常必要的。

(二)学校因素

学校是教师工作和学习的场所，对教师的成长有着深远的影响。学校应创设良好的、有利于教师发展的环境，并充分利用学校和社会资源对教师进行有效的指导。以政策保障、专家引领、校本推进、个人自强的培训思路，加快师资队伍的建设。当然，在培训、培养过程中切记不能流于形式，而要注重实效性、针对性和发展性。

(三)教师个人因素

1. 自我意识

教师的自我意识指教师对自己的认识和态度，对自己与周围环境之间关系的认识和态度。具有良好自我意识的教师能够自我认识、自我评价、自我调整，分析自己的优势和不足；明确自己到底需要什么、今后朝什么方向发展以及如何发展等；能够有意识地寻找学习机会，成为自我引导学习者、终身学习追求者。教师成长不再是以外在的推动、强制的内在成长需求被激发，变为动力，而是以自觉的发展为动力，这种充分发挥自己的潜能和创造会成为教师不断成长的不竭源泉，不断突破自我、超越自我，从而获得持续不断的专业成长。

2. 从业动机

从业动机决定教师个人是否愿意发挥潜力从事教育教学活动。它是教师专业活动和行为的动力系统，涉及教师的从业情感、职业理想、成就动机等方面。高成就动机的教师往往愿意接受具有一定难度和挑战性的任务，并以旺盛的精力、新颖的方法创造性地完成任务，而不愿意墨守成规、采取简单的方法去完成任务。教师是否具有强烈的成就动机决定其是否具有较高的内驱力。

3. 职业道德

师德是教师自觉自律对规范的尊重和对他律的超越，是社会认知与角色行为的统一。师德高尚的教师对工作有着强烈的责任感和使命感，深深地热爱着教育事业和学生。正是这些良好的道德品质推动着教师投身教育事业，不怕清贫，不怕辛苦，充分挖掘自己的潜力，不断追求进步、超越自我。

4. 能力素养

能力素养是影响教师成长的一个重要因素。教师只有具备一定的能力素养，才能有效地整合各种积极因素，不断地完善自己，快速地成长。

二、教师成长的成熟周期

新手专家型教师的研究是教师成长研究的重要课题。自 20 世纪 70 年代以来，"新手—专家"研究范式开始被应用于教师的认知领域，随后，国内外很多学者采用"新手—专家"的研究范式对教师的知识结构、问题解决、教学行为、教学效能感和教学监控能力等进行了大量的探讨。研究者们认为，教师的成长过程就是一个由新手型教师向专家型教师转变的过程。鉴于国内职称的评定很大程度上体现了教师的教学水平，并通过已有研究得出"教龄越长，职称越高，其教学策略水平也就越高"的结论，他们认为，"教龄和职称是反映教师教学发展变化的两个标准性指标，并且这些指标相对来说是稳定的、全国统一的，具有可操作性，因此使用这两个指标划分教师成长的三个阶段是切实可行的。"

(一)新手型教师阶段

经过实习的教育类师范生和刚入职的新手教师，他们在教学上均处于摸索适应阶段，虽然在校期间接受了系统的师范教育专业训练，具备扎实的专业知识和教育理论素养，也经过了一段时间的教学实习，对教学实践有了初步的了解，但由于我国目前教师职前教育机构中存在着重专业知识、轻教学技能、理论课程多、实践学时短等弊端，培养出的教师虽拥有较为丰富的教学知识，但对教学实践仍比较陌生，普遍缺乏教学法的知识。所以，进入学校后，面对实际教学中的各种问题时，他们常常束手无策，需要经过很长一段时间才能胜任学校的教学工作。

(二)熟手型教师阶段

经过 3～5 年的教学实践和经验积累，绝大多数的新手教师都基本顺利转变为熟手教师，教学有了明显的变化。熟手教师已经具备了基本教学的能力，教学常规工作程序逐渐熟练，甚至达到自如的水平；能合理有序地安排自己的教学活动，保证课堂教学顺利而有效地进行，他们对课堂行为的调节和控制能力明显优于新手教师。

(三)专家型教师阶段

专家型教师阶段是教师教学专业发展的最高阶段。达到专家阶段的教师，凭直觉把握教学，对教学轻车熟路、驾驭自如，他们在课堂教学上更具灵活性和创造性，能够很好地组织纷繁复杂的教学内容；知道如何选择恰当的教学方法及教学手段；明确知道在什么时间和什么地方该做什么、怎么做；对学生的学习需要极为敏感，面对不同的学生能及时灵活地调整教学；对教学问题的解决富有创造性；善于通过教学反思来提高自己的教学能力。相较于熟手型教师，专家型教师更具有创新能力和反思能力。

三、专家型教师及其培养

(一)专家型教师的含义

专家型教师及
其培养.mp4

何谓专家型教师？首先对"专家"这一术语做简要分析。"专家"有广义和狭义之分。广义的专家是指在某个领域(或方面)有专长的人；狭义的专家特指对某种学术、技能、特长有专门研究的人。上述定义共包含三层意思：①专家是以某一学科、某一领域为限的；②专家是相对于该领域或学科内的非专家而言的；③专家是指有某种专长的人。基于上述认识，我们可以将专家型教师界定为有某种教学专长的教师。理解这一定义的关键是弄清"教学专长"，然而，由于教学的复杂性，要找出一个所有教学专长都符合或所有教学专长都不符合的严格界定的标准是很困难的。因此，美国当代著名教育心理学家斯腾伯格提出了解释教学专长的原型观，主张以专家型教师群体的相似性为原型，建立专家型教师的模型，他认为可以从两个方面将专家型教师和非专家型教师区分开来：①承认专家型教师总体的多样性；②承认不存在一套就教师个人而言是必要的、对总体来说是充分的专家型教师的特性。这样，既可以将那些具有丰富的高度组织知识的教师视为教学专家，也可以将那些对课堂问题做出完美解决的教师视为教学专家。由此认为，专家型教师可具体描述为：那些在教学领域中，具有丰富的和组织化了的专门知识，能高效率地解决教学中的各种问题，富有敏锐的洞察力和创造力的教师。

(二)专家型教师的基本特征

1. 具有优良的知识结构

专家之所以能在自己擅长的领域和特定的情境中表现优秀，是因为他们在某一个领域中的知识比别人更丰富，解决特定领域问题比别人更有效。现代认知心理学将知识划分为陈述性知识、程序性知识和策略性知识三大类。研究表明，专家型教师和新手型教师的知识结构在这三大类知识中都表现出较大差异。在陈述性知识方面，斯腾伯格认为专家型教师的知识是以命题结构和图式的形式出现，比新手型教师的知识组织更完整，因而在解决问题时能及时有效地提取出来，这就导致两者的教学能力有明显差异。在程序性知识方面，专家型教师的教学常规工作程序已非常熟练，达到自如的水平，很少或不需要意识控制，而这正是新手型教师缺乏的。在策略性知识方面，专家型教师具有良好的策略性知识，而新手型教师缺乏或不能很好地使用这类知识。例如，允许学生提问，在提问和讨论的情况下，专家型教师能使教学顺利进行，实现预定教学目标；新手型教师则相反，当学生提出超出教学范围的问题时，他们不仅不能很好地回答问题，而且无法使课堂教学按原计划进行。

2. 高效率解决教学中的问题

首先，专家型教师善于利用认知资源，他们的知识和经验丰富，而且高度组织化，某些教育技能已程序化、自如化，这些程序化、自如化的技能和熟练的知识经验占用很少的认知资源，专家型教师能够在有限的认知资源内做较少的认知努力就可以完成更多的教学任务，同时，专家型教师还能将节省的认知资源投入更高水平的认知活动中去。其次，专家型教师善于监控自己的认知执行过程，在接触问题时具有计划性，善于自我观察，主动进行自我评价并随时进行自我调整。因此，在教学领域内，与非专家型教师相比，专家型教师解决问题的效率更高。

3. 善于创造性地解决问题，有很强的洞察力

专家和非专家都运用知识来解决问题，但专家能更具创造性地解决问题，他们的解答方法既新颖又恰当，能够产生独创、有洞察力的解决方法。创造性问题解决中的"洞察力"与斯腾伯格等提出的认知的选择性编码、选择性联合、选择性比较是相对应的。选择性编

码旨在区分与问题解决相关与无关的信息。选择性联合以有利于问题解决的方式，将一些信息结合起来，如两项信息分开是不相关的，而联系起来考虑对解决当前问题却是相关的。选择性比较涉及将所有在另一个背景中获得的信息运用到当前问题解决上来。基于选择性比较的洞察力是通过注意、找出相似性，运用类推来解决问题的。选择性编码、选择性联合、选择比较为有洞察力地解决问题奠定了心理基础。

4. 较强的教学监控能力

在教学过程中，新手型教师更多地把精力集中在学科教学上，关注自己能否顺利完成教学任务，他们很少关注学生的反馈信息，很少对教学进行主动、积极的反思。而专家型教师则在关注目标达成与否的同时，能对教学进行积极的检查、评价、控制和调节，执行教学计划有序而灵活，教学内容、学生行为、课堂气氛等诸因素都是他们思维活动的对象。有研究证明，专家型教师在教学监控能力上要优于新手型教师。

5. 较强的个人教学效能感

个人教学效能感是教师对自己影响学生学习行为和学习成绩的能力的认识和评价。教师的个人教学效能感有随教龄增加而上升的趋势，专家型教师由于有丰富的教学实践和教学经验以及同行教师对其教学风格及其成绩的认可，形象日益完善，因此他们的自信心不断增强，对自己从事的职业充满了自豪感，个人教学效能感也就显示出较强的态势。

(三)专家型教师的培养

1. 加强理论学习，优化知识结构

教师理论水平的提升、知识的积累和能力的增强，除了依赖师范院校的学习，还必须依赖日常教学中系统的理论学习。这是因为，首先，理解和把握教育教学的真谛、确立新的教学观念，需要一个不断将外在的教育教学理论内化的过程。其次，教育教学实践中反映出来的问题只有上升到理论层面，才能知根知底。具体的操作方法也常常是在特定的背景中才行之有效，若缺乏理论根基，只知道做什么和怎么做，而不知道为什么要这样做，也不知道情况有所改变时是否需要随之改变，在实践中不仅易出偏差，而且操作方法也不能灵活迁移到类似的教育教学情境中，更不能在教育教学实际中加以创新和发展。正如联合国教科文组织在《1998年世界教育报告教师和变革世界中的教学工作》中所说："人们逐渐认识到，教育职业同其他职业不一样，是一种'学习的职业'，从业者在教师职业生涯中自始至终都要有机会定期更新和补充他们的知识、技巧和能力。"因此，教师只有不断地系统学习理论，才能更新知识结构，提升专业能力。

2. 借鉴他人经验，加快自身发展

教育教学工作充满了各种不确定性，实践中遇到的问题多与教师素质的结构不良相关。从书本上得来的理论不一定能解决实践中的疑难问题。系统的理论学习对教师来说是必要的，但也是远远不够的，还必须在实践中学习活的教育教学知识和技能，即优秀教师的教学经验。

3. 参与行动研究，提高自身素质

当前"教师即研究者"的理念备受重视，这一理念产生于行动研究理论。行动研究是

指由教学第一线的教师、教学管理人员和专家学者共同合作，在实践过程中解决实际问题，以改善教育环境，提高教师和教育管理人员的教育实践水平及其对自己实践工作的认识水平。

4. 进行教学反思，提高教学能力

美国心理学家波斯纳(Posner)曾提出教师成长公式："经验+反思=成长。"我国心理学家林崇德也提出了"优秀教师=教学过程+反思"的公式。研究表明，高水平的课后评估和反思能力的获得是熟手型教师向专家型教师转型的关键变量。反思是立足于自我之外，批判地考察自己的行为及情境。教师的自我反思是以自己的实践过程为思考对象，对自己的行动、决策以及由此产生的结果进行审视和分析。反思不仅是一种能力，更是一种意识，是教师职业的生活态度和方式。这种生活态度和方式能够促进教师的自我觉察水平的提高，有助于熟手型教师向专家型教师发展。

四、教师的自我效能感理论

"自我效能"是美国心理学家班杜拉最早于 1977 年提出的一个概念。在他的论著中，"自我效能"是和"自我效能感""自我效能信念""自我效能知觉"和"效能信念"等术语交替使用的，指的是个体对自己具有组织和执行某一行为并达到特定成就的能力的信念。因此，它是个体对自己能力的一种主观感受，不是能力本身。自我效能理论解释了拥有相同行为技能的人，或同一个人在不同条件下执行同行为方式时，表现的出色程度不同，甚至相差悬殊的原因；解释了个体将自己已获得的知识技能转化为实际行为表现的过渡过程；突出强调了自我效能感在调节人类行为中具有极其重要的作用。

20 世纪 70 年代以来，教育学家越来越注重效果，因此，他们越来越关注教师如何看待自己的教学工作和学生成绩之间的关系。已有的研究表明，教师对自己影响学生学习行为和学习成绩能力的主观判断与教学效果密切相关。教师的教学既包括知识经验、技能的传授，也包括教师对学生的人格、理想、情操和道德的训练，是教师的教与学生的学相结合、相统一的活动。成功的教学除了受学校目标、课程、教学方法和教学环境等因素的影响，还受教师本人主观因素的影响，教学效能感就是因素之一。

心理学中，把教师对自己进行某一活动能力的主观判断称为教师效能感。教师在进行教学时也有一定水平的效能感，即教学效能感，是指教师在教学中对其能有效地完成教学工作，实现教学目标的能力的知觉和信念。

我国近年来很多学者也开始对教师教学效能感进行深入研究和探讨。研究者不仅介绍国外的理论研究，也进行了一些实证研究。

五、教师信念及主观幸福感理论

(一)教师信念

在特定的社会文化背景中，人们形成了自己独特的信念和思想，不论是有意识还是无意识，它都在影响着人们的行动。在教育中，教师对各种教育教学问题都有着自己的理解和看法，这些理解和看法常常是内隐的，很少被清晰地意识到，但它们无时无刻不影响着

教育实践。教师信念作为从事教育工作的心理背景，影响着教师的知觉、判断，进而影响他们的教育教学行为。

1. 教师信念的含义

教师信念，一般是指教师在教学情境与教学实践过程中，对教师角色、教学过程、课程、学生等相关因素持有确信的某种理论、观点和假设，它影响着教育实践和学生的身心发展。佩詹斯曾引述亚瑟·康布斯(Arthur Combs)的话，"也许个人在教育上成功或失败的最重要原因就是他对于自己本身相信了什么"。由此可见教师信念对教育的影响力。

2. 教师信念的形成因素

在教师成长和教育中，信念是极为重要的因素。它直接影响着教师的教育行为，也影响着学生的学习成就。每一位教师都有自己的教育信念，否则就失去了他的社会存在价值。教师信念的形成总是受到多种因素的影响。

(1) 个人生活经历。"我的教学理念是怎样形成的？是哪些人帮助我形成的？我越来越相信肯定有一段幕后的经历促使我形成了自己的教学思想，"其实，教师的教育信念系统中总会留下个人生活经历的痕迹。比如，对教师角色的理解，有来自中学时代的经历，自己崇拜的教师对从教后的教师信念往往产生有意义的联系；有来自第一次教学实践的经历，实习时指导教师的影响是早期教师信念形成的要来源之一；也有来自家庭的影响；等等。

(2) 学校文化。学校是一种特殊的社会组织。其中的职业群体形成了一种独特的文化特征，即学校文化。林克曼(Heckma)对学校文化的理解经常被人引用，他认为，"学校文化是教师、学生和校长持有的共同信念，这些信念支配着他们的行为方式"，在学校里，文化常常扮演着一种"领导者"的角色。它是在人们共同工作、解决问题和面对挑战的过程中形成的标准、价值、信仰和传统。

因此，学校文化既可能激励教师为一个目标共同工作，也可能惩罚某个寻求组织支持的教师；既可能鼓舞教师为学生设立高标准、严要求，又可能发出这样的信息——这些学生，你别指望他们能进步。通过这种方式，学校文化潜移默化地塑造着教师的教育信念，指导师着教师的日常教学生活。换言之，当教师选择了一所学校，实际上也就等于选择了一种生活方式。学校文化会以强有力但又微妙的方式影响着教师信念，并以学校特有的群体反应方式指导教师行为。

(3) 自我反思。教师的职业生涯也是一个不断探索、实践和反思的过程，反思过程最突出的是以寻找假定为核心。假定是我们持有的对于世界和自己的处境自以为正确的观念，这些观念对于处于其内的我们来说显然是不言自明的。教师拥有的信念有些是正确的、合理的，能够促进教师发展；而有些却是不正确的，往往会对教育实践产生消极作用。

(二)教师主观幸福感理论

主观幸福感是衡量教师心理状态与生活质量的重要因素，它包括生活满意度、积极情绪体验与消极情绪体验等因素，具有主观性、整体性和稳定性，是教师对自身生活评价的具体化。教师的主观幸福感一般指教师在教育教学中得到一种精神满足，是从追求理想到实现理想过程中的一种情感体验。在现实生活中，教师的总体幸福感并不高。这不但会消解教师的工作热情，降低其工作效率，而且不利于教育质量的提高，对学生健康人格的形成也产生消极的影响。因此，教师的心理健康状况与生活质量引起了人们的关注。

1. 教师主观幸福感的影响因素

(1) 影响教师主观幸福感的外因。

① 经济收入。德伯恩(Bedbur)研究证明，高收入者有较多的正性情感，而低收入者则容易产生较多的负性情感。这与当前的很多研究结论一致，即经济收入与主观幸福感呈正相关。其原因在于，较高的收入会带来更多的物质享受、更高的权力和地位，伴有更高的自尊心和自信心，因而幸福感较高。当然，经济收入的影响是相对的，它更多地依赖社会比较，向上比较会降低主观幸福感，向下比较则会提高主观幸福感。由于各种原因，目前教师的收入水平与福利待遇不尽如人意，不少落后、偏远地区拖欠教师工资的情况时有发生。经济上的窘迫是影响教师主观幸福感的重要外因之一。

② 社会支持。有研究表明，具有良好社会支持的个体会有比较高的主观幸福感、生活满意度、积极情感。因为社会支持可以提供物质或信息的帮助，增加人们的喜悦感、归属感，提高自尊心、自信心。当人们面对不公平等情境时，可以阻止或缓解应激反应，安定神经内分泌系统，增加健康的行为，从而增强正性情感并抑制负性情感，防止降低主观幸福感。教师职业幸福感的实现有赖于良好的社会环境，如尊师重教的社会氛围、亲师信道的课堂风气等。在我国，"师道尊严"的观念深入人心，教师备受世人敬仰，享有很高的社会地位。

然而，当今社会，让一些人趋之若鹜的是利益最大化，精神追求和文化享受似乎成了人们眼中的奢侈品。教师不再备受推崇，社会给予教师的压力远远大于支持，教师的主观幸福感也因此大大降低。

③ 生活事件。生活事件是一种应激源，是人们在家庭、工作、学习和社会支持系统中出现的各种刺激的总和，即平时所说的精神刺激。黑迪(Heady)和韦尔林(Wearing)认为，每个人都有平衡的生活事件水平，它建立在稳定的个人特点之上。当生活事件主观幸福感不变时，一旦生活事件偏离正常水平，如变好或变坏，主观幸福感就会随之升高或降低。教师承担教书育人这一神圣责任的同时，还要兼顾自身的家庭以及承受来自社会各界的压力，他们面临的生活事件纷繁复杂，紧张感难以消除。当负面影响积累到一定程度时，教师就可能出现躯体或精神方面的问题，进而影响到他们的主观幸福感。

(2) 影响教师主观幸福感的内因。

① 人格与自尊。人格是主观幸福感最可靠、最有效的预测因子之一，原因有以下三个：首先，幸福感是一个长期的条件而不是短暂的效应，人格与短期因素无关，更有可能对幸福感产生强烈影响；其次，幸福感跨越时间和行为；最后，人格通过影响的稳定性和一致性更加依赖内在而不是外在，是指个体在社会实践中与幸福感相关的其他因素进而影响幸福感。在实践中获得的对自我的积极情感体验，由自我效能和自我悦纳或自爱两部分构成。自尊在社会支持的基础之上，对总体主观幸福感、生活满意度、积极情感和消极情感回归效应显著，对社会支持与主观幸福感的关系起着过渡和衔接的作用。低自尊和低主观幸福感存在内在联系，高自尊和高主观幸福感之间紧密关联。

现如今，社会各界对教师的要求和期望非常高，然而教师也是普通人，无法摆脱社会对其各方面影响，其付出经常得不到合理的认可，导致教师缺乏社会认同感，人格和自尊受损，慢慢产生被边缘化的感觉，其主观幸福感自然偏低。

② 自我效能感与应对方式。"自我效能感"最早由美国心理学家班杜拉提出，它是指个体面对环境中的挑战时能否采取适应性行为的知觉或信念。国内相关研究表明，自我效能感与主观幸福感存在显著的相关关系，具有不同自我效能水平者的主观幸福感又有显著差异，高自我效能水平者的主观幸福感要高于低自我效能水平者的。应对方式是个体对环境或内在需求及其冲击做出恒定的认知性和行动性努力，主要有问题解决、求助、合理化、发泄四类。应对方式对主观幸福感具有重要调节作用，积极应对方式与主观幸福感呈正相关，消极应对方式与主观幸福感呈负相关。当前教师面临的社会压力越来越大，学校任务重、家长要求高、学生素质参差不齐等状况，使得教师身心俱疲，自我效能感偏低。许多教师在遭遇挫折、困境时往往以逃避、发泄等消极方式去应对，主观幸福感偏低。

③ 心理健康水平。由于社会、学校、家长对教师寄予的期望过高，造成教师职责泛化。长此以往，教师的身体和精神会负担过重，产生消极情绪，工作满意度也越来越低。面对越来越多的教学事件，教师开始有疲惫甚至厌倦的感觉，日积月累便会造成身体或心理健康问题，这在很大程度上影响了教师的主观幸福感。因为研究表明，心理健康水平与主观幸福感之间存在显著正相关，不同心理健康水平的教师主观幸福感存在显著差异，心理越健康，主观幸福感越强。

2. 教师主观幸福感的增进策略

(1) 提高教师的职业声望、社会地位和经济待遇。职业声望是社会成员对某职业的意义、价值、声誉的综合评价。职业的社会地位，取决于它的经济地位和职业声望，也取决于该职业的吸引力，从事具有较高职业声望的个体更易受到人们的美誉、尊敬与优待，个体也会产生自豪感和优越感，从而获得更强的主观幸福感。目前，许多发达国家教师普遍享有较高的社会地位与经济待遇，而我国处于社会转型期，教师的工资待遇和社会地位偏低，使教师产生相对剥夺感，工作满意度降低，从而对自己的职业产生较低的自我认同感。

教师职业声望不但对教师的(再)择业有重要影响，也会影响教师的工作态度、积极性等。因此，要想使教师从工作中获得更强的主观幸福感并立志献身于该职业，国家必须通过政策的倾斜和舆论、宣传等手段，促使全社会形成尊重教师、支持教师的意识倾向与心理认同；同时必须杜绝拖欠、克扣教师工资等各种不合理现象，建立相应的法律法规来保障对教育的投入，使教师在维护自己的权益方面有法可依。各级政府要切实落实党的政策，真正提高教师的社会地位与工资待遇，减少教师因社会比较而产生不平衡感，增强职业自豪感和工作满意度。教育管理部门也要运用科学的管理手段，为教师提供更友好的人文环境，让教师在和谐的环境中快乐地工作，从中获得更多的成就感与幸福感。

(2) 改善教师的工作环境，积极促进教师专业发展。如前所述，环境(社会支持)对人的主观幸福感有一定影响。要增进教师的主观幸福感，首先，要深化教育制度改革，改变以升学率作为衡量中小学教师教育水平的评价制度，改革教师晋升考核制度，给教师创造宽松的环境，缓解教师的心理压力；其次，学校应着力改善教师工作的客观环境(如良好的办公条件、安静舒适的环境、丰富的图书资料、现代化的技术设备、和谐的工作氛围等)，尊重、信任、支持和谅解教师，关心他们的工作、学习和生活，倾听他们的意见、建议与要求，尽最大努力解决他们的实际问题，以此提高教师对学校的归属感、对领导的满意度，增强工作的幸福感。

由于教师是个需要终身学习的职业，教师的主观幸福感还来源于其专业成长。这就要求教育行政部门及学校从长远出发，制定师资队伍建设规划，有计划地在工作出色的教师中选拔有潜质的教师参加学科进修和培训，以提高教师的教育教学技能及业务素质；同时可通过"细化教师分级制"及"增加教师的职业选择机会"等措施为教师晋升创造更好的条件。此外，还需营造宽松的氛围，为每位教师提供自我实现的机会和施展才华的舞台，满足教师的成就感与创造欲。教师自己也要积极参加各种有利于促进自身专业发展的学习活动，掌握先进的教育理念，扩大知识面，改进教学方法，提高专业水平，以满足自我发展和教育教学的需要。

(3) 提升教师的心理健康水平，加强教师的幸福能力。现阶段，我国教师的心理健康状况不容乐观，有心理困扰或心理疾病的教师已非少数，这在很大程度上降低了教师的主观幸福感，进而影响教师的幸福生活。为此，社会各界必须努力减轻教师的各种压力、降低对教师过高期望，给教师更多的尊重、理解、支持与关爱，以提升教师的心理健康水平。此外，教师自身的努力也非常重要。在具有积极的生活信念、乐观的生活态度、科学健康的生活方式的同时，教师要始终保持平和、愉快的心境，学会使用问题解决策略和具体的心理调适策略(如及时合理地宣泄情绪、寻求社会支持、立即处理问题、转移注意力和重新调整等)，学会运用放松策略来调节生活(如适度的体育运动、休闲以及在感觉紧张时使用肌肉放松、冥想放松等)，以此促进身心的和谐发展，增强幸福体验。"幸福是一种能力，是一种有关幸福实现的主体条件或能力，教师的幸福就是教师在自己的教育工作中自由实现自己职业理想的一种教育主体生存状态。"教师的幸福能力不是与生俱来的，它需要教师在学习、工作中不断提高自己对幸福的认知、体验和创造能力，将这些能力转化为自身的需求，并把个人的幸福融入教书育人的事业中。除此之外，教师还应理性地规划自己的职业生涯，使生活、学习、工作各方面协调发展，在提升自我幸福能力的基础上，感受人生的幸福。

第三节 教师专业成长策略

一、知：学习

(一)学什么

根据教师的工作特点，一般认为，教师的基本素质要求应包含三方面：教师专业知识的发展、专业技能的娴熟、专业情意的健全。

教师的专业知识包括学科知识、实践知识和教育理论知识。教师必须掌握一定量的学科知识。教师的实践知识是教师教学经验的积累。实践知识受个人阅历的影响，这些阅历包括个人的打算、目的以及人生经验的累积。教育理论知识是教师取得成功教学的重要保障，具体包括三方面，即学生身心发展的知识、教与学的知识和学生成绩评价的知识。在教师的专业知识中，广大教师普遍缺乏实践知识，这是教改实验应特别予以重视的。

教师的教学实施能力是其成长的核心要素。它是教师为了达到预期的教学目的，在教学中将教学活动本身作为意识的对象，不断地对其计划、检查、评价、反馈、控制和调节的能力。教学实施能力是教师的思维在教育教学中的具体体现。

(二)如何学

1. 适应期的培训

适应期教师培训的重点是"转化"，通过"转化"使教师适应教师职业。

(1) 角色转化。青年教师的成长规律表明，刚从师范院校毕业的年轻教师视野宽广、思想活跃、易接受新思想、新事物；有强烈的建功立业愿望，渴望把自己的知识应用于实践、奉献给学生，渴望很快成为教育人才。

通过培训可以促使青年教师尽快了解教师职业的各种职能和职业道德规范，体会教师与学生在身份、职位、职责上的区别，从而尽快完成学生到教师的角色转变。

(2) 能力转化。就知识内涵来看，新手教师基本适应当前社会对教师的要求；就知识总量来看，他们基本可以满足本学科的教学需要。但缺乏从实践需要认识教育教学的实践，缺乏把已有知识转化为实际的教学能力，所以，教师培训应帮助他们熟悉和把握所教学科的教材内容、教材特点、教学要求及一些基本的教学方法、教学程序等。帮助他们把自己所学到的文化专业知识和基本教学理论转化为实际的教育教学能力。

(3) 知识体系的转化。新手教师虽然具有相当数量的知识，但不代表他们不存在教学的知识盲点，学校学到的知识不等同于所要讲授的知识。所以，他们仍存在获取相关知识的问题，尤其是将所学知识和知识体系转化为所讲的知识和知识体系的问题。

针对新手教师特点和需求，适应期教师培训可以重点安排师德修养、教师职业规范和教育教学技能训练等方面的课程。讲授的同时，应当配合使用仿真性情境模拟和多向性案例分析等培训方式。

2. 探索期的培训

(1) 完成角色转变，确定发展方向。这时期的教师培训要进一步明确教师职业的特点，强化教师的职业道德、智能结构和其他准则，帮助他们充分体验教师职业的各种职能，从而尽早完成教师角色的实现。另外，还要使他们有认识自己、认识周围世界的能力，并能综合这些能力，根据选定的价值标准寻找适合自己的发展方向。

(2) 解决疑难问题，强化教育教学技能。这一时期的教师培训要侧重解决他们的疑难问题，指点迷津。帮助他们对教材教法进行分析，教授了解学生、研究学生的具体方法；教授选择、运用教学方法的技能技巧；指导他们将教育理论应用于实践，并将理论与实践有机结合，发挥理论指导教育改革的作用；进一步提高、强化教育教学能力，同时还要弥补知识的不足。

培训除了继续开设有关教师职业规范和教育教学技能训练课之外，还应设置教育心理学、心理健康学等方面的课程。

3. 建立期的培训

(1) 提高认识，走出误区。这一阶段的培训要在青年教师已有水平的基础上提出新任务、新要求，使他们在种种新事物、新知识、新对象、新路径、新要求面前产生出一种胜任感，推动他们创造性地应用他人经验，走出认识和行为的误区。

（2）更新、拓宽知识。教师培训要进一步拓宽他们的知识面，拓宽教学视野，扩充信息储藏量，更新知识和教育观念，教给并促成他们学习探索新知识、新理论、新观点和新方法等。

（3）强化教育教学的胜任度。这时的培训要引导他们深挖教材内涵，使之成为自己的知识体系；帮助建立自我评价体系，不断优化已有的不合理的教学程序；加强教育教学实践中亟待解决问题的研究，使他们能更好地胜任教育教学工作。

（4）提高对学生的认识水平。此时他们对学生的认识也由抽象到具体，不再视学生为一群抽象的集合体，学生不仅是施教的对象，更是主动、灵活影响教师，左右教学的主体。研究表明，这时教师更多地关注学生在学习、社会和情感方面的要求，关注自己对学生产生影响的能力，想了解学生的心态，想知道随着社会的发展学生需求的变化及教师如何满足学生的需求。

教师培训要侧重开设有关儿童心理学、青年心理学的课程，同时可以就他们关注的学生某方面问题形成课题，组织搜集资料、阅读书籍、调查访谈，也可以举行研讨会，最后形成专题调研报告或论文。培训可增加以语言和实践相结合为主的培训方式，如课题中心式，专题研讨式，调查、考察与研究相结合，教学研相结合等。

4. 成熟期的培训

进入成熟期的教师虽然取得了较大的成绩，许多教师也已晋升为高级教师，但他们如果不及时参加培训，依然会不再适应教育教学工作。这是因为，当教师熟练地掌握了教学技能、取得一定成绩时，往往会产生骄傲情绪。大有"做一天和尚撞一天钟"的敷衍态度，不求有功，但求无过。聘书上的义务完成之后，别无其他所求，成长和卓越完全抛于脑后，厌倦、衰退、滑坡等现象也相继出现。当教师积累了足够的经验，形成自己的思维方式和教学方式后，虽然有利于教学效率的提高，但也容易产生经验思维和思维定式。长期的经验思维和思维定式，会使人产生惰性，制约教师自身的发展。此时的教师虽然有了一定的教育理论水平，但其理论知识是不系统的，还不能站在较高层次上自觉地运用教育理论指导教育实践。虽然对本学科的知识体系已了解透彻，但随着知识更新的加快和信息的剧增，依然需要同步学习。另外，与前几个阶段的教师相比，他们掌握的现代化新技术也相对欠缺。

如果不及时消除制约他们发展的消极因素，教师会出现职业意识淡薄、职业道德感下降、职业能力滑坡，最后成为一名地道的"教书匠"。这一时期的教师培训要使他们从思想上认识到成熟后的进步更重要、更艰难，牢记"满招损，谦受益"的古训；要扩充、更新他们的知识，既了解本学科的新知识、新理论、新信息和新进展，又了解教育科学知识，更新教育观念，使他们掌握教育研究与教育实验的科学方法和现代化的教育教学技术，利用先进的理论、技术，探求改进教育教学、提高其质量的更有效的途径和方法，充分总结并升华自己的经验。在这一过程中，使教师自觉养成理性思考的习惯，站在理论高度分析问题，真正成为研究型的教师。除此之外，还要及时更新、优化他们不合理的知识结构和能力结构，使其走出封闭的教学模式，建立开放的、动态的教学模式。

【拓展阅读7-1】

随着基础教育课程改革的推进，学校教师面临越来越高的要求。针对教师的专业发展，我校采取以下发展策略。

路径一：学习古今中外教育大家的思想，促进教师专业化发展

当今制约教师专业化成长的"瓶颈"不是经验、技巧，而是教育思想的贫乏、欠缺。如果能在教师教育中增加提升教育思想的内容，如教育家思想的讲座、研讨，必将有助于教师的成长，有助于新课程的深层推进，有助于培养一大批教育家。

为此，学校实施了教育思想研究策略。学习古今中外教育大家的思想，真正领悟其精髓，批判地借鉴前人的成果，借以推动教师的专业化发展。首先，让教师广泛收集古今中外教育大家的思想，特别是在新课程背景下所倡导的有影响力的教育思想，如加德纳•霍华德、彼得•圣吉、杜威、孔子、陶行知、叶圣陶等。然后，明确分工，例如五年级教研组解读张伯苓的教育思想、四年级教研组研究陶行知的教育思想等。形成讨论命题后，提前一周公布。教师可通过查阅资料、网上搜集、小组合作研究等，撰写具有学术价值的发言稿(包括名家简介、教育思想及思想精髓、可借鉴的成果等)，最后择优进行交流。这种研究不仅实现了名家教育思想资源的共享，而且有效地促进了教师专业化的长足发展。这与以往的课堂观摩、专家讲座、个案剖析等截然不同。

路径二：诊断式培训练就教师教学真功夫。

我们开展诊断式培训的目的是激活课堂，提高教师执教能力。研究的形式是：同备一节课，共研一堂课。具体操作方法有以下两种。

1. 一个课例，多次研讨

在学年组成员共同研讨的基础上，由一位执教者多次执教同一个课例，具体流程为：理念支撑→确定课例→众人备课→集体研讨后形成教学设计→一人上课，众人听课→集体反思，修正设计→再次上课→再次反思，完善→优质、高效课堂教学展示。这种方法有助于教师从实践中理解、深化对教学理念的认识，寻求理念与实践的最佳结合点。

2. 一个课例，多人研讨

多位教师执教同一个课例。具体流程为：理念支撑→确定课例→个人备课→上课→集体反思，修正设计→再次推荐一人上课→再次反思、完善→优质、高效课堂教学展示。这种方式有助于培养教师学会向同伴学习，以达到共同进步的目的。

诊断式培训实现了"三个成长"。首先，讲课者个人的成长。经过培训，讲课者的教学设计、教学实施、教学反思、诊断能力得到大大提高。其次，学年组的整体成长。每次活动的集体反思、研讨都带动了整个教研组的教师成长，乃至整个学校教师的成长。最后，诊断式培训活动本身也在这个过程中不断成长。

二、思：反思

(一)什么是反思

反思是人对自身的思想观念和行为意义自觉的再认识活动，这种活动是以目光的反向回顾为特征的思维与心理活动，这种自我认识活动总是发生在主体行为之后。

反思与静坐冥思苦想式的"内省"不同，它不是一个人的放松，独处静思，而是一种需要认真思索乃至付出极大努力的活动过程，需要个体的通力合作。

反思与一般回想或回忆是有区别的。尽管回想或回忆的焦点也是反向的、指向过去的，但与反思有着本质的区别。回想或回忆的焦点指向过去的意识对象，是对象情境在头脑里的再现，而反思的焦点指向主要是过去的意识行为，具有价值评判的性质。

反思与经验总结的区别与联系。反思是总结经验的重要基础，反思与经验总结都是一种指向过去经验的回溯性认识活动，是对经验性认识的再认识。经验总结者既可以是实践者本人，也可以是别人，常见的是实践者与研究者互助合作进行总结。如果实践者本人就是经验总结者或参与经验总结者，那么他首先必须对自己的实践过程以及在实践过程中形成的认识或经验进行理性的再思考、再认识，即进行认真的反思。反思是实践者的主体性行为，反思者只能是实践主体本身。只有实践者才能了解和把握自己在经历实践过程中的全部体验和意识活动，别人是无法替代的。

通过调查发现，许多教师对"教学反思"的理解缺乏全面性和深刻性。普遍把"教学反思"仅仅理解为对教学过程以及教学效果的一种回顾和思考。大部分教师的反思只限于讲完课之后，更多的是对自己教学效果评价的一种情绪上的体验。而缺乏课前教学设计和教学过程的反思，缺乏对影响教学的自我因素的反思。

(二)教师教学反思的内容

教师的反思应从单纯针对课堂教学过程的反思转向多层次、多侧面的反思，更加关注学生的反应和变化，对教育教学现象背后的原因进行深层的思考和分析。

1. 对教学设计的反思

教学设计是课堂教学的前提，是在课堂教学之前，为了达到一定的教学目标，对教学内容、教学方法所做的设计。也就是明确所教课程的内容、学生的兴趣和需要、学生的发展水平、教学目标、教学任务以及教学方法与手段，并预测教学中可能出现的问题与可能的教学效果。教学设计如果不够细致、全面，就会影响整个教学的效果。

2. 对教学过程的反思

当前教师对教学过程的反思仅仅停留在课堂教学上。实际上，对教学过程的反思涉及课堂教学环节的方方面面。比如，教学目标的制定是否合理，教学计划的实施是否顺利，教师在教学中的各种言语以及非言语活动是否恰当有效，学生的学习态度是否积极、主动，对学生的评价与反馈是否及时有效等。

3. 对教学效果的反思

对教学效果的反思主要是通过各种渠道获得尽可能多的信息，如通过教后记、学生作业、与其他教师的互相交流等，回顾课堂教学，从而发现自己教学中存在的不足和问题。

4. 对教学观念的反思

对教学观念的反思主要是教师在教学实践中所应具备的教育信念及教学态度、价值观、人生观等进行的反思活动。教育教学观念是教师在教育教学中形成的相关教育教学现象，特别是对自己的教学能力和所教学生的主体性认识，包括教师对教学的态度、对教学成败的归因、自我知觉和教学效能感等，它直接影响教师的知觉、判断，进而影响教师的行为。因此，对教育教学观念的反思是改善教师教学行为的重要前提。

三、行：行动

(一)什么是行动研究

行动研究(action research)是社会情境的参与者为提高对所从事的社会或教育实践的理性认识，为加深对实践活动及其依赖的背景的理解而进行的反思研究。从定义我们可以看出，由实践者开展的行动研究包括了实践者对实践的变革和对实践情境理解两个方面，它为实践者确立了一个把理论与实践、实践者与研究者内在联系的理想模式。教育行动研究实质上就是广大教师在实践中通过行动研究的结合，创造性地运用教育理论研究和解决教育实践情境中的具体问题，从而不断提高专业实践水平的一种研究类型和活动。

近年来，在讨论教育理论与实践的关系中，人们的视线逐渐转向联结教育理论与实践的中介研究。因为教育理论与实践关系的历史发展过程揭示：教育理论不能直接转化为教育实践，实践者只有结合自己的直接经验和现实情况，在实践中对理论做出思考、选择和检验，不断发展和创造指导自己实践的个人理解和行动理论，教育理论才能具有真正的现实力量。也就是说，要克服教育理论与实践的脱节现象，既要加强理论和实践中介建设，又要构建实践者联结理论的实践性中介，即开展以教师为主体的行动研究。行动研究有以下四个特征：情境性——它关注的是在具体情境中诊断问题，并试图在该情境中解决这个问题；合作性——研究者与实践者团体在某个计划中协同工作；参与性——团体成员本身直接或间接参与到实践研究的行列中；自我反思性——对研究不断进行反思，其最终目的是以此种或彼种途径改进实践。

(二)行动研究的过程

教育行动研究的过程呈螺旋循环状，行动研究由许多圆圈所形成的反省性螺旋组成，每一个圆圈都包含计划、事实资料探索或侦察以及行动，每一个圆圈导致下一个圆圈的运行，从而构成一个连续不断的历程。之所以呈螺旋循环状，是因为根据一定的思想、计划和方案从事变革客观现实的实践一次又一次地向前，人们对客观现实的认识也就一次又一次地深化，客观现实世界的运动变化永远没有完结，从而研究的过程本身就是生活的延续、事件的发展、个体成长的过程。这个历程大致包括以下几个步骤：界定问题、情境分析、行动假设、发展行动计划、实施行动计划、评价行动计划、反思行动、记录与传播结果、通过反思修正问题实施下一个循环。几乎所有的行动研究模式都呈螺旋循环状，但没有任何一种研究模式是最佳的教育知识生产途径。因此，从经验中寻求适当的模式，只有在模式中寻求突破与创新才能促进从事行动研究的教师的专业成长。

我国许多专家和学者身体力行把行动研究运用到实际教育活动中。陈桂生、黄向阳等主持的课题尝试运用行动研究，提出到中小学去做研究；袁桂林采用行动研究的方法，用"两难故事"对中学生进行道德教育。他们的研究模式是合作型的，研究的内容旨趣在于儿童、青少年的道德发展。同时还有许多教师，尤其是优秀教师，他们从教学实际问题出发对自己的教学问题进行研究，而且有的教师从教学方法着手做了大量的改进工作，确立了自己的教学模式。虽然这些改进工作与行动研究的目的相一致，但这种日常教学的改进工作不能严格等同于行动研究，因为行动研究作为一个研究类型，有自己独有的特征和过程，不同于日常教学和实验研究。

日常教学是教师在具体的教学情境中完成教学任务，而行动研究的目标是提高行动质量，改进实际工作，解决教育实践中产生的问题，提高教师的教育教学质量和研究水平。而且行动研究作为产生新知识的一种途径，也标志着其科学性和研究性。

行动研究作为一种研究类型，实验研究作为一种具体的研究方法，二者不在同一层面上，并不具有可比性。但二者有相似之处，它们都有变革性，都在于改进教学实践。程江平先生对二者的不同作一比较：目标的不同、过程的不同、对象的不同。

【案例 7-6】

研究背景：英语专业本科一年级英语泛读课程，执教者为一名实习教师。

项目时间：2004 年 3 月至 2004 年 11 月

发现问题：学生抱怨他们的英语词汇量有限，影响阅读理解和阅读速度。

提出假设：

(1) 教材中生词太多，词组和句子结构对学生来说太难。

(2) 学生缺乏词汇学习的策略，例如结合上下文猜词义或运用构词法知识帮助猜词。

(3) 学生对泛读课的认识不正确，认为泛读课应该与精读课一样重视讲解和记忆单词。

初步调查：

教师采访了一些同学，并请学生记泛读学习日志，了解学生对泛读课程和词汇学习的真实感受。

调查结果：

(1) 大部分学生认为泛读教材从内容到难度都比较合适。

(2) 学生表示他们开始对泛读课有不清楚的理解，但是经过几个星期的学习，他们知道泛读课中词汇的学习主要靠多读和自学。但是有不少同学都反映不知道如何自学才比较有效。

(3) 从学生日志中发现很多学生也尝试采用不同的词汇学习策略，但都觉得效果不明显，对词汇策略的运用还没有找到规律。

重新认识问题：

学生的英语词汇学习的策略缺乏，影响词汇学习的效果和阅读理解。

教师反思：

我提出了三个假设中有两个都被否定了，我从这次调查中学到了很多东西，很多我"想当然"的原因并不是真正的原因。通过调查，我找到了问题的根源，对学生的采访和学生日志都表明，学生对词汇学习策略不了解，尽管有些学生不自觉地运用了一些策略，但是效率不高。没有策略运用的意识，还没有形成能力。我应该帮助学生发展词汇学习的策略，提高学习的效率。

行动方案设计：

(1) 课堂上利用专门时间向学生展示多种词汇学习的方法和策略。

① 设计和使用根据上下文猜测词汇意思的练习。

②　设计和使用根据构词法猜词、造句练习。

③　运用同义词和语义关联扩大学生词汇量和对词汇的理解。

(2)　对学生进行每周词汇小测试。

(3)　扩大阅读量，推荐阅读书目，增加词汇的循环。

(4)　引导学生自主计划和学习词汇，如建立词汇本，经常复习。

实施计划：(基于行动方案设计的具体而有详尽的实施)

数据收集方式：问卷调查、采访、学生日志、两个词汇测验。

结果分析：

问卷调查、采访、学生日志都表明，学生对泛读课满意程度达到 90%，对词汇学习的有效程度和对阅读理解能力的提高的评价分别达到 85%和 90%，81%的学生认为词汇测验在一定程度上促进了他们的词汇学习。两次水平相当的词汇测试结果也表明，学生在词汇学习上取得了可喜的进步。

教师反思：

行动研究对我的影响很大，对我今后的发展具有非常重要的意义。它不仅促进了我的思考，促进了学生学习方式的改变，提高了学生学习英语词汇的能力，对于我理解教学中教师角色的问题产生了很大的影响，我的教学能力也因此得到了很大的提高，为我未来的教师职业发展奠定了良好的基础。

案例分析：

研究的课题是教师在教学中发现的，来自学生对教学某个方面的不满。教师利用采访和学生日志的方式进行调查，确认问题出在词汇学习的策略上。教师设计行动方案围绕词汇策略的培养进行教学，指导学生发展自主学习词汇策略，教师对自己的解决方案进行了比较充分的论证。该教师没有设计实施工作计划，所以我们不很清楚具体计划的实施过程。报告对于实施过程的描述不够具体，数据分析对于采访和日志的分析也都还不够具体，例证不充分，研究的最后并没有提出新问题。

 本章小结

本章主要介绍了教师专业成长的相关理论、各个成长阶段的特点及影响教师成长的各种因素。教师专业发展阶段理论主要包括舒伯(Super)的职业生涯发展理论、职业生涯发展的周期理论等。按照时间顺序，教师专业发展可以大致划分为适应期、成长期、成熟期、高原期、超越期五个阶段，这五个阶段有其各自发展的任务。通过对理论的总结概括不难发现，教师成长的成熟周期都包含新手型教师阶段、熟手型教师阶段、专家型教师阶段。对于一名教师来说，更重要的是教师信念，是教师在教学情境与教学过程中，对教师角色、教学过程、课程、学生等相关因素持有确信的某种理论、观点和假设，它影响着教育实践和学生的身心发展。只有坚持教师信念，教师才能从追求理想到实现理想的过程中获得幸福的情感体验。

思考题

1. 收集资料并分析不同的教师专业发展理论有什么不同。
2. 结合实际案例，谈谈你对专家型教师的理解。
3. 结合所学知识，你觉得如何才能成长为一名专家型教师。

第八章 教师专业发展机制

学习目标

1. 了解并掌握教师专业发展机制的内涵。
2. 明确教师的权利与义务。
3. 了解教师资格与任用制度。

重点难点

教学重点：清楚教师资格与任用制度。
教学难点：掌握教师的权利与义务。

【案例导入】

2005 年，寒假过后，在新学期开学伊始，初一(1)班班主任郭老师特别强调了学生的发型问题。

虽然说"穿衣戴帽，各有一好"，留什么样的发型是个人的自由，可在许多学校和老师的眼里，绝对不能对发型这件事放任不管。确实，生源不佳的学校的学生常给人"街道痞子""胡同串子"的印象。郭老师强调发型问题是有原因的。可是，学生留什么发型，一般不取决于教委、学校、老师，而是歌星、影星、球星。

结果三天过去了，班里的男生苏某还是留着长长的中分头。一天中午放学后，郭老师把苏某叫到办公室。

教师问："老师给全班同学提的发型要求你知道吗？这也是全校统一的要求，你知道吗？"

"知道。"苏某低声回答。

"知道？知道为什么还不动？"声调里老师带着几分生气。

"我家里不让理，我也没办法。"学生理直气壮回应道。

就这样，师生对话的火药味越来越浓。最后，郭老师拉开抽屉顺手拿出一把剪子，嘴里说着"那我替你理吧"，话到手到，苏某中间的一绺头发已剪下来了。苏某一边护着，一边说："得，得，我自己去理，行了吧。"说完跑出了办公室。

苏某回到家的时候，其父正在喝酒。看见儿子捂着头走进来便大声喝问，以为儿子又在外面打了架，惹是生非。当听完事情原委后便借着几分酒劲，怒气冲冲跑到学校兴师问罪。见到郭老师开始还较理智，后来便破口大骂，在场的老师都为之瞠目。

正当大家纷纷上前劝解、家长还不依不饶的时候，一位两鬓银白、马上要退休的女教师乔某走上前去，嘴里说着"让你无法无天"，随手就给了苏父一个嘴巴，不知是这巴掌的功效还是苏父的酒也该醒了，反正此后骂声听不见了，只是听到苏父反复强调："正月里理头死舅舅，又不是文化大革命，凭什么给我孩子剃阴阳头……。"

此时外面已围了不少人，为了化解矛盾，年级主任便把他们带到校长室。

思考：

郭老师作为人民教师对学生严格要求，对工作认真负责应该是值得肯定的，但采取的方法不当，对学生的人格不够尊重，违反了中华人民共和国主席令第15号《中华人民共和国教师法》第二章权利和义务第八条的规定：教师义务(四)"关心、爱护全体学生，尊重学生人格"，以及违反了《未成年人保护法》第三章第15条"学校、幼儿园的教职员应当尊重未成年人的人格尊严，不得对未成年学生和儿童实施体罚、变相体罚或者其他侮辱人格尊严的行为"。

从这一案例，我们可以看出，教师要懂法守法，尤其要了解我国的教师法和教育法等基本的法律法规，用法律法规来约束自己的行为，并将此作为保障自己合法权利的手段；同时，应该保障受教育者的合法权利不受侵犯。

"机制"又称机理，最早源于希腊文，原指机器的构造和工作原理。综合当前各学科使用"机制"一词时所表达的含义，我们认为"机制"一词的基本含义有三个：一是指事物各组成要素之间的相互联系，即结构；二是指事物在有规律的运动中发挥的作用、效应，即功能；三是指发挥功能的作用过程和作用原理。把这三者综合起来，概括地说，机制就是"带规律性的模式"。

教育机制是教育现象各部分之间的相互关系及其运行方式，包括教育的层次机制、形式机制和功能机制三种基本类型。三类机制以及每类机制中的三种机制，既有不同的内涵，又有着必然的联系。教育的层次机制主要包括宏观、中观和微观教育层次(结构)机制；教育的形式机制主要包括行政——计划式、指导——服务式和监督——服务式作用机制；教育的功能机制主要包括激励、保障和制约机制。教育激励机制是调动教育主体积极性的一种机制；制约机制是一种保障教育活动有序化、规范化的一种机制；保障机制是为教育活动提供物质和精神条件的机制。

教师是向受教育者传递人类积累的文化、科学知识和进行思想品德教育的专业人员，是人类社会进步和人类文明发展的推动器，是人类灵魂的工程师。如何保障教师教育有序化、规范化，调动教师的积极性，为教师提供相应的物质和精神条件，是促进教师专业发展的重要内容。

教育机制的建立，一靠体制；二靠制度。所谓教育体制，是教育机构职能和岗位责权的调整与配置。所谓教育制度，广义上指一个国家各级各类教育机构与组织体系有机构成的总体及其正常运行所需的种种规范、规则或规定的总和；狭义上指学校教育制度。通过与之相应的体制和制度的建立(或者变革)，教育机制在实践中才能得到体现。

教师专业发展机制就是通过制度化，形成教师专业发展的保障、激励和制约机制。为了保障和激励教师教育专业化发展，宪法和《教育法》等法律法规赋予教师相应的权利，对教师实行资格准入制和任用制，并提供福利、培训等物质和精神条件；同时，为了保证教师教育规划、有序，法律规定了教师应尽的义务，对教师进行考核和评价。对教师实行资格证制度，既是推动教师专业发展的重要保障机制，又是制约和规范教师行为的重要手段。

教师专业发展机制的主要内容包括：教师的权利与义务、教师资格和任用制度、教师的培训与评价等。当然，随着社会对教师职业性质认识的深化和对教师专业要求的提高，教师专业发展的保障、激励、制约等机制也在不断地发展和变化。

第一节　教师的权利与义务

教师的权利是教师专业发展的必要保障和激励机制；教师的义务是教师专业发展的重要制约机制。

一、教师的权利

权利是法律规定的作为或不作为的自由。它是一种法定的行为方式，主要目的是协调权利主体与客体之间的利益关系。

对于教师而言，教师权利也称教师的法律权利，是指教师依法享有的某种权能和利益，表现为教师作为权利享有者能够做出或不做出一定的行为；或要求他人做出一定行为的资格。也就是说，教师享有法律规范所设定并保护的选择自由和合法权益，这些权利要以相应义务人的义务为保障。总体来讲，教师的权利包括要求他人遵守教师法等法律或履行法律义务的请求权；按照自己的自由意志做出教师法等法律所赋予的积极行为权；当相应义务人违背法律义务，侵犯教师权利时，教师可向国家机关申请强制执行权。

教师的基本权利可以分为两部分：一是教师作为公民所享有的各种权利，可称为教师的公民权利；二是身为教师所享有的权利，可称为教师的职业权利。这两部分权利既相互联系，又相互区别。此外，不同阶段和不同类型学校的教师，其享有的权利在某种程度上是有区别的。也就是说，义务教育阶段的教师不同于非义务教育阶段的教师，他们享有的权利具有任职阶段的特点。

(一)教师的公民权利

教师的公民权利是指教师作为公民依法享有相关法律赋予公民的基本权利。依照我国《宪法》的规定，教师的基本公民权利主要包括政治权利、宗教信仰权、平等权、人身权、文化教育权、经济权及监督权等。在这些基本权利中，人身权利和人格权利是教师一般公民权利中最重要的两个方面。人身权利和人格权利是公民基本权利的两个重要方面，也是教师基本公民权利的主要表现。对于教师来说，这两项权利又具有特定的内涵。

所谓教师的人身权利是指包括教师的生命权、健康权和人身自由权在内的一项重要权利。首先，《宪法》保障教师的生命安全，任何非法行为不得侵犯教师的生命安全。其次，教师的身体健康权保障教师身体机能和外部器官的完整性不受非法剥夺。最后，教师的人身权，保障教师身体不受非法限制，以及安宁居住不受他人侵扰。

所谓教师的人格权利主要是指教师的人格尊严不受侵害，它包括名誉权、荣誉权、隐私权、肖像权和姓名权等一系列与人格尊严有关的权利。名誉权是以因名誉所受利益为内容的权利。荣誉权是名誉权的一种，指通过一定方式获得特殊身份的权利。通常多以获得荣誉称号的方式实现。隐私权，又称个人生活秘密权，是指公民不愿公开的关于个人生活事实不被公开的权利。

在日常生活中，教师的人身权利和人格权利受到侵犯的情况时有发生，如教师遭受来自家长、学生的殴打，遭受侮辱和性骚扰，等等。

依据主体的不同，侵犯教师人身权的案件大体分为四类：①学生对教师人身权的侵犯；②家长对教师人身权的侵犯；③学校领导或同事对教师人身权的侵犯；④社会人员对教师人身权的侵犯。教师人格权利受到侵犯对于提高教师的社会地位十分不利。保障教师享有人格权利和人身权利，既是对教师的尊重，也是对教师的保护。这不仅有利于教师的人格尊严的维护和身体健康的安全，同时，也有利于防止危害教师权利的不法行为的发生。

(二)教师的职业权利

职业权利是教师作为教育工作者依据教育法规享有的教育权利及与职业相关的其他权利。按照我国《教师法》的规定，我国教师享有教育教学权、学术研究权、指导评价权、报酬待遇权、参与管理权、进修培训权等六项权利。

教师的职业
权利.mp4

1. 教育教学权

教育教学权是教师为履行教育教学职责必须具备的基本权利。《教师法》第七条第一款规定，教师有"进行教育教学活动，开展教育教学改革和实验"的权利，任何个人或部门都无权干涉。

教师的教育教学权由两方面组成：一是进行教育教学活动的权利；二是开展教育教学改革和实验的权利。进行教育教学活动是教师职业权利的核心，也就是说，教师作为组织教育活动的主体，可以依据国家的教育方针，针对教育的实际和学生的基本状况，自主安排教育教学活动、创新教育教学的形式和方法。教师开展教育教学改革和实验，是教师主动性发挥的基础，也是教育实践有效进行和发展的前提和基础。教师只有拥有了教育教学改革和实践的权利，才能够更好地组织教育教学活动，高质量完成教学任务。

教育教学活动是教师的基本职业活动，国家、社会组织和学校要为教师开展教育教学活动创造条件、提供保障。

(1) 基础设施保障。符合教育教学活动要求的活动场所、活动时间和设施等，是开展教育教学活动的基础条件，必须严格按照国家课程设置要求予以保障。现阶段国家实施的义务教育学校均衡发展策略，就是提供基础设施保障的有效举措。

(2) 课程资源保障。课程资源指的是课程要素的来源和实施课程必要而直接的条件。教师的教育教学活动是由课程来承载的，要使教育教学活动正常、有效开展，必须要有课程资源保障。首先，是校内课程资源保障。除了教科书以外，学校要注重教师和学生经历、经验的积累，总结学校教育教学策略，为教师的教育教学提供指导性服务。其次，是校外课程资源保障。社会组织要营造良好的教育氛围，注重图书馆、科技馆、博物馆的教育服务功能的开发，充分调动网络资源、乡土资源、家庭资源为教育服务的积极性。

(3) 为教师提高专业能力提供保障。教师的教育教学活动是专业活动，要求教师必须具备较强的专业能力。因此，教育科研机构、教师管理机构和教育理论工作者要注重教师专业能力理论体系的建设，使教师的专业理论学习有内容，专业能力实践有方向，教学活动的专业评价有标准。

开展教育教学改革和实验是教师职业活动的重要内容，教师要不断增强教学改革和实验的意识，从教育思想、教学内容、活动策略、培养目标等方面来改变观念、探索方法、搭建平台，使教育教学活动充分遵循教育规律，符合社会发展对教育的要求。

由于教师工作是需要创新的工作，因此教育法规赋予了教师相当大的自由裁量权。但是，这并不意味着教师在行使权利的时候没有限制，教育教学权的行使同样必须在合法的框架内进行，既不能损害国家和社会的公共利益，也不能阻碍学生个体的发展和个人利益的获得。特别是义务教育阶段的教师行使此项权利要限定在国家、社会、学校、学生与家长相互利益关系允许的范围内，不得违背法律、法规和教育的基本规律。反之，学校和其他教育组织也不能随意侵犯教师的教育教学权。

【案例8-1】

教师因怀孕而失去工作

某中学一名物理老师在怀孕期间，所在学校为了照顾她，将其调整到政教处工作。这名女教师休满三个月的产假后来校上班，校长找其谈话说："你现在的工作已经安排了人，你看你想做什么工作？"这位教师说："我想教课。"校长说："好吧，我们研究研究。"

学校研究的结果是：由于该教师在政教处的工作岗位已安排了人，又因学校不缺物理教师，故无法为其安排工作，学校决定将其解聘，让该教师自己找单位。该教师不得已向教育局提出申诉。经区教育局有关部门与学校多次协调后，学校留下了这名教师。工作虽然安排了，但这名教师觉得已经得罪了学校领导，最终还是离开了这所学校。

(资料来源：搜狐网，2019-06-19.)

2. 学术研究权

学术研究权是教师作为教育教学专业人员所享有的一项基本权利。《教师法》第七条第二款规定，教师拥有"从事科学研究，学术交流，参加专业的学术团体，在学术活动中充分发表意见"的权利。

教师学术研究权包括以下三部分内容。

(1) 教师在专业领域内，有权从事科学研究、发表学术论文、著书立说和从事技术开发等。教育发展规律、教育价值规律、学生认知规律、教育教学规律等都是教育科学研究的范畴。教师只有充分认识这些教育规律，才能使自己的职业活动遵循这些教育规律。教师要充分认识这些教育规律，必须在职业活动中，深入探讨教育教学活动对各种教育规律的承载效度，形成对促进教育事业的发展和具体的教育教学活动具有指导意义的学术论文，并在职业活动中进行交流。

(2) 教师有权参与合法的学术交流活动，加入专业学术团体，并兼任职务。国家支持专业学术团体的建设，鼓励教师参加专业学术团体的学术研讨活动。每一位教师在职业生涯中，都应该不断创造条件，至少要成为一个学术团体的成员。只有参与到专业学术团体中，才能在学术活动中充分发表意见和见解，才能有效促进教师自身的专业发展。

(3) 教师在学术活动中有权发表自己的学术观点和学术思想。不同教育阶段教师的学术研究权的权限和范围有所区别，义务教育阶段，要求教师按照既定的教育大纲和教育基本要求来完成教育教学工作，不主张教师向学生随意发表个人看法。

【案例 8-2】

教育专家评"朱淼华现象"：追求"论文泡沫"

朱淼华是浙江大学人文学院哲学系的讲师。他开设的公共选修课《西方艺术史》受到学生的热烈欢迎，并被评为全校精品课之一。但是，在岗位聘任考评中，因为没有论文等原因，他在哲学系排名最后，被淘汰"下岗"。

朱淼华的遭遇经本报报道后，在教育界引起强烈反响。一些教育专家认为，朱淼华的遭遇并非个案，在我国高校中具有一定的代表性。目前，许多大学都存在"重科研轻教学"的倾向，其弊端正在日益显现。因此，过分重视科研影响教学水平。

潘懋元(厦门大学高等教育研究所名誉所长)：朱老师课上得好，没有科研成果，就被淘汰，这不是实事求是的做法。高等学校的任务一是培养人才，二是科学研究，教学与科研本质上并不矛盾，然而，在实践中，教学与科研却常常产生矛盾，尤其是近年来，越来越多的大学提出创办研究型大学，片面强调科研特色，出现了"重科研轻教学"的倾向。

吴平(武汉大学教务部部长)：对大学来说，教学、科研是重要两翼。现实中的矛盾是科研牵涉到经费分配和学校考核。论文等科研成果是看得见的，可以摆到桌面上，而且只要花时间就有"成果"，并会有名有利。教学则是"看不见的"，可能花费了很多工夫，"成果"却不能马上看到。

这种评价标尺带来的一个直接后果是：有科研成果的教师可以获得现实的认可，"述而不作或少作"的教师就要吃"眼前亏"了。难怪一些教师尤其是公共课的教师感叹："花了很多时间准备"一缸水"，就为灌满两节课的"一桶水"，但工作量考核还是两个课时，没花多少工夫写了几篇论文，考核分数却很高，一心搞教学出力不讨好。"

在这种评价标准的"诱导"下，一些教师过分重视科研，花在教学上的时间和精力少了。有的教师在外地完成科研任务，7点下火车，8点跑进课堂。这样的教师也很"敬业"，但教学效果会怎样呢？有相当一部分教师对教书不感兴趣，导致教学水平下降，这已成为目前我国高校面临的一个普遍问题。

(资料来源：人民日报，2005-11-28.)

3. 指导评价权

指导评价权是与教师在教育教学活动中的主导地位相对应的一项特定权利。《教师法》第七条第三款规定，教师有"指导学生的学习和发展，评定学生的品行和学业成绩"的权利。

教师指导评价权包含以下两方面的内容。

(1) 教师有权指导学生的学习发展。

教师是已经取得教育资格并具备相应技能的专业人员，不仅精通教育技巧和方法，而且熟悉少年儿童身心发展的规律。因此，教师有权且能够运用正确的方式引导学生学习。同时，依据学生的具体情况，教师能够因材施教，并合理地启发和引导学生的个性发展。

教师的教育教学活动应使学生在以下三个方面获得学习发展：一是指导学生在学习过程中学会学习；二是辅导学生在学习过程中产生情感体验；三是引导学生在学习过程中认

识学习的价值规律。

教师指导学生学习发展的具体做法有：第一，把掌握学习过程作为学生的学习任务来要求；第二，引导学生回顾自己的学习过程；第三，指导学生去探究发生错误的原因；第四，引导学生主动地探索学习过程，为学习方法的形成创造条件；第五，引导学生进行学习方法的交流；第六，教师示范性地运用教学方法向学生开展学习过程。

(2) 教师对学生的学业成绩和学生的道德、品行具有评定权。

评定学生的品行和学业成绩是教师在一定教育价值观指导下，运用现代教育评价的一系列方法和技术，对学生的思想品德、学业成绩、身心素质、情感态度等发展过程和状况进行价值判断。

教师有权对学生的思想政治、品德、学习、劳动等方面给予客观、公正且恰如其分的评价。这种评价，不仅要如实、客观、公正地反映学生的思想品德和学业成绩，而且对学生的长远发展也会产生深远影响。因此，教师在行使指导评定时又应注意，一要防止主观、片面；二要善于发现学生的潜力、能力。学生个性、特长千差万别，有的往往是很多方面平平但在某一方面却很出色，这就需要教师有伯乐眼光，对学生作全面、正确的评价。

教师对学生的品行和学业成绩的评定可分为三个类型。

① 诊断性评价。把评价放在教育教学活动之前，通过了解学生的初始状况，判断学生接受教育的基础条件，从而确立教育教学活动的内容、形式和策略。

② 形成性评价。把评价贯穿于教育教学活动的全过程，通过及时了解学生阶段性发展情况，有针对性地调整活动计划和方案、改进工作思路和方法，从而达到增强活动的教育力的目的。

③ 终结性评价。把评价放在教育教学活动结束之后，目的是检测教师的教育教学活动是否达到目标要求。终结评价的鉴定和区分等级的作用非常强，因此，教师在使用终结评价时，一定要用现代教育价值观来指导评价活动，建立全面、系统、科学的评价体系，细致思考评价要素，科学配置评价权重，通过终结性评价，激发学生学习热情，指导教师教学方向。

评定学生的品行和学业成绩是教师职业活动的重要组成部分，也属于专业活动，必须讲究专业策略和专业技巧。

教师的指导评价权是教师教育教学工作中专业性较强的一项权利，任何组织和个人都不得非法干预教师指导评价权的行使。教师也应当珍惜并以公正的态度行使这项权利。

4. 报酬待遇权

报酬待遇权是《宪法》赋予公民享有的社会经济权利在教师职业范围内的具体体现。《教师法》第七条第四款规定，教师有"按时获取工资报酬，享受国家规定的福利待遇及寒暑假期的带薪休假"的权利。

教师报酬待遇权具有以下两方面的内容。

(1) 教师有权要求所在学校和地方教育行政部门依法按时且足额发放教师的劳动报酬，包括基本工资、职务工资、课时报酬、奖金，以及教龄津贴、班主任津贴等其他各种津贴。具体执行标准根据《义务教育法(2006年修订版)》第三十一条规定执行："教师的平均工资水平应当不低于当地公务员的平均工资水平。"

为了确保教师工资正常晋级和按时足额发放，国家建立了正常的晋级增薪制度，《企事业评聘专业技术职务若干问题暂行规定》为教师晋升职务提供了标准、依据和办法。教师工作年度考核结论为称职以上者，增加一个薪级工资。《国家中长期教育改革和发展纲要(2010—2020)》把提高教师地位和待遇纳入规划内容："依法保证教师平均工资水平不低于或高于国家公务员的平均工资水平，并逐步提高。"

各级政府从财政经费中单列经费，保障教师工资按时足额发放。如果违反规定，则依法进行处理。如我国《教师法》第三十八条规定："拖欠教师工资或者侵犯教师其他合法权益的，应当责令其限期改正"；"违反国家财政制度，挪用国家财政用于教育的经费，严重妨碍教育教学工作，拖欠教师工资，损害教师合法权益的，由上级机关责令归还被挪用的经费，并对直接责任人员给予行政处分；情节严重，构成犯罪的，依法追究刑事责任。"

(2) 教师有权享受国家规定的各种福利待遇，包括医疗、住房、离退休等方面的物质待遇和寒暑假期间的带薪休假。

国家实行干部带薪休假制度。教师是"参公"管理的干部，也享有带薪休假的权利。根据我国现行基础教育课程体系的结构，学校教育通过寒假和暑假，把学年度分为两个学期。寒假和暑假的假期远远超过了干部带薪休假制度规定的时间。教师在这两个假期中，要合理安排时间，既调养身心又提升自己，既舒心生活又愉悦学习。不应该把假期当作非职业活动时间，认为休假中的教师不是在岗人员，可以做一些教师工作以外的事情。寒、暑假是教师带薪休假时间，教师属在岗人员。教师在寒、暑假里，只是工作和学习的阵地转移。因此，寒、暑假里的教师，应该遵守教师职业道德规范，在合理安排时间调养身心、消除疲劳的同时，还要反思职业活动，寻找提升自己的突破口，真正做到养精蓄锐，为下一阶段的职业活动提供强有力的精力和专业保障。

保障教师工资、提高教师的福利待遇，是鼓励教师搞好教育教学工作的物质基础。用法律保障教师的报酬待遇权有利于维持教师个人和家庭的正常生活，确保教师合法权利不受侵犯。

【案例 8-3】

教师无故被扣工资

杨某，30 岁，1999 年师专毕业，在某乡中学任初中物理教师。工作以来，杨某教学能力突出，很快成为学科的骨干教师。2002 年，为了提高自己的学历层次，经杨某申请，当地教委和学校批准其到某师范大学进修。杨某十分珍惜这次来之不易的进修机会，在一年的进修期间，不仅成绩优秀，还发表了数篇论文。然而，进修结束后，她才发现学校将她进修期间的工资扣了一半，并告知：进修期间，没有在学校正常工作的，一律扣发一半工资。学校可以扣发参加进修的教师的工资吗？杨某应该怎么办？

丁某，女，23 岁，2002 年从某师范大学毕业后，应聘到一所民办学校，担任小学英语教师。学校地处市郊，实行封闭化管理，平时不能外出，而且教学任务很重，不过每月有 3000 元的收入，比公办学校的教师工资高很多，这使她感到很欣慰。然而，随着寒假的到来，她才知道，学校有一个规定：寒暑假期间不上课，每人每月仅发 150 元的生活费。丁某很是不解，为什么公办教师可以带薪休假，而民办学校的教师就不可以呢？150 元的生活费甚至低于当地最低生活标准，该学校违法吗？丁某该怎么办？

（资料来源：金锄头文库，2018-06-07.）

5. 参与管理权

参与管理权是公民民主权利在教师特定职业下的具体体现。《教师法》第七条第五款规定，教师拥有"对学校教育教学、管理工作和教育行政部门的工作提出意见和建议，通过教职工代表大会或者其他形式，参与学校的民主管理"的权利。

教师参与管理权包括以下两方面的内容。

(1) 教师享有提出意见和建议的权利。我国宪法规定"公民对任何国家机关和工作人员，有提出批评和建议的权利"。教师的参与管理权是公民此项权利在教师职业岗位上的具体体现。

教师有权对学校的教育教学工作和学校管理工作提出批评和建议，及时表达个人意见。任何组织和个人不得非法剥夺教师对学校管理的建议权。

学校的教育教学和管理工作的指导思想是坚持社会主义办学方向，全面贯彻国家教育方针，全心全意为社会、学生提供优良的教育服务，为教师职业活动的开展搭建平台。教师的职业活动是与学校的教育教学和管理工作紧密相连的，教师的职业活动必须有机融入学校的教育教学和管理工作。因此，学校的教育教学和管理工作的科学性、有效性，直接影响着教师职业活动的质量和效率。教师要从这个大局着眼，从自己职业活动的细节入手，对学校教育教学和管理工作提出合理的意见和建议。只有这样，才能把由个人提出的意见和建议转化成学校教育和教师职业活动的需要，把个人的一己之见转化成教师开展职业活动的共同体验，从而保证自己提出的意见和建议既有理论依据，又能操作可行。

(2) 教师可通过教职工代表大会参与学校管理。教师有权通过教职工代表大会、工会或其他方式，参与学校发展、改革等重大事项的管理。教职工代表大会制度，是体现学校民主管理的根本制度。学校远景规划关系学校和教师利益等原则问题，必须经教职工代表大会讨论表决。教师是学校的主人，必须参与学校的管理，教职工代表大会是教师参与学校管理的唯一合法渠道。

教师是教育事业的主要力量，教师参与教育教学管理和学校民主管理充分体现了教师主人翁地位，有利于调动教师工作的积极性，提高教师工作效率。同时，教师参与学校管理，也有利于推进学校民主化建设进程。

6. 进修培训权

进修培训权是教师职业权利中最具代表性的一项。《教师法》第七条第六款规定，教师享有"参加进修或者其他方式的培训"的权利。

教师进修培训权的基本内容包括以下内容。

(1) 教师有权参加和接受多种形式的培训，学校、其他教育机构和教育行政部门有义务保障教师进修培训权的实现。

(2) 教育行政部门、学校及其他教育机构应当采取各种形式，开辟多种渠道，保障教师进修培训权的实现。如安排在校教师到教育学院、教师进修学校、其他有关高等学校及国外高等学校或科研单位进修。

(3) 教师进修培训权的行使也有其限度，教师必须在保证本职工作完成且不影响教育教学工作的前提下，参加进修和培训。

在时代飞速发展及新知识、新技术不断涌现的背景下，教师的知识结构和思想意识也必须与时俱进。教师要想经受住这种考验，必须不断提高自己的专业水平，增强自己的专业能力。参加进修或其他方式的培训，是不断提高自己的专业水平，增强自己专业能力的有效途径。

教师参加进修和培训是社会人才培养对教师提出的要求，也是教育事业发展的客观需要。通过教师终身学习体系的完善，切实保障教育教学质量。因此，对教师进行继续教育，规定教师有权参加进修和接受其他多种形式的培训，不断促使教师提高自己的思想品德和业务素质，使教师不仅能跟上时代的步伐，而且能站在时代的前沿，不仅体现了终身教育的理念，更有利于教师进修培训权的获得以及教育事业的发展。

国家教育部颁布的《中小学教师继续教育规定》，为教师的进修和培训在内容、形式、机制等方面提供了法律保障。各级政府正在加强教师继续教育的基础设施建设，为教师继续教育提供资源保障。教师继续教育体系正在巩固和完善，为教师继续教育提供机制保障。

要提高专业水平，增强专业能力，使教师的职业活动为全体学生服务，扩大教师职业活动的效能，教师就必须通过校本研修，找准自己专业水平的"基准点"，通过专题研讨活动，认识自己专业能力的"限控线"，从而做到有目的、有计划、有实效地参加各级各类的培训、学习活动。

二、教师的义务

教师的义务，是指教师依照《教育法》《教师法》及其他有关法律、法规，从事教育教学工作而必须履行的责任，表现为教师在教育教学活动中必须做出一定行为或不得做出一定行为。

法律上的义务有三种表现形式。一是积极性义务，即义务人按照权利人的要求可以做出某种行为。二是禁止性义务，即义务人按照权利人的要求不得做出某种行为。三是义务人侵犯他人权力和利益时，接受国家强制力保障其义务的履行。从表现形式上看，教师的义务也表现为这三种形式。教师贯彻国家的教育方针，完成教育教学工作的义务，就是一种积极性义务；教师不得体罚学生的义务是教育法律规定的一项禁止性义务；当教师不顾教育法律的规定，对学生实施体罚且经教育不改的，相关部门将对其进行相应的处罚并强制其履行相应的义务。

与教师权利的来源类似，教师义务包括教师的一般公民义务和教师的特殊职业义务。《教师法》所规定的教师义务，是与教师职业密切相关的义务。对不同类型的学校教师来讲，教师义务要求的体现是不同的。

教师的基本义务同教师的基本权利一样，包括两方面内容：一是作为公民应承担的义务；二是作为教师应承担的义务。这两种义务既有联系，又有区别。教师作为公民应承担的部分义务体现在教师特定的义务中，教师的特定义务有一部分是公民义务的具体化、职业化。两者也各有一部分是独立的，互不重复。

教师还要明白，法律赋予的权利，个人可以放弃，法律规定的义务，个人却不能推卸，必须认真履行。

(一)教师的公民义务

依照我国《宪法》的规定，教师作为普通公民，应当履行如下义务。

(1) 教师具有维护国家统一和全国各民族团结的义务。我国《宪法》第五十二条规定："中华人民共和国公民有维护国家统一和全国各民族团结的义务。"

(2) 遵纪守法的义务。我国《宪法》第五十三条规定："中华人民共和国公民必须遵守宪法和法律，保守国家机密，爱护公共财产，遵守劳动纪律，遵守公共秩序，尊重社会公德。"

(3) 教师具有维护国家安全、荣誉和利益的义务。我国《宪法》第五十四条规定："中华人民共和国公民有维护祖国的安全、荣誉和利益的义务，不得有危害祖国的安全、荣誉和利益的行为。"

(4) 教师具有保卫祖国和依法服兵役的义务。我国《宪法》第五十五条规定："保卫祖国、抵抗侵略是每个中华人民共和国公民的神圣职责。依照法律服兵役和参加民兵组织是中华人民共和国公民的光荣义务。"

(5) 教师具有依法纳税的义务。《宪法》第五十六条规定："中华人民共和国公民有依照法律纳税的义务。"

(二)教师的职业义务

结合教师的职业特点，根据《教育法》《教师法》《义务教育法(2006年修订版)》的有关规定，我国教师应承担的义务主要有以下六项。

第一，遵守宪法、法律和职业道德，为人师表；

第二，贯彻国家的教育方针，遵守规章制度，执行学校的教学计划，履行教师聘约，完成教育教学工作任务；

第三，对学生进行宪法确定的基本原则的教育和爱国主义、民族团结的教育、法制教育以及思想品德、文化、科学技术教育，组织、带领学生开展有益的社会活动；

第四，关心、爱护全体学生，尊重学生人格，促进学生在品德、智力、体力等方面全面发展；

第五，制止有害学生的行为或者其他侵犯学生合法权益的行为，批评和抵制有害学生健康成长的现象；

第六，不断提高思想政治觉悟和教育教学水平。

下面对教师的六项义务进行详细解读。

1. 遵纪守法义务

遵纪守法既是教师的公民义务，又是教师的职业义务。宪法和法律是国家、社会组织和公民一切行为的基本准则，也是每一个社会组织和公民必须遵守和维护的。《教师法》第八条第一款规定：教师应"遵守宪法、法律和职业道德，为人师表"，简称"遵纪守法义务"。这是教师所担负的育人职责和教师的劳动示范性特点对教师提出的基本要求。一名称职的教师，一定是个好公民，教师是遵守宪法的模范。因此，教师在进行职业活动时，必须严格遵守教师职业道德规范，遵纪守法。

教师对学生进行教育，其目的是把他们培养成对国家、社会有用的人才，但首先应把他们培养成一个遵纪守法的人。教师职业之所以是特殊的职业，教师群体之所以是特殊的群体，除了教师职业的专业性以外，还因为教师的一言一行、举手投足，在接受社会评价的同时，也能够经得起伦理的检验。也就是说，教师的精神风貌、言谈举止，能在社会各阶层、各领域树立行为典范。为此，教师作为教育者，首先要遵守国家法律，做个守法的好公民。

【案例8-4】

教师侵犯学生权益的案件

某中学八(三)班学生刘某某，只因为平时学习成绩不是太好，上课总是不遵守课堂纪律，老师们都不太喜欢他，特别是语文老师。某一天，语文老师讲课中途涉及相关事件时，提出一个问题叫大家在课堂上讨论，老师让同学们自由发言进行争论。刘某某起立回答问题时，由于他的观点与老师的观点不太一致，因此老师很不高兴，就用了刻薄的语言训斥刘某某，说他"你真的好笨，笨得像头猪"。刘某某听了以后很难过，就回顶了一句："那你怎么不找头猪来教，猪老师才会教猪学生，你才像呢"。老师一气之下，失去了理智就把刘某某赶出了教室，并说了许多难听的话。

(资料来源：金锄头文库，2019-10-12.)

2. 教育教学义务

教育教学工作是教师的基本职业权利，也是教师的基本义务。《教师法》第八条第二款规定，教师应当"贯彻国家的教育方针，遵守规章制度，执行学校的教学计划，履行教师聘约，完成教育教学工作任务"。因此，教师在教育教学活动中应全面贯彻国家教育方针，遵守学校的各项规章制度，履行聘任合同中约定的教育教学职责。根据中小学教师的任职条件和其他规定，义务教育阶段教师的这项义务主要包括以下几个方面。

(1) 教师是教育方针的执行者。教师的职业活动是以国家的教育方针作指导的。首要的任务是转变传统的教育观念，由应试教育转到民族素质的轨道上来，纠正和防止片面追求升学率等不良倾向；其次是创新教育教学活动，培养学生的创新精神，形成学生的创新意识，使创新人才在教育过程中脱颖而出。

此外，贯彻落实国家的教育方针，仅靠个人的能力和智慧是不够的。教师是一个团队，团队就得有严明的纪律，只有有严明纪律的团队，才具有凝聚力，团队的每一个成员只有严格遵守纪律，才能把集体智慧充分发挥出来，才能形成教育合力，才能有效促进学生全面发展。

(2) 教师是教学计划的执行者。教师开展教学活动，不能只看作个人行为，教师应该把个人融入工作。教师要根据国家课程计划和活动自觉地融入学校的整体教学，教师只有按照学校计划来安排教学工作，制订整体教学计划和学科教学计划，并在活动中真实体现教师所在岗位的优势和特点，才算是有效完成了教育教学任务。

实行教师聘任制以后，教师与学校签订聘任合同，教师应当按照聘约的规定完成教育教学任务，仔细检查教学效果，不断提高教学质量。

(3) 教师是规章制度的执行者。教师是规章制度的执行者，主要是指教师应该遵守教育教学的规章制度。教师开展职业活动，必须遵循教育规律。明确的规章制度是教师的职业活动遵循教育规律的有效保障。学校的规章制度是按照学校教育发展规律来制定的。学校制定规章制度是依法治校的具体体现。

3. 思想教育义务

思想教育义务，亦称"教书育人义务"，是指教师对学生进行文化科学技术教育的同时开展政治思想教育、组织有益社会活动的义务规范。《教师法》第八条第三款规定，教师有"对学生进行宪法所确定的基本原则的教育和爱国主义、民族团结的教育，法制教育以及思想品德、文化、科学技术教育，组织、带领学生开展有益的社会活动"的义务。

首先，教师在职业活动中要对学生进行宪法确定的基本原则教育，深刻理解宪法确定的基本原则：一是一切国家权力属于人民原则；二是保障公民的权利和自由原则；三是权利制约——民主集中制原则；四是坚持社会主义法治原则。教师是国家意志在教育过程中的体现者，在一切职业活动中，必须全面、正确、科学地体现国家意志，有机渗透宪法确定的基本原则教育。

其次，教师应当结合自己的教育教学业务的特点，把政治思想品德教育贯穿于教学工作之中，开展有益的社会活动，从而将爱国主义教育、四项基本原则教育、集体主义教育、社会主义民主和法制教育、民族团结教育、思想品德教育、劳动教育、文化科学技术教育等方面相互融合，避免空洞说教。

【案例 8-5】

上海震旦女教师发表不当言论被开除

历史不容质疑，尤其是那段悲痛的历史。

然而，曾任上海震旦职业学院传媒艺术学院讲师宋庚一，于 2021 年 12 月 14 日下午在《新闻采访》课程中公开发表错误言论，质疑南京大屠杀遇难同胞人数。认为 30 万是没有数据支撑的，只是小说的一个概述。

视频曝光后，很多人纷纷留言，认为一名中国人，竟然公开发表错误言论，不仅会影响国人情绪，还会带偏学生的思想。公然为罪人开脱。可能会扭曲学生价值观，影响到自己事业前途。事情发生没多久，学校作出回应，由于宋庚一的言论对社会造成不良影响，根据相关规定，对宋庚一进行开除处理。这并不是大快人心，而是意料之中的事情。

针对此事，人民日报点名批评：南京大屠杀遇难同胞 30 万以上，铁证如山。妄加揣测，质疑历史真相，枉为人师！忘却苦难，否认他国恶行，枉为国人！教育欢迎求真，但打着"辨伪"，为罪人开脱，抹除民族苦难，这般无知无德怎配指导下一代？历史为根基，教育是民族未来。未来失了根基，民族将何存？

(资料来源：人民日报 2021-12-16.)

4. 尊重学生人格义务

《教师法》第八条第四款规定，教师应"关心、爱护全体学生，尊重学生人格，促进学生在品德、智力、体质等方面全面发展"，简称"尊重学生人格义务"。

关爱学生，是教师教育教学活动的根本出发点。促进学生全面发展，是教师开展教育教学活动所追求的最高目标。教师的一切职业活动，必须符合关爱学生的要求，必须能促进学生全面发展。

关爱学生是师德的灵魂。关爱学生不仅要关注学生的身心健康、人生成长，更重要的是关注学生的人格，尊重学生人格。

教师要尊重学生的人格。新修订的《义务教育法》第二十九条第二款规定："教师应当尊重学生的人格，不得歧视学生。"学校是一种有目的、有计划地向学生施加影响的教育场所，是学生成长的重要环境。学校教育不仅教给学生课本上的知识，也需要师生在教育教学活动中进行情感交流和人格接触。因此，教师在开展教育教学活动时，一方面要培养学生的个性，增强学生人格的独立性；另一方面要注意调节学生的人生态度和行为习惯，增强学生人格的统合性。人格的统合性是身心健康的重要指标，教师在对学生进行德育、智育、体育和美育时，有机渗透人格培养，就是对学生人格的最好尊重。

但是教育实践中，有些教师作为学生在校学习期间的管理者，往往不重视未成年学生的人格权利，常常以某种作为或不作为的方式侵犯学生的人格权，如讽刺、挖苦学生；故意侮辱、谩骂学生；给学生起外号；对学生的家庭、性格、性别、民族、长相等歧视的态度等。据不完全调查，在实际教学过程中，许多教师都有体罚的错误行为，而大多数体罚都会伴随有对学生人格的侵犯。

(1) 教师不能强迫学生做有损人格尊严的事。教师是贯穿孩子未成年岁月的关键人物，对孩子的健康成长有重要的影响。教师对学生实施体罚或变相体罚，一方面，是对法律和孩子人格尊严的践踏；另一方面，会使孩子产生轻视良知、轻视个体的恶习，也会发展孩子的暴力行为，应该引起普遍重视。

(2) 教师不能侮辱、谩骂学生。人与人的交往需要互相尊重，教育教学活动中更是如此。然而现实是，许多教师在说话时不知道尊重学生，在行动中为所欲为，对学生造成了很深的心理伤害。虽然中小学生年龄还小，但是，大多数孩子都有着较强的自尊心，尤其在同伴面前更需要维护自己的尊严，教师应深深地记住这一点，无论多生气都要注意自己的言行，以免对学生的人格造成伤害。

(3) 教师不能歧视学生。在教育教学中，教师应当关心爱护全体学生，尊重学生人格，促进学生在品德、智力、体质等方面全面发展。同时，教师应当端正教育思想，从多方面提高学生素质，帮助学生在学习中取得好成绩，促使学生不断内化教育教学要求，变外压式教育为内调式教育，改变学生的自我评价，唤醒学困生的自我意识，认识自己的能力和价值，树立自尊心、自信心，调动其内在积极因素，去克服困难，逐步形成良好的学习心理品质，为其将来进入社会做好准备。

教师应当树立尊重学生人格尊严的法制观念，对全体学生一视同仁，对智力有缺陷、品德有缺点的学生更应当给予帮助，不能粗暴地体罚和侵犯学生的人格尊严。教师如果把教育学生的权利凌驾于学生的人格之上，必然会把斥责、讽刺、挖苦视为正常的教育手段，甚至发展到辱骂和体罚学生。

现实中，仍有许多学校存在各种各样的潜在规定，有的教师根据学生成绩把学生分为优、中、差三等，还按这个标准排座位。这明显对成绩差的学生有歧视，这样做轻者会使那些所谓的"差生"失去学习兴趣，重者会对学生造成直接精神伤害，甚至危害生命安全。

5. 保护学生权益义务

保护学生的合法权益和身心健康发展，既是全社会的共同责任，也是教师义不容辞的义务。《教师法》第八条第五款规定，教师有"制止有害于学生的行为或者其他侵犯学生合法权益的行为，批评和抵制有害于学生健康成长的现象"的义务。

教师有义务制止在学校工作与教育教学工作相关的活动中侵犯其所负责管理的学生合法权益的违法行为，切实维护学生的受教育权，获得公正评价权、人身权、财产权，以及法律法规规定的其他合法权益，绝对不能用违法行为来纠正学生的错误。当社会出现有害于学生身心健康的不良现象时，教师应有理有据地批评不利学生健康成长的社会现象，抵制"文化垃圾"进校园、进教室，这是教师义不容辞的社会责任。

(1) 面临危险时，教师应敢于挺身而出。学校是进行教育教学活动的场所，为保证教育教学活动的正常进行，必须保证学校正常的教学秩序，必须维护学生的人身安全。当前一些不法分子对学校进行流氓滋扰，使广大师生的身心受到严重伤害，破坏了学校的正常秩序，影响了教育教学活动的顺利进行。面对犯罪分子在学校里行凶，学校教师应采取什么态度，这是一个不可避免的问题。多数教师能够挺身而出，与犯罪分子进行坚决斗争，这种做法是正确的。然而，我们也很遗憾地看到，有的教师贪生怕死，明哲保身，客观上助长了犯罪分子的嚣张气焰，使学生受到人身和精神的伤害，在广大教师和群众中造成了极坏影响。对这样的教师我们应当给予谴责，其他学校、教师应引以为戒，避免这类事情的发生。

(2) 教师要对学生尽到保护义务。教师要对未成年学生尽到保护义务，主要体现在以下几个方面。

① 注意教学设施和设备的安全。教师要使用符合国家安全标准规定的设施和设备，使用时，还要考虑未成年人的特点。

② 及时救助受伤害学生。对在校期间突发疾病或者受到伤害的学生，教师要及时送学生去就近医院治疗，同时通知学生家长或监护人，并根据学校实际情况及时采取必要紧急救护措施进行救助，避免不良后果严重化。

③ 对擅自离校或有危险行为的学生及时采取措施。学校教师或其他工作人员发现学生行为具有危险性，必须进行必要的管理、告诫或者制止，以减少和预防校园暴力的发生。

对学生擅自离校等与人身安全直接相关的信息，要及时告知监护人。在以下几个特殊时间段，教师也要尽职尽责，防止安全事故发生：

① 到校、离校时间；

② 课间、午间休息时间；

③ 宿舍熄灯前后的时间；

④ 组织学生外出旅游或参观期间。

总之，在教育法律关系中，如果发生教师履行教育、管理和保护义务的过错，致使在校未成年学生受到人身伤害，或者伤害他人，学校应承担相应的法律责任。这些法律责任以民事责任为主。

6. 提高水平义务

《教师法》第八条第六款规定，教师有"不断提高思想觉悟和教育教学业务水平的义务"，简称"提高水平义务"。

终身学习是教师专业发展不竭的动力。教师的职业活动不可能一成不变，也不可能一劳永逸。从学科教学来看，学科知识的学习已经出现了"今天不会用、明天不能用、将来没有用"的尴尬局面。教师只有深刻认识社会发展规律，不断学习，使教学与时代俱进，努力提高自身的思想觉悟和业务水平，才能使教学工作活动充满生机和活力。

第二节　教师的资格与任用制度

教师的资格与任用制度既是教师专业发展的重要保障、激励机制，又是必要的制约机制。一般来说，教师任用制度包括教师资格、职务及聘用制度等方面的内容。因为教师的社会责任重大，所以把教师资格准入提升了一定高度，独立出来。

一、教师资格制度

教师资格制度是国家对教师实行的一种法定的、特定的职业许可制度。许多国家对教师的资格标准都有严格的规定，不少国家建立了教师许可证制度或教师资格证书制度。通过严格的考核与认定，向那些具备教师资格条件者发放教师资格证书，使教师能达到较高水平的专业化，提高教师队伍的整体素质。它包含两方面的含义：一方面，教师资格证书是法律所保障的，要求很高，必须依法实施，表明了其严肃性；另一方面，说明了这是一种职业的许可，即从事教师职业，必须具有社会认可的教师资格。

(一)教师资格制度的发展历程

国外保障教师职业专业化的教师资格认证制度已有两百多年的历史，建立教师资格制度已成为世界性的发展趋势。美国是世界上较早建立教师资格证书制度的国家，1825 年美国俄亥俄州就颁布了第一个由州教育主管部门制定的教师证书法令。日本也是教师资格制度发展得比较完善的国家，1949 年就颁布了《教育职员许可法》。随着教师职业专业化的发展，许多国家开始实施教师资格证书制度，教师资格证书和学历证书并行，互不替代，并制定高标准的教师职业要求，以加快教师专业化的进程。

我们国家教师资格从无证到有证；从师范生发证、非师范生考证到全员考证；从各省试点到国家统考(国考)。

1. 新中国成立到 1993 年，一直延续着师范类毕业生分配到相应层次的学校当教师的体制。1993 年 10 月 31 日通过的《中华人民共和国教师法》，首次以法律的形式确定教师资格制度为我国教师职业的许可制度。

2. 1995 年 3 月 18 日，第八届全国人民代表大会第三次会议通过《中华人民共和国教育法》。《教育法》第三十四条规定："国家实行教师资格、职务、聘任制度，通过考核、奖励、培养和培训，提高教师素质，加强教师队伍建设。"

1995 年 12 月，国务院颁布《教师资格条例》，对教师资格的分类与适用、申报教师资格的条件、教师资格考试、教师资格认定等作了详细的规定。

1996 年 1 月，国家教委下发《教师资格认定的过渡办法》。到 1997 年，一千多万名在职教师取得国家认定的教师资格。

3．2011 年 11 月 26 日，全国首次教师资格试点考试，在浙江和湖北举行。此后，教师资格认定工作，省考和国考并存。

2015 年起，教师资格认证考试不再由地方组织，改革后将实行国考。推行教师资格全国统考，提高教师入职门槛，并打破教师资格终身制，实行定期注册制度。也就是说，自2015 年起，全国大部分地区实行的都是全国统一考试，但是目前还有少部分地区仍在实行省考政策。辽宁省于 2016 年 3 月 12 日，首次参加国考笔试考试；2016 年 5 月 21 日，首次参加国考面试。

2022 年 1 月 13 日，教育部印发《关于推进师范生免试认定中小学教师资格改革的通知》。本通知是落实国务院常务会议决定，持续深化教育"放管服"改革，在"教育类研究生和公费师范生"免试认定改革基础上，继续在有关高等学校师范生中开展免试认定改革。根据高等学校师范类专业办学条件和办学质量审核结果划定免试认定改革范围，2017 年及以前加入国家中小学教师资格考试改革试点省份的高等学校相关师范类专业，自 2022 年起可以参加免试认定改革。

(二)教师资格制度的具体规定

教师资格是国家对专门从事教育教学工作人员的最基本要求。它规定着从事教师工作必须具备的条件。我国的《教师法》《教师资格条例》对教师资格的分类、取得条件、认定程序等作了具体规定，以法律的形式确立了我国的教师资格制度。

1．教师资格分类

《教师资格条例》明确规定教师资格分为幼儿园、小学初级中学教师资格和初级职业学校文化课、专业课、高级中学教师资格，中等专业学校、技工学校职业高级中学文化课、专业课教师资格，高级中学实习指导教师资格，高等学校教师资格。成人教育的教师资格，按照成人教育的层次，依照上述规定确定类别。

对于取得教师资格的公民可在其他教育机构担任教师，也可以在本级及其以下等级的各类学校，取得中等职业学校实习指导教师资格的公民只能在中等专业学校、技工学校担任实习指导教师；高级中学教师资格可与中等职业学校教师资格相互通用。

2．教师资格条件

我国《教师法》第十条规定："中国公民凡遵守宪法和法律，热爱教育事业，具有良好的思想品德，具备本法规定的学历或者经国家教师资格考试合格，有教育教学能力，经认定合格的可以取得教师资格。"它包括以下四个条件。

(1) 必须是中国公民。必须是中国公民是成为教师的先决条件。凡是符合规定条件的中国公民均可取得教师资格。需要指出的是，虽然外国公民符合规定的条件，也可以进入中国的学校及其他教育机构任教，但并不等于他们取得了中国教师的资格，他们在中国学校任教须经过一定的审批手续。

(2) 必须具有良好的思想道德品质。必须具有良好的思想道德品质是取得教师资格的一个重要条件。这一要求主要表现在全面贯彻执行党和国家的教育方针、热爱教育事业、忠于职守、爱护学生、作风正派、团结协作等方面，教书育人，为人师表。

(3) 必须具有规定的学历或者经国家教师资格考试合格。从某种意义上讲，学历是一个人受教育程度和文化素质的一个标志，是人们从事一定层次工作所应当具备的基本条件。许多国家都对教师资格的取得规定了相应的学历要求。比如美国各州规定，小学教师必须具有学士学位；日本政府规定小学或初中教师必须具备学士学位；朝鲜政府规定中小学教师必须是师范大学和教员大学毕业生；英国、法国等国要求中小学教师必须由受过高等师范教育的人来担任。

结合我国实际，我国《教师法》对各类教师应具备的学历作了明确规定。①取得幼儿园教师资格，应当具备幼儿师范学校毕业及其以上学历。②取得小学教师资格，应当具备中等师范学校毕业及其以上学历。③取得初级中学教师资格和初级职业学校文化、专业课教师资格，应当具备高等师范专科学校或其他大学专科毕业及其以上学历。④取得高级中学教师资格和中等专业学校、技工学校、职业高中文化课、专业课教师资格，应当具备高等师范本科或其他大学本科及其以上学历；取得中等专业学校、技工学校和职业高中学生实习指导教师资格应当具备的学历，由国务院教育行政部门规定。⑤取得高等学校教师资格，应当具备研究生或大学本科毕业学历。⑥取得成人教育教师资格，应当按照成人教育的层次、类别，分别具备高等、中等学校毕业及其以上学历。

不具备《教师法》规定的教师资格学历的公民，申请取得教师资格，必须通过国家教师资格考试。国家教师资格考试制度由国务院制定。已经在学校或者其他教育机构任教的教师，未具备规定学历的，由国务院教育行政部门规定教师资格过渡办法。

教师资格考试科目、标准和考试大纲由国务院教育行政部门审定。属于幼儿园、小学、初级中学、中等职业学校教师资格考试和中等职业学校实习指导教师资格考试的，由县级以上人民政府教育行政部门组织实施；属于高等学校教师资格考试的，由国务院教育行政部门或者省、自治区、直辖市人民政府教育行政部门委托的高等学校组织实施。幼儿园、小学、初级中学、高级中学、中等职业学校的教师资格考试和中等职业学校实习指导教师资格考试，每年进行一次。

对于学历尚未达标的中小学教师，主要采取中小学教师考核合格证书的过渡办法来解决。根据原国家教委发布的《中、小学教师考核合格证书试行办法》的规定，对于不具备国家规定合格学历的中小学(含职业中学文化课)教师，可申请参加国家考试，取得考核合格证书。考核合格证书设"教材教法考试合格证书"和"专业合格证书"两种。其中"教材教法考试合格证书"分为"高中教材教法考试合格证书""初中教材教法考试合格证书"和"小学教材教法考试合格证书"三种。考试的内容、要求和办法，由省、自治区、直辖市教育行政部门规定。"专业合格证书"分"高中教师专业合格证书""初中教师专业合格证书"和"小学教师专业合格证书"三种。凡不具备国家规定合格学历的中小学教师，工作满一年以上者，可申请参加"教材教法考试合格证书"的考试；工作满两年以上并取得"教材教法考试合格证书"者，可申请参加"专业合格证书"的文化专业知识考试。文化专业知识考试，一般每年一次，由省、自治区、直辖市教育行政部门组织。中学教师除考所教学科的有关课程外，均须考教育学和心理学基本原理。小学教师考三门课程：教育学和心理学基本原理，语文和数学任选一门。教师在文化专业知识考试及格后，可向所在学校或学区申请颁发"专业合格证书"。

申请教师资格过渡的，必须是《教师法》施行之日前已经在各级各类学校及其他教育机构中从事教育教学工作的教师及承担教学任务的其他专业技术人员和教育职员，且符合《教师法》和《教师资格认定的过渡办法》的有关规定，由其本人按其所在学校的层次和类别申请认定相应的教师资格。经认定合格者，由认定机关颁发《教师资格证书》。

（4）必须具有教育教学能力。教育教学是教师的本职工作。教育教学能力是完成教育教学任务的必备条件。其主要包括语言表达能力，科学地选择、运用教育教学方法的能力，课堂管理能力，组织能力，提高教学水平能力等。此外，教师的身体状况也应当符合有关规定。

3. 教师资格认定

（1）教师资格认定机构。教师资格的认定机构，是指依法负责认定教师资格的行政机构或依法委托的教育机构。依照《教师法》《教师资格条例》有关规定，幼儿园、小学和初级中学教师资格，由申请人户籍所在地或者申请人任教学校所在地的县级人民政府教育行政部门认定；高级中学教师资格，由申请人户籍所在地或者申请人任教学校所在地的县级人民政府教育行政部门审查后，报上一级教育行政部门认定；中等职业学校教师资格和中等职业学校实习指导教师资格，由申请人户籍所在地或者申请人任教学校所在地的县级人民政府教育行政部门审查后，报上一级教育行政部门认定或者组织有关部门认定。受国务院教育行政部门或者省、自治区、直辖市人民政府教育行政部门委托的高等学校，负责认定在本校任职的人员和拟聘人员的高等学校教师资格。在未受国务院教育行政部门或者省、自治区、直辖市人民政府教育行政部门委托的高等学校任职的人员和拟聘人员的高等学校教师资格，按照学校行政隶属关系，由国务院教育行政部门认定或者由学校所在地的省、自治区、直辖市人民政府教育行政部门认定。

（2）教师资格认定程序。教师资格认定，应当由本人提出申请。且申请人应当在受理期限内提出申请，并提交教师资格认定申请表和有关证明材料：

① 身份证明；

② 学历证书或者教师资格考试合格证明；

③ 教育行政部门或者受委托的高等学校指定的医院出具的体格检查证明；

④ 户籍所在地的街道办事处、乡人民政府或者工作单位、所毕业的学校对其思想品德，有无犯罪记录等方面情况的鉴定及证明材料。

受理教育行政部门或者受委托的高等学校在接到公民的教师资格认定申请后，应当对申请人的条件进行审查。对符合认定条件的，应当在受理期限终止之日起30天内将认定结论通知本人。对于非师范院校毕业认定幼儿园、小学或者其他教师资格的，应当进行面试和试讲，考察其教育教学能力；根据实际情况和需要，教育行政部门或者受委托的高等学校可以要求申请人补修教育学、心理学等课程。

申请人提出的教师资格认定申请经认定合格后，由教育行政部门或者受委托的高等学校颁发国务院教育行政部门统一印发的教师资格证书。教师资格证书终生有效且全国通用。

4. 教师资格丧失

教师教书育人、为人师表的职业特性，对教师的思想品德、道德修养提出了严格的要求。我国《教师法》第十四条明确规定："受到剥夺政治权利或者故意犯罪，受到有期徒刑以上刑事处罚的，不能取得教师资格；已经取得教师资格的，丧失教师资格。"《教师资格条例》进一步规定，依照《教师法》第十四条，丧失教师资格的，不能重新取得教师资格，其教师资格证书由县级以上人民政府教育行政部门收缴。对于弄虚作假、骗取教师资格、品行不良、侮辱学生、影响恶劣的，由县级以上人民政府教育行政部门撤销其教师资格。被撤销教师资格的，自撤销之日起 5 年内不得重新申请认定教师资格。

二、教师任用制度

1. 教师职务制度

教师职务是根据学校教学、科研等实际工作需要设置的，有明确职责、任职条件和任期，并需要具备专门的业务知识和相应的技术水平才能担负的专业技术工作岗位。教师职务制度是国家对教师岗位设置及各级岗位任职条件和取得该岗位职务的程序等方面时规定的。我国《教育法》《教师法》规定了国家实行教师职务制度。

(1) 职务设置。根据国家有关规定，教师职务设高等学校教师职务、中等专业学校教师职务、中学教师职务、小学教师职务、技工学校教师职务五个系列。其中高等学校教师职务设助教、讲师、副教授、教授；中等专业学校设教员、助教、讲师、高级讲师；普通中小学及幼儿园教师职务设有三级教师、二级教师、一级教师、高级教师，其中中学三级教师、二级教师、小学一级教师为初级职务，中学一级教师和小学高级教师为中级职务，中学高级教师为高级职务；技工学校文化、技术理论课教师职务设教员，助理讲师、讲师、高级讲师，生产实习课教师职务设三级教师、二级教师、一级教师、高级实习指导教师。各级成人学校，结合成人教育的特点和层次，分别执行普通高等学校、中专、中小学、技工学校教师职务试行条例。

在教师职务设置上，类型不同、任务不同，学校的职务结构不同。各级职务数应视各校定编、定员的基础，按照教学、科研工作需要来合理设置。

(2) 任职条件。从我国教师职务各试行条例的规定来看，担任教师职务的任职条件一般包括以下五个：

① 具备各级各类相应教师的资格；
② 遵纪守法，具有良好的思想政治素质和职业道德；
③ 具有相应的教育教学水平、学术水平，能全面、熟练地履行其职务职责；
④ 符合学历、学位以及工作年限的要求；
⑤ 身体健康，能坚持正常工作。

除符合上述条件外，各级各类教师任职条件要求视岗位而有所不同。

(3) 职务评审。一般而言，各级教师职务由同行专家组成的教师职务评审小组依据现行各教师职务试行条例的有关规定予以评审。关于教师职务评审的程序、权限以及评审组织的组成办法等，在教师职务系列各试行条例中，都有明确的规定。

2. 教师聘任制度

教师聘任制度，就是聘任双方在平等自愿的前提下，由学校或者教育行政部门根据教育教学岗位设置，聘请有资格的公民担任相应教师职务的一项教师任用制度。我国实行教师聘任制度，《教师法》第十七条规定："学校和其他教育机构应当逐步实行教师聘任制。

教师的聘任应当遵循双方地位平等的原则，由学校和教师签订聘任合同，明确规定双方的权利、义务和责任。"这使得我国教师任用进一步制度化和规范化。

（1）教师聘任制度的特征。教师聘任作为教师任用的一种基本制度，具有以下三个特征。

①　教师聘任时，教师与学校或教育行政部门之间的法律行为。通过聘任确定了聘任人和受聘人双方的法律关系。聘任双方关系基于独立而结合，基于意见一致或相互同意而成立，并在平等地位上签订聘任合同。

②　以平等自愿、"双向选择"为依据。作为聘任人，学校或教育行政部门可根据国家有关规定和学校教学、科研需要，自主确定教师结构比例；作为受聘人，教师有权利根据本人的知识水平、业务能力选择适合自己的工作岗位。

③　聘任双方依法签订的聘任合同具有法律效力。学校与教师在平等情况下签订的聘任合同，对双方均有约束力。它以聘书的形式明确规定了双方的权利、义务和责任，对于学校而言，有权对受聘教师的政治思想、业务水平、工作态度、工作成绩进行考核，并作为提职、实施奖罚的重要依据。同时，学校有义务按合同为教师提供教育教学、科研、进修等工作条件并支付报酬。教师在聘任期间，无特殊理由，一般不能辞退或解聘。确需变动的，应提前与当事人协商，意见一致后方可变更或解除。对于教师来讲，按照合同，享有权利，承担义务，要遵守学校规章制度，执行学校的教学计划，履行教师聘约，完成教育教学任务。聘任期满后，校方可根据教师的实际表现及岗位需要等决定是否续聘；教师可根据单位工作情况、专业要求等决定去留。

（2）教师聘任制的形式。教师聘任制依其聘任主体实施行为的不同分为以下几种形式。

①　招聘。即用人单位面向社会公开、择优选择具有教师资格的应聘人员。招聘、受聘双方签订聘任合同，明确双方的权利、义务和责任。聘任合同一经成立，即具有法律效力。

②　续聘。即聘任期满后，聘任单位与教师继续签订聘任合同。续聘合同的内容可与上次聘任相同，也可以根据实际需要进行一定的变更。

③　解聘。即用人单位因某种原因不适宜继续聘任教师，双方解除合同关系。聘任合同具有法律效力，用人单位在解聘教师时，必须有正当理由，否则应承担相应的法律责任。

④　辞聘。即受聘教师主动请求用人单位解除聘任合同的行为。对辞聘原因要正确区分。教师因某种原因，不能继续履行聘任合同，给用人单位造成损失的，应依合同规定承担相应的法律责任。

 **本章小结**

本章主要对教师专业发展机制进行讲解。教师专业发展机制的主要内容包括教师的权利与义务、教师资格和任用制度、教师的培训与评价等。就教师的权利与义务而言，职业权利是教师作为教育工作者依据教育法规享有的教育权利及与职业相关的其他权利。按照我国《教师法》的规定，我国教师享有教育教学权、学术研究权、指导评价权、报酬待遇权、参与管理权、进修培训权等六项权利。根据《教育法》《教师法》《义务教育法(2015

年修订)》的有关规定，我国教师应承担的义务主要有以下六项：遵纪守法义务、教育教学义务、思想教育义务、尊重学生人格义务、保护学生权益义务、提高水平义务。教师的资格与任用制度既是教师专业发展的重要保障、激励机制，又是必要的制约机制。教师资格制度一方面说明教师资格证书是法律所保障，另一方面说明它是一种职业的许可。相较而言，教师任用制度包括教师资格、职务及聘用制度等内容。

思考题

1. 谈谈你对教师专业发展机制的理解。
2. 结合实际，对教师权利与义务是否具有一致性进行辨析。
3. 结合实际，谈谈你对教师资格考试的看法。

参 考 文 献

[1] 檀传宝. 教师伦理学专题：教育伦理范畴研究[M]. 北京：北京师范大学出版社，2010.

[2] 朱旭东. 教师专业发展理论研究[M]. 北京：北京师范大学出版社，2011.

[3] 丁洪涛. 教师的职业内涵与专业发展引论[M]. 北京：中国轻工业出版社，2011.

[4] 李春秋，王引兰. 中小学教师专业品德修养[M]. 北京：北京师范大学出版社，2012.

[5] 杨晓. 教师专业发展[M]. 北京：北京师范大学出版社，2013.

[6] 潘裕民. 教师专业发展的理论取向与实现路径[M]. 桂林：广西师范大学出版社，2013.

[7] 方贤忠. 教师专业发展的 4 项基本技能[M]. 上海：华东师范大学出版社，2013.

[8] 胡惠闵，王建军. 教师专业发展[M]. 上海：华东师范大学出版社，2014.

[9] 余文森，连榕，洪明. 教师专业发展[M]. 福州：福建教育出版社，2015.

[10] 李晓波. 教师专业发展[M]. 南京：南京大学出版社，2016.

[11] 刘义兵. 教师专业发展[M]. 北京：高等教育出版社，2017.

[12] 何兰芝，韩宏莉. 教师专业发展与成长规划[M]. 北京：北京出版社，2017.

[13] 杜静. 教师专业发展[M]. 北京：高等教育出版社，2019.

[14] 陈文心，彭正文. 教师专业发展[M]. 北京：北京师范大学出版社，2019.

[15] 姚计海. 基于自主的教师专业发展[M]. 北京：北京师范大学出版社，2019.

[16] 赵昌木. 教师专业发展[M]. 济南：山东人民出版社，2011.

[17] 陆道坤. 教师专业发展[M]. 南京：南京大学出版社，2021.